장군이 알려주는 성공하는 조직 생활 노하우

35년 인사 전문가가 분석한 슬기로운 참모 생활

사람을 섬기는 리더

손승호 저

도서출판 진영사

사람을 섬기는 리더

손승호

편집조언: 윤형호, 이세영, 김지한, 윤장근

2022년 07월 11일 초판 인쇄
2022년 07월 14일 초판 발행
발행인 박 진 영
발행처 도서출판 진영사
인천광역시 부평구 주부토로 236번지 인천테크노밸리 U1 지식산업센터 B동 1507호
전화 : 032)505-4207
팩스 : 032)505-4206
E-mail : 0183734207@hanmail.net
신고번호 : 제2007-000001호

ISBN 978-89-6541-572-5 93190
값 22,500원

프롤로그

필자는 1987년도 육군 소위로 임관하여 2022년 장군으로 전역할 때까지 35년간 인사업무를 전문적으로 수행했다. 특히, 인사병과[1]로 임관하여 2018년에는 군인사법 시행령에 명시된 인사병과의 최고 수장인 병과장이 되었다. 인사병과는 주로 참모 임무를 수행하면서 지휘관을 보좌하고, 일부 인원만 인사와 관련된 부대의 지휘관 직위를 수행한다. 필자가 인사병과의 최고 직위인 병과장으로 성장하기까지 35년간 참모 임무를 수행하면서 직접 경험한 사례를 중심으로 슬기로운 참모 요원 생활을 위한 실천사항 81가지를 소개하고자 한다. 최초 임관 시부터 슬기롭게 참모 요원으로 생활하면 해당 조직의 리더가 되고, 훗날 성공하는 지휘관이 되거나 필자처럼 해당 조직 최고의 수장인 리더가 될 수 있다.

훌륭한 리더가 되기 위한 요건이나 기본 소양을 소개한 책자는 시중에 많이 나와 있다. 그러나, 필자가 소개하고자 하는 것은 이와 같은 일반적인 소양을 언급하고자 하는 것이 아니고, 필자가 다년간 인사업무를 수행하면서 체득한 전문성과 조직에서 요구하는 바람직한 인재상을 기준으로 제시하고자 한다.

어느 조직이든 조직이 요구하는 인재상이 있다. 그 조직의 인재상을 잘 살펴보면 조직에서 성공하기 위해 내가 어떤 자질과 역량을 구비해야 하는지를 알 수 있다. 즉, 모든 조직의 인재로 성장하기 위해서는 조직이 요구하는 인재상을 명확히 알아야 한다. 따라서, 필자는 조직의 인재상이 잘 정립된 육군의 인사관리 제도를 모델로 제시하면서 이를 구현하기 위해 꼭 실천해야 할 슬기로운 참모 요원 생활을 소개하고자 한다.

---

1) 인사병과는 명칭이 두 번 변경되었다. 창군부터 2013년까지는 부관병과, 2014년부터 2019년 6.24일까지는 인사행정병과였다.

이를 위하여 1장에서는 조직을 구성하는 지휘관과 참모 요원의 관계와 모든 조직의 인재가 갖추어야 할 공통의 기본적인 요소를 제시하고, 2장부터 5장까지는 이러한 인재가 되기 위해 실천해야 할 사항을 구체적으로 제시하였다. 즉, 개인의 소양과 보고하고 말하는 품격 구비, 상급자와의 소통 및 조직원들과의 화합, 행정처리 및 보고서 작성 능력 향상, 다양한 직책의 경험 및 미래를 위한 준비 등 크게 5장으로 구분하여 사례 위주로 알기 쉽게 설명하고자 노력하였다.

특히, 참모 요원을 중심으로 소개하고자 하는 데는 세 가지의 의미가 있다.

첫째, 그동안의 모든 서적은 지휘관 또는 리더 위주로 소개된 것이 대부분이다. 그러나, 필자는 슬기로운 참모 요원이 지휘관 또는 리더를 올바로 보좌하여야 성공하는 조직을 만들 수 있다는 관점에서 참모 요원에 중점을 두었다.

둘째, 모든 조직의 리더가 되기 위해서는 반드시 참모 요원이라는 과정을 거쳐야 한다. 물론, 예외적으로 처음부터 조직의 리더가 되는 경우도 있으나, 공조직의 경우에는 대부분 참모 요원을 거쳐야 리더가 된다. 결국, 최초에는 참모 요원으로 시작해서 조직의 리더가 되고 차후 계속 승진하여 더 큰 조직의 리더로 성장해 가는 것이다. 특히, 군 조직의 경우는 참모 요원을 거쳐야 지휘관 및 부서장인 리더가 될 수 있다. 따라서, 최초 참모 요원으로 임무수행 시부터 나를 잘 갖추어야 미래에 성공하는 리더로 성장할 수 있다는 측면에서 접근하고자 하였다. 이러한 두 가지의 의미는 그동안의 서적과 크게 차별화된 특징임을 감히 역설하고 싶다.

셋째, 필자가 35년간 군 생활을 하면서 직접 경험한 노하우를 소개한 내용이지만 모든 조직은 동일하다고 본다. 군, 경찰, 소방, 일반 공무원, 공기업, 사기업 등 모든 조직은 리더와 참모 요원으로 구성되어 있다. 어느 조직이든 조직이 목표를 달성하기 위해서는 리더와 참모 요원이 각자의 역할을 충실히 완수하여야 가능하다. 특히, 참모 요원이 리더를 올바로 보좌하여야 조직의 목표를 달성할 수 있고, 성공적으로 임무를 수행한 참모 요원은 조직이 필요로 하는 인재로 평가받게 될 것이고, 훗날 조직의 리더로 성장할 것이다. 이러한 측면에서 참모 요원이 조직 생활을 하면서 갖추어야 할 자질과 지켜야 할 사항은 어느 조직이나 대동소이하다고 본다.

따라서, 필자의 군 경험은 모든 조직에서 새롭게 출발하는 초급 조직원들이 어떻게 조직 생활을 슬기롭게 할 수 있는 지를 알려주는 길잡이가 될 것이다. 또한, 중견 간부들은 본인의 조직 생활을 돌아보며 부족하거나 미흡한 점을 보완하고 나아가서 조직원들을 지도하는 데 유익한 참고자료로 활용할 수 있을 것이다. 많은 중견 간부들은 새롭게 시작하는 조직원들이나 부하들이 조직에 기여하고 상급자와 원활한 소통을 위하여 본인의 경험담이나 요구사항을 강조하거나 교육하는 경우가 종종 있다. 이러한 경우에 두서없이 언급하는 것보다는 일목요연하게 정리한 필자의 자료를 활용하여 지도하면 매우 유익한 조언이 될 것으로 확신한다. 아울러 군인과 군무원, 공무원이 되기 위해서 대학 및 각종 교육기관에서 준비 중인 인원들에게도 면접 준비는 물론 곧 시작될 조직 생활을 슬기롭게 적응해 나가는 산 교육이 될 것이다.

모쪼록, 새롭게 조직 생활을 시작하는 군인 및 군무원, 경찰, 소방, 일반 공무원, 공기업 및 사기업 직원 등 모든 참모 요원과 중견 간부들이 슬기로운 참모 생활을 통하여 조직의 리더로 성장하는 데 큰 밑거름이 되기를 소망한다.

2022. 6

손승호

차 례

1장
성공하는 조직은 참모로부터 시작

어느 정도의 규모를 갖춘 조직은 일반적으로 리더와 참모 요원으로 구성되어 있다. 특히, 정부 및 지방자치단체, 군, 경찰, 소방, 공기업은 물론 사기업에 이르기까지 대규모의 조직은 더욱 정형화된 형태의 리더와 참모 요원으로 구성되어 있다. 이러한 조직이 목표를 달성하기 위해서는 리더와 참모 요원이 각자의 역할을 충실히 수행하여야 한다. 그중에서도 참모 요원이 리더를 올바로 보좌하여야 리더가 적시적절한 판단과 결심을 할 수 있으므로 그 역할이 매우 중요하다. 또한, 대부분의 조직은 참모 요원을 거쳐서 지휘관 및 부서장인 리더로 성장하기 때문에 조직 생활 초기부터 자질과 역량을 올바로 구비해야 한다. 따라서, 필자는 우수한 참모 요원이 성공하는 조직을 만드는 시작이며, 초석이라고 생각한다.

이러한 관점에서 본 장에서는 참모 요원의 중요성과 조직을 구성하는 리더와 참모 요원의 관계를 살펴보고, 조직이 요구하는 공통적인 인재상을 통하여 슬기로운 참모 요원이 되기 위한 실천사항을 도출하고자 한다.

1장

성공하는 조직은 참모로부터 시작

1 •• 역사 속의 참모 이야기

조직을 구성하는 리더와 참모 요원의 개념이나 역할을 알아보기에 앞서서 참모 요원의 경험과 역할이 얼마나 중요한지 역사 속의 인물들을 통하여 살펴보고자 한다.

먼저, 군인으로서, 대통령으로서 자신의 몫을 완벽히 수행한 미국 제34대 대통령 아이젠하워에 관한 이야기이다.

아이젠하워는 육군사관학교를 졸업하면서 보병 소위로 임관하였다. 그러나, 소령 진급도 늦었고 소령에서 중령으로 진급하기 까지 10년도 넘게 걸렸다. 당연히 주변 인들은 그를 주목하지 않았다. 그러나 그는 항상 최선을 다하여 자신에게 주어진 임무에 충실했다. 그 결과 제2차 세계대전이 일어나자 그에게도 기회가 주어져서 1941년, 52살에 뒤늦게 장군으로 진급했다. 그 뒤, 그는 고속 진급을 이어갔으며, 1944년에는 원수로 진급하여 5성 장군이 되었다. 그리고 그는 1953년 미국 제34대 대통령이 되어 제2차 세계대전 후유증과 한국전쟁을 잘 마무리 하고, 재선도 성공해 1961년까지 대통령을 지냈다.

장교 시절 초반에 주변에서 알아주지 않고 두각을 나타내지 못했던 인원이 어떻게 군에서 원수로 진급하고 대통령 까지 되었을까?

아이젠하워는 육군사관학교를 졸업하고 곧바로 육군대학에 진학해 전문적이고 깊이 있는 전술학 등을 습득했다. 그리고 워싱턴에서 약 5년간 근무했다. 이때 그의 인생에 있어 가장 중요한 인물과 만나게 된다. 그는 바로 우리에게는 인천 상륙작전 지휘관으로 유명한 더글라스 맥아더 장군이다. 아이젠하워는 맥아더의 부관이 되었다. 이후 맥아더가 육군참모총장일 때 아이젠하워는 그의 참모였으며 맥아더가 필리핀 군사고문단장을 맡을 때는 그의 부관이자 연설문 담당관이었다. 후일 맥아더는 아이젠하워에 대해 '아이젠하워는 내가 지금까지 겪어본 사람 중에서 최고로 성실하고 능력 있는 자이다'라고 평가했다. 최선을 다해 최고의 결과를 만들어내겠다는 참모 요원 시절 아이젠하워의 일에 대한 책임감이 돋보이는 부분이다.

이처럼 아이젠하워는 장교 시절 초반에 후방에서 참모로, 부관으로 때로는 아무도 주목하지 않는 허드렛일을 주로 담당했고, 미군 장교들이 가장 원하는 야전 지휘관을 한 번도 못하였지만 항상 최선을 다해 참모 요원 임무를 완수했다. 평소 '주어진 임무를 단순히 수행하는 것보다 조금 더 잘 하도록 하는 습관을 들이자. 만약 주어진 작은 일을 잘 해낼 수 있다면, 큰일 또한 맡겨질 것이고 그 일 또한 잘 처리할 수 있기 때문이다.' 라는 지론을 갖고 있었다. 이 같은 묵묵하고 성실한 참모 요원의 자세는 점점 그의 능력을 두드러지게 만들었고, 그의 임무 수행 능력을 눈여겨본 상관들이 그를 중요한 자리에 쓰기 시작했던 것이다.[2)]

다음은, 제1차 세계대전 탄넨베르크 전투의 영웅, 호프만 작전참모에 대한 이야기이다.

세계 전사(戰史)에 수없이 많은 영웅들이 출연하는데 대개는 주연인 지휘관들이다. 이와 달리 참모직은 이런 무대의 뒤에서 영웅들을 도와주는 역할을 하는 조연급이라 하겠다. 하지만 세계의 역사를 뒤바꾸어 놓은 대 전투에서 크게 활약한 참모가 있었다. 그는 바로 제1차 세계대전 중 하나의 전투인 탄넨베르크 전투에서 작전을 주도하여 대승리를 이끌어 낸 독일의 호프만 중령이다. 그는 러시아 전문가였으며, 탄넨베르크 전투 시 독일 8군의 작전참모였다.

---

2) 매일경제 Citylife 제616호(2018.2.20.일자) 기사에서 인용 및 참고함.

탄넨베르크 전투는 1914년 8월 독일 8군과 러시아 집단군의 1, 2군이 격돌하여 러시아군이 대패를 당했던 전투이다. 러시아 1 집단군은 레넨캄프 장군의 1군과 삼소노프 장군의 2군으로 구성되어 있었으며, 1군은 대독 전선 북쪽에서 진격하고 있었고, 2군은 남쪽 전선에서 진격했다. 두 군의 경계선은 마주리안 호수였다. 당시, 러시아군은 독일군에 비해 압도적인 병력과 작전의 주도권을 쥐고 있었지만, 1, 2군이 마주리안 호수지대로 인해 상호지원이 어려웠고, 긴급 소집한 상태여서 훈련 수준이나 군기가 미흡하였다. 또한, 전쟁 준비 부족으로 각종 물자가 부족하고 상호 통신도 제한되었다. 게다가, 통신소통 간 암호를 쓰지 않고 평문으로 무전을 발송하여 독일군에게 작전계획이 미리 노출되는 등 많은 취약점을 안고 있었다.

〈출처, 네이버 지식백과 전사 편 인용〉

한편, 독일군은 힌덴부르크 장군이 8군사령관에 임명되자 리에즈 요새의 영웅이었던 루덴도르프를 참모장으로 임명하였고, 두 사람은 8월 23일 새벽 8군사령부에 도착했다. 이때 작전참모였던 호프만은 신임 8군사령관이 보직되기 이전 공백기간에 반격에 돌입하기 위한 기동계획을 미리 수립하여 각 군단에 하달하였다.

호프만이 수립한 작전계획은 독일 8군 1기병 사단이 북쪽 레넨캄프의 1군을 견제하고, 증강된 군단으로 호수 남쪽 삼소노프의 2군을 포위 섬멸하는 것이었다. 호프만은 작전계획 수립 시 러시아군의 취약점과 독일군의 강점인 기차를 이용한 신속한 집중과 기동, 기병사단이 레넨캄프의 1군을 효과적으로 견제하리라는 가정 등 여러 요인들을 복합적으로 파악하여 판단하였다.

이런 상황 판단 아래 호프만은 사령관과 참모장이 새로 부임하자마자 과감한 반격 작전을 건의했고, 힌덴부르크와 루덴도르프도 이 모험적인 작전을 승인하고 그들의 도착 당일인 23일 부로 후퇴를 공격으로 바꾸고 즉시 작전 실행에 들어갔다.

독일군은 상대적으로 매우 열세인 전투력에도 불구하고 작전계획은 예상대로 적중하였으며 대성과를 거두었다. 삼소노프 2군과의 전투가 끝났을 때 독일군은 1만 여 명의 병력손실을 입었지만, 러시아군은 13만 여 명의 병력손실과 9만 2천 여 명이 포로가 되는 참담한 결과를 기록했다. 독일군은 전쟁사에 길이 빛날 놀라운 승리를 거두었고 궤멸한 러시아 2군 사령관 삼소노프는 자살하였다. 이어 독일군은 북쪽 레넨캄프 1군으로 방향을 돌려 이를 포위하고 역시 대패시켰으며, 레넨캄프 1군도 12만 여 명의 병력손실과 함께 6만 여 명이 포로가 되었다.[3]

탄넨베르크 전투에서 대승리를 한 힌덴부르크는 국민적인 인기를 얻어 전쟁 후에 독일 대통령이 되었으며, 호프만은 이후 소장까지 진급했다. 호프만은 대담한 작전과 엄청난 승리를 놓고 본다면 인류 역사 최고의 참모장교 중 한 명이라고 할 수 있다. 지금까지도 전쟁사를 연구하는 이 시대의 군인들에게 본보기가 되고 있는 이유이기도 하다.

탄넨베르크 전투의 교훈을 다양한 관점에서 분석해 볼 수 있으나, 여기서는 참모의 중요성 측면으로 한정하여 제시하고자 한다. 첫째, 열악하고 불리한 상황 하에서도 지휘관과 참모 간의 끈끈한 팀워크, 즉 상호간의 신뢰가 만들어 낸 역작이라는 것이다. 둘째, 참모로서 지휘관이 올바른 판단과 결심을 하도록 적의 취약점과 아군의 강점을 주도면밀하게 분석하고 평가하여 건의했다. 셋째, 지휘관 및 상급자와 실시간으로 소통하면서 방책을 수립했다. 넷째, 긴박한 작전상황 하에서 신속한 참모판단과 건의로 지휘관이 적시에 결심함으로써 작전 반응시간을 단축시켰다. 다섯째, 초급장교 시절부터 러시아 관련 공부 및 참모직위 경험, 해외 파견근무를 통하여 러시아에 대한 전문성을 구비하고 있었다. 여섯째, 개인의 기본 자질과 역량을 기초로 지휘관을 보좌하는 참모 역할을 완벽하게 수행했다.

위와 같은 교훈을 볼 때 조직의 성패를 좌우하는데 있어 참모의 역할이 얼마나 중요한지와 이러한 역할을 올바로 수행하기 위해서 참모 요원으로서 어떠한 자질과 역량을 구비해야 하는지 잘 알 수 있다.

---

3) 출처, 네이버 지식백과 전쟁사 편 인용 및 참고

2 •• 지휘관과 참모란?

우선, 이해를 돕기 위해서 앞으로 자주 등장하는 지휘관, 참모, 참모 요원, 리더, 상급자에 대한 용어의 의미와 지휘관 및 참모 요원의 관계에 대하여 설명하고자 한다.

지휘관이란 지휘권[4]을 가지고 부대를 지휘 통솔하는 관직 또는 그 사람에 대한 일반적인 칭호로서, 주로 군대 · 경찰 · 소방 등에서 부대를 지휘하는 임무를 지닌 사람을 말한다. 군대에서는 일반적으로 중대장, 대대장, 여단장, 사단장, 군단장, 작전사령관 등을 총칭하며 자기 부대의 성패에 대한 책임이 부여되어 있다. 지휘관과 유사한 용어로 일반 기업에서는 CEO, 대표, 회장 등으로 사용하고 있다. CEO(최고경영자)[5]란 기업에서 최고의 결정권을 가진 사람을 말하며, 단체나 기관에서도 최고의 경영권을 가진 사람을 말한다. 즉, CEO(최고경영자)는 기업에서 이사회의 주재, 기업 방침의 결정, 장기계획 작성 등과 관련하여 총괄적인 책임을 지는 자이다.[6] 따라서, 지휘관과 최고경영자는 각 조직의 최고 책임자이며, 모든 책임을 총체적으로 진다는 면에서 유사한 용어로 이해할 수 있다.

참모란 지휘관의 지휘권 행사를 보좌하기 위하여 임명된 간부이다. 참모에게는 지휘관이 부대 지휘의 막중한 책임과 불확실한 전장 상황에서도 지휘관의 의지를 자유롭게 실현하고, 능력을 최대한 발휘할 수 있도록 보좌하는 책임이 있다. 따라서, 참모는 항시 지휘관의 의도를 명찰하고 하의상달(下意上達)을 도모하며, 상 · 하 의지를 일치 시켜 임무를 완성할 수 있도록 책임을 다하여야 한다. 이를 위하여 참모는 첩보의 제공, 상황판단, 건의, 계획 및 명령의 작성, 그리고 이를 실시하기 위한 감독을 하여야 한다.[7]

군 조직에 있어서 참모는 다양하지만, 초급 간부들이 임무를 많이 수행하는 사단

---

4) 지휘권이란 지휘관이 계급과 직책에 의해서 예하부대에 대하여 합법적으로 행사하는 권한이다. 지휘는 가용자원의 효율적인 사용과 부여된 임무를 완수하기 위하여 군대의 운용, 편성, 지시, 협조 및 통제에 대한 권한과 책임이 따르며 부하 개개인의 건강, 복지, 사기 및 군기에 대한 책임도 포함된다.(출처, 군사용어사전)

5) CEO : Chief Executive Officer

6) 출처, 시사상식사전

7) 출처, 군사용어사전

을 기준으로 보면 인사[8], 정보[9], 작전[10], 군수[11]기능 등을 수행하는 참모부서가 있는데, 이 때 참모부서의 장을 '참모'라고 한다. 일명 인사참모, 정보참모, 작전참모, 군수참모라고 호칭한다. 일반 조직에서는 과장, 부장, 상무, 전무 등을 참모라고 할 수 있다. 즉, 조직 내에서 관리적 기능과 자문·정책 조언 기능을 수행하면서 지휘관 및 CEO(최고경영자)를 보좌하여 조직목적 달성에 기여하는 부서장을 참모라고 하고, 부서장의 부하로서 소속된 인원을 '참모 요원'이라고 한다. 그러나, 일반적인 용어로 참모라고 통칭할 때는 참모 및 참모 요원을 망라하여 호칭하기도 한다.

다음은, 리더(leader)이다. 리더란 어떤 조직이나 단체 등에서 목표의 달성이나 방향에 따라 이끌어 가는 중심적인 위치에 있는 사람을 말한다. 공식적인 조직 속에는 그 장(長)에게 직무나 권한, 책임이 할당되어 있으므로 조직의 장이 곧 리더이다.[12] 즉, 앞서 언급한 군의 지휘관 및 참모, 일반 조직의 최고경영자 및 부서장을 통칭하여 '리더'라고 할 수 있다.

끝으로, 상급자이다. 일반적으로 상급자는 더 높은 등급이나 계급에 있는 사람을 말하며, 같은 소속의 상급자와 타부서의 상급자가 있다. 여기서는 자기가 직접 속하여 있는 부서의 상관 즉, 직속상관[13]을 의미하고자 한다. 즉, 직속상관은 내가 속한 조직의 지휘관 및 최고경영자, 참모, 부서장 등 이들을 통칭하는 리더를 의미한다. 조직원들은 임무수행과 관련하여 직속상관의 명령에 따라야 하고, 직속상관은 조직의 임무완수 및 조직원에 대하여 책임을 져야 한다.

지휘관 = CEO, 대표, 회장 = 리더
참모 = 팀장, 과장, 부장, 상무, 전무 = 리더
참모 요원 = 조직 구성원 = 업무 담당자 = 실무자

---

8) 인사는 인적자원 관리, 사기 및 복지, 의무, 군기 및 군법, 본부 관리에 관한 업무를 수행하는 부서
9) 정보는 적, 지형 및 기상, 보안, 민간요소, 기타 작전 환경의 중요한 분야를 제공하는 부서
10) 작전은 작전, 연습 및 훈련, 군사(軍史), 군사기지 및 군사시설 보호업무를 수행하는 부서
11) 군수는 보급, 정비, 수송, 탄약, 시설, 환경, 재난관리 등의 업무를 수행하는 부서
12) 출처, 21세기 정치학대사전
13) 군인은 직무를 수행할 때 상관의 직무상 명령에 복종하여야 한다.(출처, 군인의 지위 및 복무에 관한 기본법 제25조)

3 •• 지휘관과 참모의 관계

군 조직에서는 지휘관을 중심으로 임무를 완수하여야 한다. 그러므로 지휘관과 참모(참모 요원)는 상호 신뢰, 협조, 의사소통, 팀워크를 바탕으로 일체감을 조성하여야 한다. 이를 위해서 참모(참모 요원)는 지휘관의 의도와 지침, 부대 예규를 기초로 예하부대를 지휘관과 함께 지휘통제하여야 한다. 이 과정에서 참모(참모 요원)는 해당부대의 참모와는 물론 상급 및 하급, 인접 및 지원부대의 참모, 유관기관과 긴밀한 협조와 협업체계를 유지하면서 서로의 노력을 통합하여야 한다. 이러한 활동을 위해 정보교환, 참모판단, 계획 및 명령 작성 · 하달, 확인 및 감독 등을 통해 부대를 이끌어 간다. 이를 위해 작성된 결과를 정보교환과 협조회의 등을 통해서 지휘관에게 보고하거나 타 참모와 공유하며, 지휘관이 결심한 사항을 계획과 명령으로 하달하고 필요한 조치를 한다. 이러한 관계는 군 조직뿐만 아니라 일반 조직에 있어서도 최고경영자와 조직원들이 동일한 과정을 통하여 조직을 이끌어 간다. 해당 조직의 성격과 특성에 따라 사용하는 용어의 차이가 있을 뿐이다.

따라서, 유능한 참모(참모 요원)는 참모로서의 자질 및 능력과 더불어 업무를 수행하면서 주도적이며, 유연성 · 자신감을 갖고, 협조적이고 효과적인 의사소통을 할 수 있어야 한다. 또한, 참모(참모 요원)는 전문지식을 갖추고 있어야 하며, 객관성과 충실한 업무처리 능력을 구비해야 한다.[14]이와 같은 참모 활동을 완수하기 위해 반드시 필요한 것이 보고서 작성 및 행정업무 처리 능력, 보고하는 능력, 품성, 상 · 하급 및 인접부서 참모 요원들과 원활한 협조 및 소통 등이다. 이러한 능력을 갖추고 완벽하게 임무를 수행할 때 지휘관을 제대로 보좌함으로써 인정받고 성공하는 참모(참모 요원)가 될 수 있다.

---

14) 출처, 야전교범, 지휘관과 참모 제3장 제1절, 2021, 대한민국 육군

4 ·· 조직이 바라는 인재상

어느 조직이든 조직이 요구하는 인재상이 있다. 그 조직의 인재상을 잘 살펴보면 조직에서 성공하기 위해서 내가 어떤 자질과 역량을 구비해야 하는지 알 수 있다. 그렇다면 조직이 요구하는 인재상이 무엇인지 먼저 알아야 할 것이다. 이를 위해서 필자가 35년간 공조직에서의 경험을 통하여 모든 조직에서 공통적으로 적용될 수 있는 인재상을 다음의 두 가지 기준으로 요약하여 제시하고자 한다.

첫 번째 기준이 신언서판(身言書判)이다.

신언서판(身言書判)[15]이란 당서(唐書)에 의하면 관리(官吏)[16]를 선택하는 네 가지 조건으로 사람을 평가할 때나 선택할 때 인물이 잘났는가(身), 말을 잘할 줄 아는가(言), 글씨는 잘 쓰는가(書), 사물의 판단이 옳은가(判) 등의 네 가지 요소를 보아야 한다고 하여 이르는 말이다. 당나라에서는 이 네 가지를 모두 갖춘 사람을 으뜸으로 평가하여 관리로 등용하였다고 한다. 당나라의 우수성을 평가하고자 하는 것이 아니고 인재 분류의 기준이 마음에 와닿아서 인용하고자 한다.

15) 身言書判 : 身(몸 신), 言(말씀 언), 書(글 서), 判(판단할 판)
16) 관리(官吏)란 관직에 있는 사람을 말함(표준국어대사전)

좀 더 구체적으로 살펴보면, 신(身)은 사람의 풍채와 용모를 뜻하는 말이다. 사람을 대했을 때 신분 고하 또는 재주의 유무와 상관없이 첫눈에 풍채와 용모가 바르지 못하면 정당한 평가를 받기가 어렵다는 것이다. 언(言)은 사람의 말솜씨를 이르는 말이다. 사람이 아무리 뜻이 깊고 아는 것이 많아도 이를 전달하는 말에 조리가 없고 분명하지 못하면 좋은 평가를 받기 어렵다는 것이다. 서(書)는 글씨를 가리키는 말이다. 예로부터 글씨는 그 사람의 인격을 대변한다고 하여 매우 중요시하였다. 판(判)은 사람의 판단력을 이르는 말이다. 곧 사물과 세상의 이치를 폭넓게 이해하여 일을 판단하는 능력이다. 사람이 아무리 인물과 말솜씨가 좋고, 글씨에 능해도 사물의 이치를 깨달아 아는 능력이 없으면 그 인물됨이 출중할 수 없다 하였다.[17)]

여기서 신언서판(身言書判)을 군 조직의 참모 요원들이 갖추어야 할 요소와 비교하여 볼 수 있다. 신(身)은 체력, 건강, 용모, 품행을 바르게 하는 것이고, 언(言)은 보고 및 브리핑 능력, 상대방을 존중하고 배려하는 품격을 말할 수 있다. 서(書)는 보고서를 작성하는 능력, 정보화 기기 및 프로그램 사용 능력을 갖추는 것이며, 판(判)은 직무지식, 각종 법규 등 전문지식을 숙지하여 올바른 판단과 결심을 할 수 있는 능력을 구비하는 것이다.

당대의 인재상과 군 조직의 인재상을 비교해 볼 때 시대적 상황은 차이가 크겠지만, 기본적인 요구 능력 면에서는 동일하다고 할 수 있다. 이러한 측면에서 신언서판(身言書判)을 모든 조직의 인재상과 비교해도 큰 차이는 없을 것이다. 다시 말해서 어느 조직이나 공통적으로 요구되는 인재상의 보편적 기준으로 보기에 충분하다고 할 수 있다.

두 번째 기준은 육군의 인사관리 제도이다.

필자가 35년간 군에서 복무한 경험을 볼 때 우수 인재를 발탁하기 위한 제도가 가장 잘 구비된 조직이 군이며, 군의 대표적인 인사관리 제도는 근무평정과 진급 및 장기복무자 선발제도라고 생각한다. 이 인사관리 제도의 세부 기준에는 모든 구성원이 어떻게 조직 생활을 해야 하는 지를 명확히 제시하고 있고, 그러한 조건을 갖춘 인원을 바람직한 인재상으로 보고 있다.

이에, 군 조직에서 운용하는 여러 가지 인사관리 제도 중에서 육군의 제도를 모델로 소개하고자 한다. 대표적인 인사관리 제도인 육군의 장기복무[18)], 진급, 위탁교

---

17) 출처, 네이버 지식백과, 시사 상식사전에서 인용

육[19] 선발 시 평가요소는 아래 【표 1-1】에서와 같이 다양한데, 공통적인 요소가 바로 근무평정, 군사교육, 상훈, 체력, 부대추천, 잠재역량이다. 공통적인 요소 중에서도 가장 높은 비중을 차지하는 요소는 단연코 근무평정이다. 그만큼 근무평정의 요소가 중요하고 군 조직에서 요구하는 인재상의 조건들이 모두 포함되어 있다는 뜻이기도 하다.

【표 1-1】 육군 인재 선발 시 평가요소[20]

구 분	평 가 요 소
장기복무 선발	근무평정, 군사교육, 상훈, 체력, 부대추천, 잠재역량, 부대평가, 면접평가, 질적평가
진급 선발	근무평정, 군사교육, 상훈, 체력, 부대추천, 경력, 잠재역량, 질적평가
위탁교육 선발	근무평정, 군사교육, 상훈, 체력, 경력, 어학평가, 면접평가, 잠재역량

근무평정은 모든 간부들을 대상으로 업무실적, 능력, 자질 등을 평가하여 개인의 능률을 증진하고 잠재역량을 개발하며, 교육 · 보직 · 진급 · 장기복무 선발 등의 인사관리에 기본 자료로 활용하기 위한 목적으로 작성한다. 이러한 목적을 달성하기 위해 육군에서는 근무평정의 세부 평가요소에 육군의 리더상에서 요구하는 27개의 핵심요소를 반영하였다. 즉, 육군의 리더상을 잘 갖춘 인원을 우수한 인재로 평가한다는 뜻이다.

이해를 돕기 위해서 육군의 리더상을 간단히 설명하고자 한다. 군의 리더는 앞에서 언급한 바와 같이 '부여된 권한과 책임을 바탕으로 조직을 이끌어가는 자'이다. 리더는 지휘관 및 부서장 또는 필요시 임무수행을 위해 편성된 조직의 장을 의미한다. 리더가 수행하는 역할은 제대별, 계급별, 직책별로 다르지만, 공통적으로는 유사시 국가 안위를 위해 전투를 수행하고 이를 위해 평상시부터 부대를 훈련시키고 정책을 수립하며, 임무완수를 위해 조직을 효율적으로 이끌어 나가는 것이다.[21] 이를 위해서 갖추어야 할 요소를 리더상이라고 한다. 따라서, 이러한 리더가 되기 위

18) 단기 및 연장복무자를 대상으로 장기간 직업군인으로 복무할 인원을 선발하는 제도.
19) 군 교육기관, 국내 · 외 민간교육기관에서 교육받을 대상자를 선발하는 제도.
20) 출처, 육군규정, 2021, 육군본부
21) 출처, 야전교범, 군 리더십 제1장 제3절, 2014, 육군본부

해서 육군의 모든 인원은 리더십을 배양하여야 하고, 그러한 것을 알기 쉽게 정리한 것이 아래 【표 1-2】의 리더십[22] 모형이다.

【표 1-2】 육군 리더십 모형(Warrior 모형)[23]

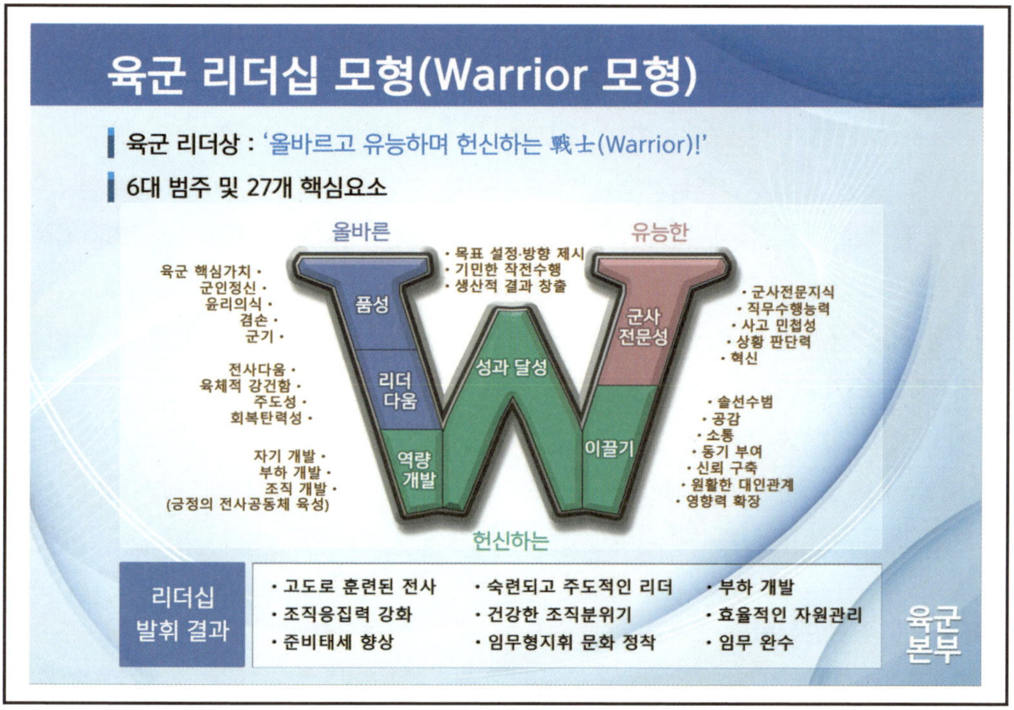

육군 리더십 모형은 그림과 같이 영문자 'W'로 형상화하였고, 'W'자로 형상화한 데에는 두 가지 의미가 있다. 한 가지 의미는 Warrior(戰士)이고, 또 한 가지 의미는 Win(승리)이다. 'Warrior'는 육군 리더의 정체성으로 모든 육군의 리더는 모든 전투에서 승리(Win)해야 한다는 의미이다.

이러한 Warrior 모형은 6대 범주로 구성되어 있고, 외부에는 범주별 총 27개 핵심요소가 배열되어 있다. 모형의 왼쪽 날개는 육군 리더가 갖춰야 할 성품의 '품성', '리더다움'을, 오른쪽 날개는 육군 리더가 갖춰야 할 능력의 '군사전문성'을, 모형의 중심부에는 육군 리더가 발휘해야 할 실행력의 '역량 개발', '이끌기', '성과 달성'을 배열하였다. 한마디로 요약하면, 모든 육군의 리더가 Warrior 모형에 담긴 핵심요

22) 리더십이란 리더가 임무를 완수하고 조직을 발전시키기 위해, 구성원에게 목적과 방향을 제시하고 동기를 부여함으로써 영향력을 미치는 활동이다.
23) 출처, 육군 기준교범 8-0 『육군 리더십』(2021. 8. 5.)

소를 갖추고 발휘함으로써 '올바르고 유능하며 헌신하는 전사(戰士, Warrior)!'가 되어야 한다는 의미를 담고 있다.

이와 같은 리더십 모형의 핵심요소를 조직원들이 얼마만큼 구비하였는지를 평가하기 위해서 근무평정에도 반영한 것이다. 즉, 근무평정의 세부 평가요소를 잘 구비한 인원이 육군 리더상을 구비한 우수한 인재이며, 이러한 인재가 군 조직에서 성공할 수 있다는 결론에 이른다. 이러한 요소는 조직체의 성격에 따라 사용하는 용어, 평가요소의 차이가 다소 있겠지만 대부분 대동소이하다. 특히, 육·해·공군·해병대, 경찰, 소방 등 공조직의 경우는 더욱 유사한 기준을 적용하고 있고 공무원, 사기업체도 큰 틀에서는 유사하다고 볼 수 있다. 따라서 모든 조직원들은 소속된 조직의 인사관리 기준을 갖추기 위해 노력하여야 조직에서 성공할 수 있다.

그렇다면, 근무평정이 어떠한 요소이며, 무엇을 요구하기에 중요한지 간단히 육군의 제도를 기준으로 살펴봄으로써 이해를 돕고자 한다. 근무평정은 모든 간부들을 대상으로 전·후반기 연 2회 1·2차 직속상관이 평가한다. 평가 요소는 직무역량 및 조직발전 기여도를 평가하는 것으로 【표 1-3】과 같이 크게 올바름, 유능함, 헌신으로 구분하고 있다.

【표 1-3】 육군 근무평정 평가요소

구 분	올바름	유능함		헌신
평가요소	• 품성 • 리더다움	• 군사 식견 • 직무수행 능력 • 상황 판단력	• 지적 수용력 • 자기개발	• 역량개발 • 영향력 발휘 • 임무 완수

먼저, 올바름 분야는 다시 품성과 리더다움으로 나누어 평가한다. 품성은 육군의 핵심 가치인 위국헌신, 책임완수, 상호존중의 실천, 법규 준수, 성 인지력, 공과 사를 구분하는 수준을 평가한다. 리더다움은 임무완수를 위한 목표설정, 주도적으로 부대를 이끄는 능력, 높은 도덕적 가치와 신념 구비, 전사 기질, 힘든 일을 극복하는 자세, 체력과 건강 유지 등의 수준을 평가한다.

둘째, 유능함은 군사 식견, 직무수행 능력, 상황 판단력, 지적 수용력 및 자기개발 노력으로 구분하여 수준을 평가한다. 군사 식견은 군사 및 직무지식 수준, 직무수행 능력은 부여된 과업을 완수한 정도, 상황 판단력은 임무완수를 위한 상황 판단과 문제해결 능력, 지적 수용력은 군사 제언 및 지식 탐구 여부, 자기개발은 직무에 필요한 자격증 취득 등의 노력 정도를 평가한다.

셋째, 헌신은 역량 개발, 영향력 발휘, 임무 완수로 구분하여 평가한다. 역량개발은 부하의 능력 함양과 부대의 화합 단결을 위한 노력, 영향력 발휘는 솔선수범과 부대원들이 믿고 의지하는지, 임무 완수는 목표 달성을 위해 최선을 다하고 임무수행 간 피드백을 통해 성과를 극대화했는지를 평가한다.

이처럼 근무평정에서 평가하는 세부 평가요소를 살펴보면 장기복무나 진급선발 시 평가하는 군사교육, 상훈, 체력, 부대추천, 잠재역량, 부대평가, 면접평가, 질적평가 등의 제반 요소를 모두 포함하고 있다는 것을 알 수 있다. 결국, 근무평정은 한 개인의 모든 면을 총망라하여 정량적, 정성적인 측면에서 평가할 수 있도록 구성하였으며, 육군 인재상의 구체적인 실천 요소라고 볼 수 있는 것이다.

5 조직의 공통적인 인재상과 초급 참모 요원의 특징

앞에서 언급한 인재선발 기준 중 신언서판과 육군 리더상, 육군 리더상을 반영한 근무평정의 요소를 비교해 보면 용어나 구체성은 많은 차이가 있지만, 근본적인 면에서는 매우 유사하다. 결국, 조직이 요구하는 근본적인 인재상은 과거나 지금이나 큰 틀에서는 유사하다는 것이다. 다만, 특정 조직이 추구하는 가치와 시대 상황에 따라 요구하는 역량이나 용어상의 차이가 있을 뿐이다.

이러한 측면에서 볼 때 조직의 인재로 성공하기 위해서는 공통적으로 크게 올바름(품성), 유능함(직무 능력), 헌신(조직 기여도) 등 세 가지를 갖추어야 하며, 이러한 요소는 조직의 리더나 구성원 모두에게 요구되는 것이다. 즉, 조직 생활을 처음 시작하는 참모 요원은 물론, 중견 간부들은 자신의 모습을 뒤돌아보고, 나아가 초급 참모 요원들을 지도하기 위해 올바르게 알아야 할 요소들이라고 할 수 있다. 결국 이러한 요소를 하나씩 실천하면 리더나 구성원들이 조직의 인재상을 모두 구비하게 되는 것이다.

그럼 이 세 가지를 구비하기 위해서 무엇을 어떻게 실천해야 하는지가 관건인데, 이를 위해 군 조직 초급 참모 요원들의 특징, 초급 참모 요원과 상급자와의 관계를 먼저 설명하고자 한다. 왜냐하면 이러한 특징과 관계를 이해하여야 왜 필자가 여러 가지 실천 요소를 선정하였는지를 공감할 수 있기 때문이다.

먼저, 초급 참모 요원의 특징[24)]을 이해하여야 한다.

초급 참모 요원은 상관의 지침을 받아 담당 임무를 수행하며, 군 생활 경험이 부족하기 때문에 군인정신, 업무 방식 등 가치관을 정립할 때 상급자의 영향을 많이 받게 된다. 열악한 조건 속에서도 직접 임무와 훈련에 참여해야 하므로 본인의 의지와 실천 여부에 따라 임무수행 능력에 큰 차이가 나기도 한다.

또한, 초급 참모 요원은 올바른 조직생활과 리더십을 체득화 하는 시기에 있다. 배우고 익히지만, 신념화를 위한 시간이 더 필요할 수도 있다. 올바른 리더십과 팔로워십의 겸비, 상급자와 부하[25)] 및 동료에 대한 존중 · 배려 · 소통이 중요하지만,

24) 출처, 초급간부 자기개발서 리더십, 2019, 육군 리더십/임무형지휘센터

25) 군 조직의 특성상 장교는 초급 참모 요원이지만 부사관 및 병이 부하로 있는 경우가 있다. 부사관 역시 병이 부하로 있는 경우가 있다.

행동으로 실천하는 것은 말이나 생각처럼 쉽지 않을 것이다. IT 숙달 세대로서 SNS를 통한 의사소통 능력이 우수하지만, 조직 생활을 하는 스킬이나 경험 면에서는 다소 부족하다. 그러나, 조직과 임무의 특성을 잘 가르쳐주고 가치와 필요성을 자세히 설명하여 합리성을 인정하면 적응 속도가 빠르고, 능력을 기대 이상으로 발휘하는 장점을 갖고 있다. 즉, 공감, 소통, 설득을 통한 리더십으로 지도하면 초급 참모 요원들은 반듯하게 성장하고 성공적으로 임무를 완수해 나갈 것이다.

필자가 군 생활을 하면서 각종 징계위원회 및 현역복무부적합 심사위원으로 참여해 보면 아쉬울 때가 많았다. 처음부터 상급자 및 동료, 또는 멘토를 잘 만났으면 군 생활을 성공적으로 했을 인원인데, 제대로 배우지 못한 것이 오늘의 어려운 상황을 맞이했구나! 라고 아쉽게 생각하는 경우가 종종 있었다.

그러므로, 조직 생활을 시작하는 처음부터 올바른 습관을 기르고 가치관을 형성하는 것이 매우 중요하다. 좋은 상급자 및 동료, 멘토를 만나면 최상이겠지만, 그렇지 못한 경우가 많다. 따라서, 필자가 장기간의 군 생활을 통해 체득한 각종 노하우를 읽어 보고 실천하여 성공하는 리더로 성장하길 바란다.

둘째, 초급 참모 요원과 상급자의 관계를 이해하여야 한다.

초급 참모 요원은 상급자와 경험, 사고방식, 가치관, 생활 양식 등에서 많은 차이가 있다. 이러한 차이로 인해 초급 참모 요원은 상급자의 기대와 다른 행동을 할 수도 있다. 이를 극복하기 위해서는 상급자의 계급과 군 생활 경험을 존중하고 상급자의 입장에서 자신의 행동을 살펴보는 것이 중요하다. 상급자를 어렵게만 생각하고 제대로 의사소통을 하지 못하면 부여된 임무를 성공적으로 수행하기가 어렵게 된다. 한편, 상급자는 MZ세대인 초급 참모 요원의 특징과 장점, 조직 생활의 경험이 부족한 점 등을 고려하여 구체적으로 지도해 주어야 한다. 조직 생활을 하는 바른 자세, 상급자와의 의사소통, 각종 업무처리 방법 등을 명확하고 구체적으로 지도하고, 특정 업무 수행 시에는 요망하는 방향으로 나아가는지 중간 확인을 통하여 시행착오를 최소화시켜 주어야 한다. 이 과정에서 가장 중요한 요소 중의 하나가 소통이다. 소통은 상 · 하급자 모두의 노력이 있어야 비소로 가능해진다. 소통은 모든 것을 가능하게 만드는 첫 출발이다.

6 •• 성공하는 리더로 성장하기 위한 흐름도

지금까지 살펴본 조직의 인재상, 지휘관 및 참모 요원의 관계를 종합해 보면 성공하는 리더로 성장하기 위한 슬기로운 참모 요원의 생활을 【표 1-4】에서 보는 바와 같이 정리할 수 있다.

【표 1-4】 슬기로운 참모 요원 생활 흐름도

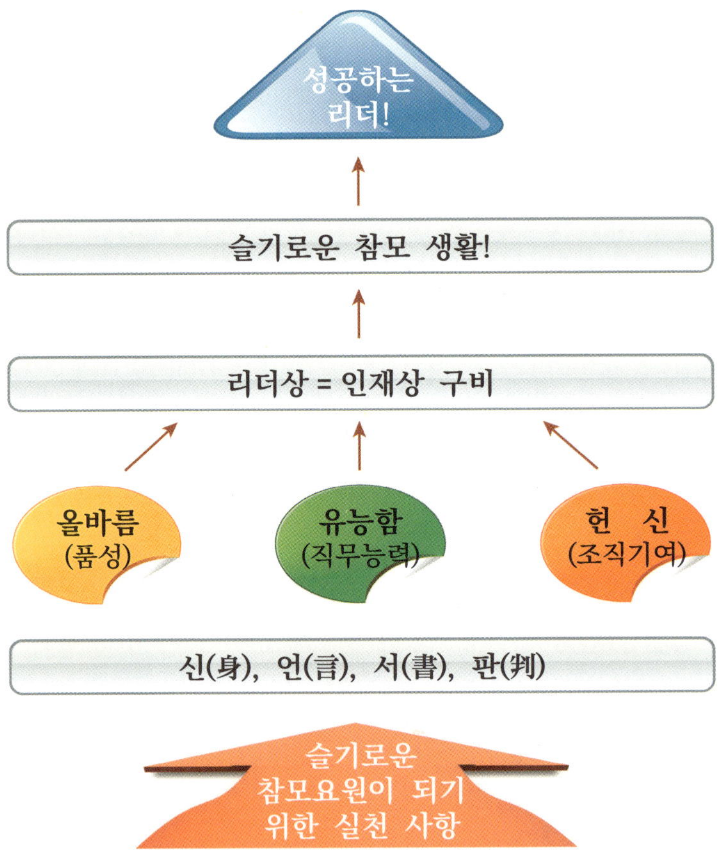

1.	개인의 소양 구비	보고하고 말하는 품격 구비
2.	지휘관 및 상급자와의 소통	조직원들과의 화합
3.	행정처리 능력 향상	보고서 작성 능력 향상
4.	다양한 직책의 경험	미래를 위한 준비

슬기로운 참모 요원이 되기 위해서는 우선 8가지 핵심적인 사항을 정성스럽게 실천해야 한다. 즉, 개인의 소양 구비, 보고하고 말하는 품격 구비, 지휘관 및 상급자와의 소통, 조직원들과의 화합, 행정처리 능력 향상, 보고서 작성 능력 향상, 다양한 직책의 경험, 미래를 위한 준비 등이다.

이러한 요소를 잘 실천하면 인재상에서 요구하는 신언서판(身言書判)을 구비하고, 리더상에서 제시한 올바르고(품성), 유능하며(직무 능력), 헌신(조직 기여)하는 리더의 자질을 구비하게 된다. 리더의 자질을 구비하기 위해 부단히 노력하면서 슬기로운 참모 생활을 하면, 한 단계씩 상위 계급으로 승진하여 훗날 조직의 최고 지휘관 또는 부서장인 성공하는 리더가 될 수 있다.

앞에서 언급한 것처럼 조직의 최고 리더로 성장하기 위해서는 무엇보다도 중요한 것이 조직 생활을 처음 시작하는 참모 요원이다. 최초 참모 요원 때부터 올바로 실천하여야 바른길로 성장해 나갈 수 있다. 또한, 중견 간부들은 지금부터라도 자신을 뒤돌아보고 부족한 점을 보완하기 위해 적극적으로 실천하여야 더 큰 조직의 리더로 성장해 나갈 수 있을 것이다.

그럼, 슬기로운 참모 요원 생활을 위해서 구체적으로 어떻게 실천해야 하는지를 필자가 35년간 군에 복무하면서 느낀 경험을 바탕으로 다음 장부터 자세히 소개하고자 한다.

2장

나를 빛나게 하는 소양과 품격

훌륭하고 인정받는 참모 요원이 되기 위해서는 각종 기본 소양을 구비하여야 한다. 무엇보다도 직무수행 능력과 기본 자질을 구비하여야 가능하다. 어느 조직이든 나에게 주어진 임무를 성공적으로 완수하고 주변의 동료들로부터 좋은 평가를 받기 위해서는 나의 기본 소양을 탄탄하게 쌓고 평소 자기관리를 철저히 하여야 한다. 기본 소양을 갖추지 않으면 주어진 시간과 여건은 동일한데 임무를 적시에 완수하지 못하거나 완전성을 기하지 못하는 경우가 있다. 아울러, 본인의 임무에만 열중하다 보면 조직원들과의 소통과 배려 등이 부족하여 인간미가 결여되는 몰인정한 사람으로 평가받기 십상이고, 나아가서는 배타적인 사람으로 취급받을 수도 있다.

따라서, 조직 생활 속에서 훌륭한 참모 요원으로 성장하기 위해서는 기본적인 소양을 잘 구비하여야 한다.

기본적인 소양을 앞에서 언급한 신언서판(身言書判)과 육군의 근무평정 요소인 올바르고, 유능하며, 헌신하는 인재상의 공통 요소에서 찾아보고자 한다.

첫 번째는 신(身)에 관련된 사항이다. 신(身)은 외적인 모습과 내적인 바른 마음을 말한다. 특히, 체력, 외모 등 신체와 관련된 사항과 윤리, 청렴도와 관련된 마음가짐을 바르게 갖도록 노력해야 한다.

둘째는 언(言)에 관련된 사항이다. 언(言)은 보고하는 능력, 같은 말이라도 상대방을 존중하여 표현하는 자세를 말하며, 이를 갖추기 위해 노력해야 한다. 특히, 공조직에서는 지휘관 및 상급자에게 보고하는 요령과 자세가 그 무엇보다도 중요하다. 따라서 이 부분은 3장에서 별도로 자세히 언급하고, 여기서는 기본 소양 측면에서 몇 가지만 언급하고자 한다.

셋째는 서(書)에 관련된 사항이다. 서(書)에 관련된 사항은 보고서를 작성하는 능력과 보고서를 작성하기 위해 갖추어야 할 사무기기의 사용 능력으로 구분해 볼 수 있다. 보고서를 작성하는 능력은 참모 요원에게 있어서 대단히 중요하므로 4장에서 구체적으로 제시하고, 본 장에서는 사무기기 사용 능력의 중요성에 대해서만 언급하고자 한다.

넷째는 판(判)과 관련된 사항이다. 판(判)은 올바른 판단 능력에 관한 사항이다. 올바른 판단을 하기 위한 기준과 올바른 판단을 하기 위해서 갖추어야 할 기본 소양을 제시하고자 한다.

이와 같은 각각의 기본 소양을 갖추기 위해서 구비해야 할 기본 요소와, 반대로 하지 말아야 할 행동 및 표현을 함께 제시함으로써 궁극적으로 자기 관리를 잘해 나가는 방향을 제시하고자 한다.

2장

나를 빛나게 하는 소양과 품격

1 체력 관리와 몸가짐새를 단정히 하자.

먼저, 신언서판 중 신(身)에 해당하는 사항이다. 신언서판에서의 신(身)은 사람의 풍채와 용모가 바르지 못하면 정당한 평가를 받기가 어렵다는 뜻이다. 이를 현대적 의미에서 공조직의 구성원이 갖추어야 할 요소로 접근하면, 신에 해당하는 사항은 체력, 건강, 용모, 몸가짐새 등으로 볼 수 있다.

모든 인원들은 건강해야 주어진 임무를 무리 없이 수행할 수 있다. 신체적으로 건강해야 정신적인 건강도 뒷받침되고 각종 어려운 임무도 극복하면서 해결할 수 있다. 특히, 체력을 요구하는 직업인 군인, 경찰, 소방 분야의 인원들은 강인한 체력과 인내력을 겸비하여야 한다. 체력이 요구되는 직업의 경우 주기적으로 체력을 평가하여 인사관리에 반영한다. 육군의 경우 체력은 진급, 장기복무, 위탁교육 선발 시 평가되는 요소 중 하나이다. 그만큼 체력이 중요하다는 것을 의미한다. 따라서 평소에 체력을 잘 관리하고 단련시켜야 한다. 군인에게 있어서 체력단련은 임무이다. 그래서 매일 체력단련 시간을 별도로 부여하고 있다. 주어진 체력단련 시간에 체력을 연마하는 것은 당연하고 간부들의 경우에는 스스로 부족한 부분을 보완하기 위해서 지속적으로 노력하여야 한다.

체력단련과 관련하여 필자가 꼭 추천하고 싶은 한 가지가 있다. 필자는 35년간 군 생활을 하면서 체력평가 등급을 항상 특급(평가등급 중 가장 최상위 등급)을 받았다. 체력검정을 우수하게 받기 위해서 별도로 연습한 적은 거의 없다. 일상생활에서 매일 체력단련을 하다 보니 당연히 특급을 유지해 왔고 별도로 특정 시기에 연습을 집중해야 할 필요성도 없었다. 필자는 수년 동안 아침 05시경에 기상해서 05:30분부터 아침 운동으로 항상 뜀걸음을 하거나 헬스장을 이용하고, 07시 이전까지 출근했다. 물론 아침에는 시간이 제한돼서 비교적 간단하게 시행했다. 아침 출근은 특별한 경우를 제외하고는 항상 걸어서 했다. 일과 중에는 체력단련 시간을 이용하여 추가로 단련을 하거나, 일정이 바빠서 제한될 때는 퇴근을 뜀걸음 또는 걸어서 했다. 아침저녁으로 걸어서 출근하면 많은 장점이 있다. 걷거나 뜀걸음으로 운동을 하고, 혼자만의 시간이므로 사색을 하고, 맑은 공기를 마시면서 힐링도 하는 장점이 있다. 중요한 이슈나 보고서를 곰곰이 생각하면서 달리거나 걷다 보면 좋은 아이디어도 많이 떠오른다. 특히, 부대의 주변은 맑은 공기와 달리기 좋은 코스들이 많아서 건강관리에 제격이다. 심지어 일과 후에 저녁 식사 약속이 있어서 운동 시간이 부족할 때는 약속 장소까지 뜀걸음으로 이동한 적도 여러 번 있었다. 늦은 야간 업무로 운동이 제한될 때는 뜀걸음으로 퇴근을 하였다. 시간을 절약하여 운동도 하고 음식도 맛나서 좋았다. 이런 생활을 수년 동안 하다 보니 별도로 체력단련을 위한 시간을 투자하지 않더라도 늘 준비되어 있었다. 체력검정의 날은 기록을 단축해야 하는 부담은 다소 있었지만 크게 스트레스를 받지 않고, 오늘도 일일 체력단련의 일부분이라는 생각으로 비교적 가볍게 맞이했다. 평상시 체력관리로 건강이 좋아지고, 군인으로서 꼭 갖추어야 할 체력을 유지하는 효과를 얻었던 것이다.

그러나, 필자가 소개한 이러 한 방법은 실천하기가 쉽지 않을 것이다. 필자는 아침 일찍부터 업무를 수행해야 하는 특성을 고려하여 위와 같은 방안을 선택한 것이다. 즉, 어떠한 어려운 환경에서도 실천할 수 있는 방법은 다양하다는 측면에서 소개한 것이다. 따라서, 꼭 이러한 방법이 아니더라도 자기의 임무와 근무환경을 고려하여 가장 적합한 방법을 선택하여 시행하면 된다. 중요한 것은 꾸준히 지속해서 실천하는 의지이다. 시도는 누구나 하지만 지속해서 실천하기는 쉽지 않다. 그러나 약 3주간 지속하면 몸에 익숙해질 것이다. 어느 책에서 읽었는데 동일한 일을 3주간 지속하면 몸에 익숙해진다고 한다. 좋은 습관과 나쁜 습관 역시 마찬가지이다. 좋은 습관을 3주 동안 하면 유익함이 몸에 배고, 나쁜 습관 3주를 지속하면 나의 몸을 나쁘게 만들게 된다. 다소 힘들겠지만 3주만 지속해서 시도해 보길 바란다. 확실히 변화된 모습을 발견할 것이다. 3주가 지나서 동일한 습관을 하지 않으면 몸이 스스로 해야 한다고 요구하게 될 것이다. 이번 기회에 좋은 습관 한 가지 3주의 원리를 시도해 보길 적극 추천한다.

필자가 꾸준한 운동을 통하여 덤으로 얻은 것이 하나 더 있다. 필자는 고교, 대학교 시절에 혼자 자취 생활을 하였다. 자취 생활을 하면서 스스로 식사를 해결하다 보니 영양 섭취는 물론 규칙적인 식습관을 갖질 못했다. 심지어는 등굣길 또는 수업 중에 심한 복통으로 응급실에 실려간 적이 여러 차례 있었다. 이러한 위장병은 임관 후 군 생활을 하면서 규칙적인 생활 및 식습관과 함께 꾸준한 운동을 통하여 말끔히

치유되었다.

신(身)과 관련하여 추가로 강조하고 싶은 것은 외모 관리이다. 여기서 얘기하는 외모 관리란 성형을 하거나 멋지게 꾸미는 것을 의미하는 것이 아니다. 필자가 강조하는 외모 관리란 건강한 체력관리, 단정한 외모 및 복장, 밝은 표정, 흐트러지지 않는 품행, 도덕적으로 청렴한 윤리의식 등을 말하는 것이다. 건강한 체력관리에 대해서는 앞에서 자세히 언급하였으므로 여기서는 단정한 외모와 복장, 밝은 표정, 반듯한 품행, 올바른 윤리의식에 대하여 이야기하고자 한다.

단정한 외모와 복장
밝은 표정
반듯한 품행
올바른 윤리의식

먼저, 단정한 외모 및 복장을 유지하여야 한다. 단정하지 못한 외모와 복장은 상대방으로 하여금 좋지 않은 선입견을 갖게 함으로써 결국 나 자신이 평가절하된다. 군인의 경우는 군인다운 패기와 반듯한 모습을 볼 수 있도록 규정에 맞는 복장 및 두발을 하고, 일반 조직의 구성원들은 해당 조직의 특성에 맞는 단정한 복장을 착용하여야 한다. 전투화 끈이 옷 밖으로 나와서 흐트러진 복장을 하거나 지나치게 긴 두발을 한 인원, 심지어는 아침에 늦게 기상하여 머리에 까치집을 짓고 출근하는 인원, 면도를 하지 못해 수염이 듬성듬성한 상태로 출근한 인원을 보면 상급자들이나 동료들이 좋게 평가할 리가 없다. 나의 평가는 물론이고 상대방이나 고객들에게 불쾌감까지 주기 십상이다. 부하 직원이 있는 인원들은 부하들의 손가락질을 받거나 심하면 리더십 발휘에도 영향을 줄 수 있다.

둘째, 밝은 표정으로 근무를 해야 한다. 밝은 표정은 여유가 있어 보이고, 상대방에게도 긍정의 에너지를 줄 수 있다. 부하들에게는 마음의 안정을 주어 즐거운 마음으로 생활할 수 있는 분위기를 만들어 줄 수 있다. 같은 업무를 하면서 어떤 인원은 인상을 찌푸린 가운데 일을 하는 인원들이 있다. 본인도 스트레스 받고 이를 지켜보는 상급자 및 동료들도 거부감을 느끼게 된다. 민원인이나 고객에게는 불쾌감과 기관의 나쁜 이미지를 줄 수도 있고, 추가적인 불만 민원으로 연결될 수도 있다. 밝은 표정으로 여유 있게 근무하기 위해서는 나의 업무를 여유 있게 처리하도록 항상 며칠 앞을 내다보고 업무를 추진하여야 한다. 이 부분은 4장에서 자세히 제시하고자 한다. 또한, 내담자들이 방문했을 때에는 꼭 의자로 안내하여 차를 대접하면서 요구사항을 경청하고 자세하게 안내해 주는 습관이 몸에 배어 있어야 한다. 내가 업무차 다른 기관이나 담당자를 방문했을 때 무뚝뚝한 표정으로 퉁명스럽게 대하거나 인상을 쓰고 나를 맞이한다면 여러분의 기분이 어떨지 생각해 보자. 당연히 기분이 상하고 해당 조직과 담당자를 비난하게 될 것이다.

필자가 위관 시절에 상급자로부터 종종 들었던 말 중의 하나가 상급자의 사무실에 보고하러 들어갈 때 인상을 쓴다는 것이었다. 며칠 동안 지켜보던 상급자께서 필자를 자리에 앉게 하고 조용히 질문을 했다. 혹시 '손대위 나에게 불만 있니? 아니면 업무가 힘드니? 아니면 가정에 애로사항이 있니?' 등의 질문을 했다. '손대위는 업무 능력이 우수하고 체력도 좋고 군인으로서 최상의 장교인데 단 한 가지만 고쳤으면 좋겠어!' 하며 밝은 표정으로 결재를 들어왔으면 좋겠다는 조언을 해주셨다. 사실 필자에게는 아무런 불만도 어려움도 없었다. 그냥 상급자가 어려워서 경직된 모습으로 대했을 뿐이다.

상급자의 조언 이후 늘 웃으면서 사람들을 대하려고 노력했다. 심지어 상급자의 사무실에 들어가기 직전에는 거울을 보면서 미소 짓는 표정을 연습하기도 하였다. 이러한 노력을 몇 년간 시도한 끝에 종종 인상이 좋다. 늘 밝고 여유가 있어 보여서 부럽다 등의 평가를 받게 됐다. 그때 나에게 진심 어린 조언을 해 준 상급자 덕분에 훗날 장군이 되고 인사병과의 리더가 되었다고 해도 과언이 아니라고 생각한다. 그만큼 사람의 인상과 표정은 중요하다고 생각한다.

셋째, 흐트러지지 않는 반듯한 품행을 유지해야 한다. 조직 생활을 하다 보면 조직원들과 각종 회식을 할 경우가 있다. 회식을 하다 보면 가끔 과음을 하거나 음주로 인하여 여러 가지 실수를 하는 인원들이 종종 있다. 회식 중간에 흐트러진 자세를 보이거나 말실수를 하여 분위기를 싸늘하게 하는 인원, 회식 중 갑자기 사라져서 걱정하게 하는 인원, 심지어는 다음날 제시간에 출근하지 못하고 지연 출근하거나 정시에 출근을 하더라도 임무수행을 제대로 하지 못하는 인원, 더 나아가 음주 후 부대 주변 또는 도로에 누워서 자거나 고성방가하는 인원들이 있다. 평소엔 업무도 철저하고 동료들과 화합하며 잘 지내다가도 음주만 하면 실수를 하고 흐트러진 모습을 보이는 인원들이 있다. 이러한 행동은 그동안의 좋은 평가를 한 번에 무너뜨리는 결과를 가져올 수 있다. 여러 능력을 갖추었음에도 사소한 실수로 꿈을 접는 인원들도 보았다. 이런 인원들은 동료들이 함께하기를 꺼리고 부하들은 상급자로 존경하고 싶은 마음이 없어지기도 한다.

혹여나 모든 부서원들이 회식을 과하게 하더라도 아침에 정시에 출근해서 단정한 모습으로 정상 일과를 진행하기 위해서 노력하는 사람, 변함없는 의지로 자기관리를 철저히 하는 사람이 될 것을 당부하고 싶다. 요즘은 과하게 회식하는 사람들이 많지 않겠지만 혹시라도 그런 경우가 생길 때에는 더욱 자기관리를 잘해야 한다.

필자는 과거에 과음을 했을 경우에는 더욱더 아침 운동을 적극적으로 하고, 걸어서 출근을 한 적이 많았다. 당일에 중요한 회의나 행사를 진행해야 하는 경우에는 걸어서 출근하면서 회의 및 행사 시나리오를 혼자 중얼거리면서 출근했다. 말이 꼬이는 현상이나 정상적인 목소리를 되찾기 위해서 노력한 것이다. 35년 공직생활을 하는 동안 한 번도 지연 출근하는 일이 없었던 것은 당연하고 평소 나만의 출근 기준 시간인 07시 이전을 어겨본 사례가 없었음은 늘 스스로에게 자랑스러워하고 있다. 회식 다음 날 제일 먼저 출근해서 밝은 모습으로 '잘 쉬셨어요? 피곤하실 텐데 차 한잔하시죠!' 하며 동료들에게 차를 서비스한다면 그 작은 배려가 여러분을 빛이 나게 할 것이다.

넷째, 도덕적으로 청렴한 윤리의식을 가져야 한다. 무엇보다도 중요하고 철저하게 지켜야 할 사항이다. 모든 조직에서 지켜야 할 매우 중요한 사항이지만, 특히 공조직에 근무하는 인원들은 절대적인 기준으로 생각하고 평소 자기관리를 철저하게 하여야 한다. 도덕적으로 청렴한 윤리의식이란 공사를 명확하게 구분하고 사리사욕을 없애고 오로지 공익만을 위하여 소임을 다하는 바른 자세를 의미하는 것이다. 조직에서 임무를 수행하다 보면 인사운영, 입찰, 각종 인허가, 준공검사, 예산관리 등 다양한 이권과 청탁을 요구받을 수도 있을 것이다. 이러한 유혹으로부터 자기를 철저히 관리하지 못하는 사람은 공직에 근무할 자질이 없거나 근무할 수도 없게 된다. 이러한 종류의 잘못에 빠지지 않기 위해서는 여러 가지 수칙을 준수해야 하겠지만 여기서는 다음 네 가지 사항을 권하고자 한다.

첫째, 공금은 단 1원이라도 사적으로 사용하거나 법규에 어긋나게 사용해서는 안 된다. 둘째, 행정적인 모든 임무수행은 반드시 법규에서 정한 기준과 절차에 따라 공명정대하게 수행하여야 한다. 셋째, 불필요한 오해를 받지 않도록 행동하여야 한다. 넷째, 친절하게 알려주고 정중하게 거절해야 한다.

첫째 사항인 공금을 사용할 때는 반드시 법규에 명시된 근거에 따라 집행하고 관련근거 자료를 철저하게 유지하여야 한다. 아무리 조직의 공적인 이익을 위해 사용했다 하더라도 법규에 어긋나면 위반이다. 금전상의 책임뿐만 아니라 형사벌, 징계벌의 책임을 져야 할 수도 있으니 더욱 철저해야 한다. 그렇게 하기 위해서는 각종 예산사용 지침과 기준을 명확히 숙지하고 임무를 수행하여야 한다. 법규가 명확하지 않아서 판단이 곤란할 경우에는 반드시 예산 관련 전문부서 및 법률 자문을 받아 근거를 유지한 가운데 집행하여야 한다.

둘째 사항인 행정적인 업무수행 과정 역시 철저하게 법규를 준수하고 모든 사람들에게 공명정대하게 적용하여야 한다. 개인적인 친분이나 외부의 청탁을 받아서 기준에 어긋난 편법을 적용하거나 법규를 잘못 해석하여 적용하면 중대한 착오를 범하게 된다. 특히, 이권과 관련된 행정행위에 대해서는 많은 사람들의 관심이 집중된다. 이익을 보는 인원이 있으면 비선 되거나 불이익을 당하는 인원이 있다. 비선된 사람들에 의해서 각종 제보가 뒤따를 수도 있고 심지어는 법적인 소송까지 갈 수도 있다.

예를 들어 우수 근무자를 선발한다고 하자. 10명 중의 1명이 선발되고 9명이 비선 되면, 9명은 비선 된 이유에 대해 궁금하고 설명을 요구할 것이고, 선발기준이 애매하면 이의를 제기할 것이다. 입찰을 통하여 여러 업체 중에 1개를 선발할 때도 마찬가지이다. 이럴 때 떳떳하게 기준을 제시하고 자신 있게 설명할 수 있어야 한다. 그렇게 하기 위해서는 법규를 명확히 적용하고 공명정대하여야 한다. 이 과정에서 편법 또는 잘못된 법규를 적용한 것이 확인되면 책임은 물론 큰 신뢰를 잃고 더 이상 직무를 수행하기 어렵게 될 수도 있으니 참모 요원은 신중하게 임무를 수행하여야 한다. 이를 두고 공직자는 '어항 속의 금붕어와 같다'고 비유한다. 어항 속의 금붕어는 속이 훤하게 보인다. 여러 각도에서 금붕어를 자세히 살펴볼 수 있다. 24시간 모든 사람들이 나의 업무처리 과정을 속속들이 지켜보고 있다고 생각하면서 임무를 수행하여야 한다.

셋째는 불필요한 오해를 받을 수 있는 행동을 해서는 안 된다는 것이다. 특정한 인사시기에 관련된 인원과 식사를 한다거나 입찰을 준비하는 과정에서 특정 업체의 직원과 사적으로 만나는 행위는 철저히 금지하여야 한다. 본인들은 개인 친분이나 일상적인 만남이라고 생각할 수도 있지만, 이해 당사자들은 그렇게 생각하지 않는다. 옛말에 '감나무 아래에서 갓끈을 고쳐 매지 말라', '참외밭에서 신발 끈을 고쳐 매지 말라'고 했다. 오해받을 행동을 하지 말라는 가르침일 것이다.

필자가 중견 간부 시절 여러 간부들의 보직을 담당하는 민감한 업무를 담당했었는데, 그 때 부서원들은 다른 인원들로부터 오해를 받지 않기 위해서 항상 부서원끼리 식사를 하고, 혹여나 타인과 식사를 할 때는 상급자에게 대상자와 이유를 설명한 후 사적인 시간을 가진 적이 있다. 사생활 침해라고 생각할 수도 있었지만, 당시에는 나를 보호해주는 장치라고 생각하고 겸허하게 받아들이고 실천했다. 너무나 고마운 상급자를 만난 덕분에 주변 관리를 바르게 할 수 있었다. 지금도 그 때의 고마운 상급자 모습이 떠오른다.

넷째, 앞서 언급한 세 가지를 실천하는 과정에서 놓치지 말아야 할 것이 친절하게 알려주고 정중하게 거절해야 한다는 것이다. 청렴하고 공명정대한 적용을 한다고 하여 강한 표현의 용어 사용이나 상대방을 윽박지르거나 한심하다는 식으로 대하면 안 된다. 상대방은 단지 궁금하고 걱정돼서 상담을 할 수 있는데 이러한 대우를 받는다면 업무 담당자가 친절하지 못하다거나 자질이 부족하다고 평가할 수도 있다.

더 나아가서 담당자가 갑질을 한다고 민원을 제기할 수도 있다. 그래서 공인은 어려운 것이다. 한편으로는 법규를 엄격하게 적용하고 또 한편으로는 친절하고 자세하게 안내하여 내담자가 불편함이 없도록 하여야 하기 때문이다. 이러한 양 측면을 슬기롭게 대처하는 사람이 훌륭한 참모 요원이 되고, 주변으로부터 훌륭한 사람으로 평가받게 되는 것이다.

2 말씨를 곱게 하자.

다음은 신언서판 중 언(言)에 관련된 사항이다. 언(言)과 관련된 사항은 말하는 태도, 표현력, 논리성, 보고하는 요령과 자세 등을 말하는데 여기서는 주로 말씨에 대해서 언급하고 보고 능력을 향상시키는 구체적인 내용은 3장에서 별도로 자세히 언급하고자 한다. 말씨란 말이 여러 사람에게 퍼져 나가는 시초의 바탕이 되는 말로 말하는 태도나 버릇, 말에서 느껴지는 감정 따위의 색깔을 의미한다. 즉, 여기서는 참모 요원이 갖추어야 할 평상시 언어적 습관에 관한 기본적인 소양 측면에서 몇 가지를 제시하고자 한다.

조직 생활을 하면서 언어적인 측면에서 반드시 준수하고 기준을 넘지 말아야 할 것이 있다. 이왕이면 말씨를 바르게 하여야 품격도 있고 신사 숙녀로서 평가를 받을 수 있음은 물론, 불필요한 언어 사용으로 낭패를 보는 일도 미연에 방지할 수 있다. 임무수행을 완벽하게 하고 열과 성의를 다해 근무하는 사람이 말씨를 잘못 사용하여 중도 하차하거나 심지어는 범법자가 되는 사례가 종종 있다. 따라서, 말씨는 매우 중요하고 조직 생활에서 꼭 지켜야 할 부분이다.

그럼, 조직 생활을 하면서 자주 사용하여야 할 말씨와 사용하지 말아야 할 사례들을 소개하고자 한다. 조직 생활을 하면서 상대방을 기분 좋게 하고, 인정하고, 격려하는 말씨를 사용하여야 한다. 예를 들면, '수고했어요. 대단해요. 감사합니다. 고마워요. 많이 배웠어요. 좋은 아침입니다. 맛나게 잘 먹었어요.' 등의 용어를 자주 사용하면 된다. 이러한 용어를 사용하는 습관을 실천하는 것은 간단하고 쉬운데도 불구하고 인색한 인원들이 있다. 이러한 것을 잘 실천하기 위해서는 같은 말이라도 따뜻하고 정감 있는 표현을 하여야 한다. 이를 위해서 꼭 필요한 것이 상대방에 대한 존중과 배려의 마음이 있어야 한다. 국방일보가 2021년 9월 장병들을 대상으로 설문한 결과 군 장병들이 꼽은 가장 섭섭한 말은 '요즘 군대 편하다'라는 말이었고, 휴가 때 가장 듣고 싶은 말은 '고생한다. 수고했어.'라고 한다. 장병들은 여러 가지 어려운 상황에도 불구하고 국방의 의무를 다하기 위해서 노력하는데 '편하다'라는 말을 들으면 힘이 빠질 것이다. '수고 많은데 이번 휴가 때 푹 쉬고 귀대해라!'라고 응원의 메시지를 보내주면 뿌듯하고 큰 자부심이 생길 것이다. 바른 말씨의 힘이다. 간단한 말씨에 따라서 용기를 줄 수도 있고, 반대로 상대방의 가치를 떨어뜨리면서 마음의 상처를 줄 수도 있다.

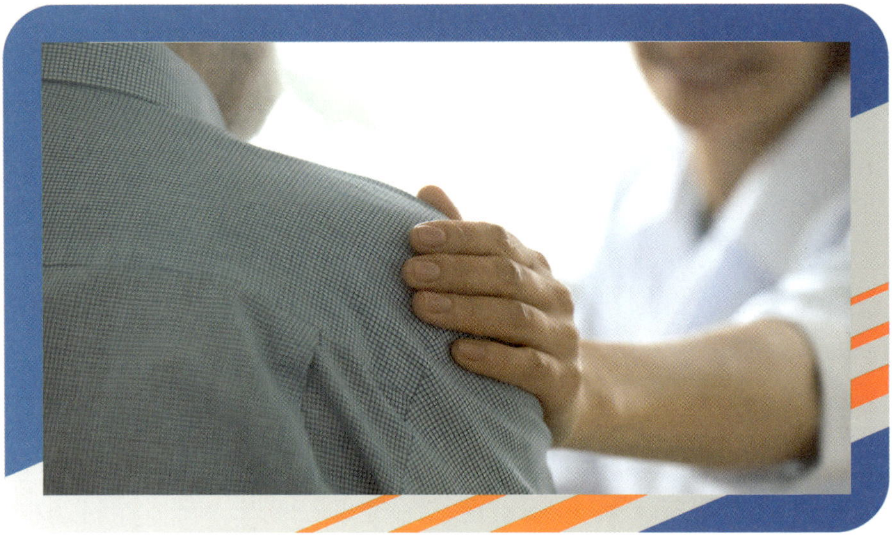

이와 반대로 조직 생활에서 꼭 지양하고 사용하지 말아야 할 말투가 있다. 여러 가지 사례들이 있지만 여기서 꼭 언급하고 싶은 것은 특히, 성희롱, 뒷담화로 상급자나 상대방을 비방하는 행위, 하급자에 대해 상처를 주는 표현 등 3가지에 대해서 더욱 주의할 것을 강조하고 싶다.

최근 조직 내에서는 성희롱과 관련한 사항을 특히 강조하고 있다. 성희롱이란 상대편의 의사와 관계없이 성적으로 수치심을 주는 말이나 행동을 하는 것을 말한다[26]. 성희롱을 한 인원은 법률에 의거 엄중한 처벌을 받게 됨은 물론 성희롱을 당한 인원은 심한 상처를 받아 괴로움에 시달리게 된다. 동료 간에 화합하고 서로 협력해야 즐겁고 성과 있게 조직 생활을 할 수 있는데, 조직 내의 성희롱으로 인하여 함께 근무하는 시간이 괴롭고 불편하다면 조직의 단결에 심대한 악영향을 미치는 요인이 되므로 특히 위반하지 않도록 조심 또 조심할 것을 주문하고 싶다. 종종 문제가 심각하게 진행된 뒤에 장난으로 그랬다, 친근감의 표현으로 그랬다는 등 뒤늦

26) 성희롱이란 그 직위를 이용하여 또는 업무 등과 관련하여 성적 언동 등으로 성적 굴욕감 또는 혐오감을 느끼게 하거나 성적 언동 또는 그 밖의 요구 등에 따르지 않는다는 이유로 고용상의 불이익을 주는 행위를 말한다.(양성평등기본법 제3조 제2호)

은 후회를 하지만 그때는 이미 돌이킬 수가 없다. 잘못된 말 한마디 또는 사소하다고 생각하는 언어적 표현이 상대방에게 치명적인 상처를 줄 수 있음을 명심하여야 한다.

다음은 상급자 및 상대방을 뒷담화 하면 안 된다. 대면하고 있을 때는 '네, 네'하며 상대방의 의견에 따르다가도 뒤돌아서서는 불평불만을 늘어놓거나 비난을 하는 인원이 간혹 있다. 이런 언행은 두 가지의 마이너스를 초래한다. 한 가지는 본인 인격의 저열함을 드러내고 또 한 가지는 후언(後言)은 반드시 본인의 귀에 들어간다는 점이다. 그러한 소리를 들은 상급자나 상대방이 좋은 감정을 가질 수 없을 것이다. 그 결과 인간관계는 악화하고 말 것이다. 그것이 상급자일 경우에는 돌이킬 수 없는 결과를 가져올 수도 있고 심지어는 범법 행위로 처벌을 받을 수도 있다. 특히, 군인의 경우는 상관이 없는 자리에서 상관에 대하여 모욕적인 발언을 하는 것은 단순한 뒷담화가 아니라 군 조직의 위계질서를 문란하게 하는 행위인 상관모욕죄에 해당하게 된다. 범죄로 인한 처벌도 중요하지만 작은 말실수가 인간관계를 나쁘게 만들 수 있음을 명심하길 바란다.

아울러 하급자에게 상처를 주는 말이나 표현을 하지 말아야 한다. 계급과 직책, 권한을 남용하여 하급자에게 함부로 말을 하거나 감정을 상하게 하는 심한 표현의 말을 하면 하급자는 사기가 떨어짐은 물론 마음의 상처를 받아서 회복하기 어려운 경우도 발생한다. 상급자를 존경하지 않게 되고, 조직 생활에서 위축되기도 하고, 나아가서 법적인 문제까지 야기할 수도 있다. 일명 언어폭력이다.[27)]

인간미 있는 나를 만들기 위한 한 가지 팁을 더하고자 한다. 평소 부대나 기관의 시설관리를 위해서 지원하는 청소원, 시설관리원들을 존중하고 마주칠 때마다 먼저 인사의 말을 전하는 습관을 갖길 바란다. 나의 형제자매, 부모일 수도 있다. 가정에 가면 모두 소중한 가족들이다. 특히, 일의 종류에는 귀천이 없다. 각자의 역할과 임무가 다를 뿐이다. 그분들이 시설을 관리해 주고 쾌적하게 만들어 준 덕분에 깨끗한 환경에서 편안하게 근무할 수 있는 것이다. 늘 감사한 마음으로 지날 때마다. '수고 많습니다. 고맙습니다'라는 인사의 말을 잊지 말길 바란다. 따뜻한 말 한마디가 그분들의 하루를 행복하게 함을 물론 노동의 가치를 인정받게 하고 나아가서 더욱 정성스럽게 나의 시설을 관리해 줄 것이다. 필자는 인사사령부에 근무할 때에 소관

27) 언어폭력이란 폭언, 욕설, 기타 개인의 인격을 모독하는 비인간적인 말 등으로 상대방의 자존심을 무너뜨리고 마음의 상처와 정신적 충격을 주어 정상적인 병영생활을 저해하는 행위를 말한다.

부서의 사무실을 청소하는 분들께 주기적으로 피자를 선물하거나 연말연시에 소소하지만 선물을 한 적이 있다. 또한, 교육사령부 지원부장으로 재직 시에는 지휘관께 건의하여 시설관리를 지원하는 모든 분들께 명절 때마다 선물을 하고, 근로자의 날에는 장기간 근무하신 분들을 초청하여 감사의 행사도 하였다. 진심으로 고마워서 작은 성의를 표현한 것이다. 그 결과 평상시 무관심하게 지나치던 서로의 모습은 어느새 인사를 하고, 밝은 표정으로 맞아주는 사이로 변하게 됐다. 주변으로부터 고맙다는 인사도 전해 들었다. 서로를 인정해 주는 얼마나 따뜻하고 훈훈한 모습인가! 여러분도 나의 가족처럼 생각하고 꼭 실천해 보길 바란다. 훌륭한 인성을 갖춘 사람으로 거듭나는 계기가 될 것이다.

3 ● ● ● 정보화 기기 사용 능력을 키우자.

다음은 신언서판 중 서(書)에 관련된 사항이다. 서(書)는 글을 잘 쓰고 보고서를 작성하는 것인데, 보고서 작성에 대해서는 4장에서 자세히 제시하고 여기서는 보고서를 작성하기 위한 정보화 기기 사용 능력의 중요성에 대하여 언급하고자 한다. 과거에는 붓글씨, 펜글씨 등 글씨를 잘 쓰는 것을 인재의 조건으로 강조하였지만, 현대적인 의미에서는 정보화 기기를 잘 활용하는 것이 인재의 조건 중 하나인 서(書)에 해당한다고 보고 싶다.

이와 관련하여, 먼저 정보화 기기 및 프로그램 활용 능력을 완성시켜야 한다. 모든 공조직에서도 마찬가지이겠지만 특히 군 조직에 있어서 참모 요원으로 임무를 수행하기 위해서는 정보화 기기 및 프로그램 활용 능력을 갖추어야 한다. 하루 24시간이 주어진 것은 누구나 똑같다. 주어진 시간에서 신속하고 정확하게 임무를 완수하는 것이 능력이다. 주어진 시간에 완수하여야 일과를 연장하지 않고 나의 사생활을 보장받을 수도 있다. 각종 훈련 시에는 더욱 긴박하게 움직여야 한다. 참모 요원들은 야전에서 기동을 하는 것이 아니라 지휘통제실 등에서 부단히 판단하고 보고하고 결심을 받아서 예하부대에 지침을 하달해야 한다. 이 과정에서 사용하는 수단이 정보화 프로그램이다. 이러한 수단 중에서도 핵심적인 것이 워드프로세서, 엑셀, 파워포인트이며, 각 부대나 기관에서 개발하여 운용 중인 각종 체계이다. 여기에서 꼭 권장하고 싶은 것은 엑셀과 파워포인트에 관한 사항이다. 기타 사항 역시 기본적으로 반드시 갖추어야 할 사항이고, 운용 능력을 반드시 구비해야 할 사항이지만 초급 참모 요원의 시기에는 위 두 가지(엑셀과 파워포인트)를 특히 강조하고 싶다. 그 이유는 프로그램의 운용 능력에 따라서 업무수행 시간을 단축시키고 각종 보고서의 질을 획기적으로 향상시킬 수 있기 때문이다.

참모 요원들은 각종 행정업무를 처리하면서 많은 데이터를 활용하여 통계를 분석하고 제시하여야 한다. 이때 수동으로 처리할 경우와 프로그램을 활용하여 분석할 경우에는 소요 시간과 분석의 깊이가 매우 크게 차이가 날 것이다. 따라서, 가급적이면 평소 모든 데이터를 엑셀로 관리할 것을 권장하고 싶다. 엑셀을 활용하면 통계 현황은 물론 도표 등 시각적으로도 보고서에 활용할 수 있어서 유익하다.

또한, 각종 회의, 토의, 교육, 훈련 시 항상 활용하는 것 중의 하나가 파워포인트이다. 일상적인 생활에서 파워포인트를 제외하고는 행정업무를 할 수 없을 정도로 많이 활용한다. 많이 활용하기 때문에 운용 능력에 따라서 시간적 편차와 작성한 보고서의 질적 차이도 크다. 파워포인트의 목적은 주로 여러 사람이 같이 보면서 토의하거나 설명하기 위해서 작성하는 것이다. 따라서 이해하기 쉽도록 화면을 구성하거나 각종 도표, 그림, 동영상 등을 연결하여 집중도를 높일 수 있어야 한다. 특히, 24시간 연속으로 진행되는 훈련 시에는 더욱 실시간으로 많이 사용하게 된다. 작성이 지연되면 상황처리도 적시에 하지 못하고 결심권자의 결심을 적시에 받지도 못하는 실수를 할 수도 있다. 긴박한 상황처리와 촌각을 다투는 훈련 상황 하에서 적시에 능수능란하게 파워포인트를 완성하는 사람이 여러분이라고 생각해 보자. 여러분의 행정 능력은 탁월하게 인정받게 될 것이고 훈련 성과에 크게 기여하게 될 것이다.

즉, 평상시 개인의 업무도 적시에 처리하고 각종 훈련 시에는 능력을 인정받을 수 있도록 개인의 정보화 소양 능력을 완성하라는 것이다. 가급적이면 정보화 관련 자격증을 취득하는 것을 권장하고 싶다. 자격증 취득 과정에서 개인 소양을 향상시키고, 나아가서 장기복무, 진급, 각종 선발 시에 잠재역량 및 질적평가 요소를 우수하게 평가받을 수 있는 근거 자료가 된다. 여러모로 당신을 빛나게 할 것이다.

4 ·· 직무 관련 법규를 잘 숙지하자.

넷째는 신언서판 중 판(判)과 관련된 사항이다. 판(判)은 올바른 판단 능력에 관한 사항이다. 올바른 판단을 하기 위해 갖추어야 할 기본 소양 두 가지를 제시하고자 한다.

첫째, 올바른 판단을 하기 위해서는 직무와 관련된 전문성을 구비하여야 하고, 심적으로 정직성을 겸비하여야 한다. 정직성에 관해서는 3장 6절 '무엇보다도 정직하자'에서 자세히 언급하고 여기서는 전문성을 구비하기 위해서 꼭 권장하고 싶은 사항을 언급하고자 한다. 전문성을 구비하기 위해서는 직무와 관련한 각종 법규, 교범, 규정, 지침, 각종 매뉴얼을 정확히 숙지하여야 한다. 이 중에서 직무와 관련된 구체적인 분야는 임무에 따라 상이하기 때문에 관련된 내용은 교육기관 또는 본인의 업무 파악을 통하여 철저히 숙지하길 바라고, 여기서는 전문성과 관련하여 필자가 꼭 강조하고 싶은 소양 한 가지를 소개하고자 한다.

상황을 판단하는 기준은 임무, 상황, 가용요소, 조건 등에 따라 다양할 것인데, 그 중 참모 요원들이 최우선적으로 고려해야 부분은 법규적인 면이다. 법규를 위반하거나 잘못 해석하여 판단하면 많은 혼란과 낭비, 심지어는 법적 책임을 져야 하는 상황이 발생할 수도 있다. 따라서, 새로운 직책을 받아서 임무를 수행하기 이전에 충분히 법규를 공부한 후 임무를 수행할 것을 권한다. 필자는 새로운 직책으로 부임하기 이전에 항상 관련된 법규를 수회 읽어보고 업무를 수행하였다. 복잡하고 난이도가 높은 직책일수록 부임 전에 많은 공부를 하고 임무수행을 위한 준비를 하였다. 부임 후에 업무를 파악하는 것은 너무 마음이 조급하고 바로 임무수행을 할 수가 없어서 항상 부임 전에 충분한 준비를 하였다. 따라서 부임과 동시에 질문을 받아도 즉시 임무를 수행할 수 있도록 사전 지식을 구비함으로써 준비된 참모 요원으로 평가받길 바란다.

두 번째는 평상시 행동할 때 할까? 말까? 망설일 때의 판단 기준이다. 혼자 결정할 때도 있고, 동료들과 함께 결정해야 할 때도 있고, 팀원 또는 조직원들을 통제하면서 결정해야 할 때 등 다양하게 발생한다. 이때 좋은 일이나 긍정적인 것은 망설이지 말고 실천하길 권한다. 예를 들면, 고맙다고 말할까? 말까?, 미안하다고 말할까? 말까?, 잘못했다고 솔직히 인정할까? 말까? 등은 즉시 시행하길 바란다. 그러나 역으로 부정적, 기준을 벗어난 행동에 대해서는 과감하게 하지 말아야 한다.

예를 들면, 기준 적용에 있어서 애매한 경우가 있다. 유리하게 해석하면 가능할 것 같고, 불리하게 해석하면 하지 말아야 할 것이 종종 있다. 이럴 경우에는 반드시 불리하게 판단하고 결정하길 권한다. 사소한 판단 실수로 장래가 촉망되는 인재가 중도 하차하게 되는 실수를 범하지 않길 바란다. 군 생활을 하면서 후배들에게 농담이 아닌 진담으로 이야기하던 말이 있다. '조직 생활을 잘 하려면 먹을 때 끼고, 맞을 때 빠질 줄 알아야 한다.'였다. 이 말은 요령을 피우라는 뜻이 아니다. 해야 할 일, 법규에 맞는 일, 조직을 위하는 일에는 적극 동참하고, 하지 말아야 할 일, 법규를 위반하는 일에는 동참하지 말라는 이야기를 풍자한 것이다.

5 •• 나만의 차별화, 특화하기 위해 노력하자.

위에서 언급한 신언서판을 기초로 나만의 특화된 완성도, 경험 요소를 구비하여 나를 차별화해야 한다. 참모 요원으로서 나를 차별화, 특화하기 위해서는 직무와 관련된 달인이 되기 위해 꾸준히 노력하여야 한다. 공통적으로는 누구나 참모 요원을 반드시 해야 하므로 행정업무를 능숙하게 수행할 수 있는 정보화 기기 활용 능력을 갖추어야 한다. 정보화 기기 활용 능력의 중요성에 대해서는 앞에서 자세히 언급하였으므로 여기서는 생략하고, 군인의 경우 해당 병과의 특성에 맞는 전문성 구비에 관한 사항을 소개하고자 한다.

예를 들면, 보병의 경우는 전문유격과정, 특수전, KCTC(과학화전투훈련), 드론 조종 능력을 구비하는 것이고, 기갑의 경우는 궤도 장비 조종 및 정비 능력, 공병의 경우는 중장비 운용 및 기술사 자격 취득, 인사병과의 경우는 노무사 및 안전관리 전문자격 등을 구비하는 것이다. 이처럼 해당 병과에 맞는 자격증 취득 및 훈련을 이수하여 자기 분야의 전문가로 거듭나거나 일반인들이 경험하지 못한 고도의 훈련을 경험함으로써 차별화를 갖는 것이 중요하다.

〈출처, 과학화훈련단 소개 동영상 자료에서 인용〉

나만의 특성화를 구비한 인원은 주어진 임무수행을 완벽하게 함은 물론, 부하들을 지도할 수 있는 능력이 향상되어 리더십을 발휘하는데도 크게 도움이 되며, 각종 인사관리 및 상급자로부터 높은 평가를 받게 될 것이다. 물론, 이와 같은 자격을 구비하거나 경험하는 것은 정신적, 육체적으로 매우 힘든 과정을 거쳐야 한다. 그러나 힘들고 어려운 과정을 극복하고 달성한 자격이기 때문에 더욱 가치가 있고 그 능력을 인정받게 되는 것이다. 작은 조직이거나 하부 조직의 경우에는 더욱 이러한 자격을 구비하면 부하들이나 조직원들로부터 높은 평가를 받을 수 있다. 왜냐하면 많은 인원들이 경험을 하지 못하였거나 도전할 용기를 갖지 못하기 때문에 더욱 그렇다.

이와 같은 개인의 역량을 향상시키는 방법은 여러 가지가 있다. 학교 교육을 이수하거나 국가 공인자격증 취득, 현장 경험을 통하여 숙달하는 것이다. 군 조직의 경우에는 현장의 경험이 무엇보다도 중요하다. 전투를 준비하기 위한 교육훈련과 전투를 하는 곳이 현장이기 때문이다. 따라서, 다양한 노력을 통하여 특성화, 차별화하여 나를 빛나게 하는 소양을 구비하길 바란다.

6 •• 기본적인 에티켓을 숙지하고 실천하자.

평상시 회의, 부대행사, 식사, 차량 탑승, 항공기 탑승 등 각종 일상적인 생활이나 공식 행사 간에 기본적인 상식을 숙지하고 있어야 실수를 하지 않고, 예의 바른 인원으로 평가받을 수 있다. 양식을 먹는 자리에 참석하였는데, 큰 원탁 테이블에 물, 접시, 나이프, 포크 등이 복잡하게 세팅되어 있을 경우, 내가 사용할 것이 어느 것인지 망설인 적이 있다. 이때를 위해서 간단한 상식 정도는 숙지하는 것이 좋다. 필자도 초급 간부 시절에 망설이고 있는데, 상급자가 간단한 식별 방법을 알려줬다. '좌빵우물, BMW'를 생각하면 된다는 것이었다. 좌빵우물은 빵은 왼쪽, 물은 오른쪽 것이 나의 것이다. BMW는 왼쪽이 Bread(빵), 가운데가 Main Dish(주 요리), 오른쪽이 Water(물)라는 것이다. 알고나면 간단하고, 또한 대부분 잘 알고 있는 사항이지만 간혹 기본적인 사항을 숙지하지 못하여 눈치를 보는 경우가 있다.

또한, 식당에서 회식을 하는 경우가 종종 있을 것이다. 이 때 어디에 앉아야 하는지를 알고 참석하는 것은 기본이며 간단한 상식이다. 상급자와 차량을 함께 타고 이동하거나 회의 등을 위해 좌석을 배열할 때도 마찬가지이다. 기본적인 군대 예절, 일반 에티켓을 지켜야 한다.

여기서는 일반적인 기준만 상식 수준에서 언급하고자 한다. 일반적으로 좌석 배열 시 상서열자 좌석이 중앙일 경우 하서열자는 차선임자부터 우 · 좌순으로 배열하며, 상서열자 위치가 정중앙의 중심에서 치우쳐 위치할 경우 차선임자를 상서열자의 좌측에 위치시키고 선임자 순으로 우 · 좌순으로 배열하는 것이다. 이러한 기본을 지키되 출입문을 기준으로 실내 안쪽이 상급자 좌석으로 판단하면 된다. 승용차를 이동할 때는 뒷좌석 오른쪽이 상석이고, 좌측이 다음 서열자, 조수석이 그 다음 서열자로 판단하면 된다. 지휘용 지프차의 경우는 조수석이 최선임자 좌석이다.

<운전기사가 있는 경우>

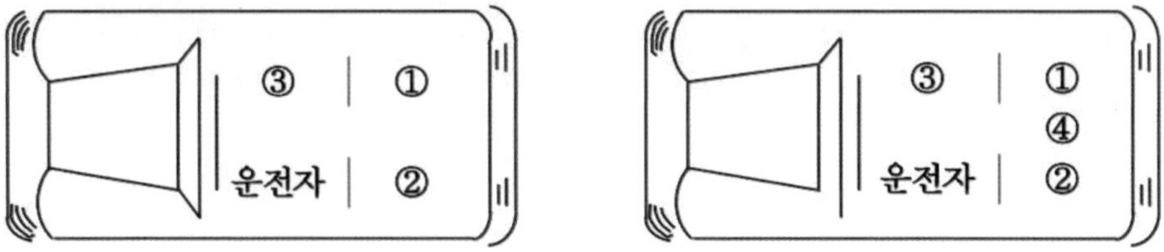

○ 원형 탁자

○ 타원형 탁자

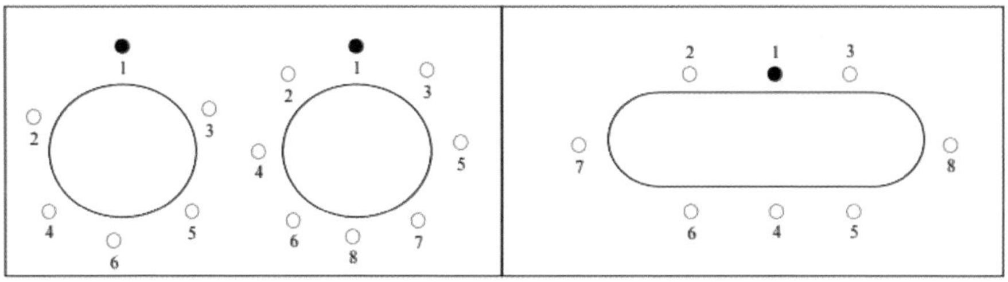

기타 세부적인 의전 상의 기준은 각 기관의 규정과 정부 의전업무편람 등을 활용하여 적용하면 된다. 에티켓을 지키는 것이 상대방을 예우하고 기본을 지킴으로써 나의 품격을 빛나게 하는 것이다.

7 ·· 참모는 스타일이 없음을 명심하자.

어느 조직이든 지휘관과 참모, 리더와 스태프(staff)로 구분된다. 모든 결심 권한과 지휘의 끝은 지휘관과 상급자가 결정하고 결심하는 대로 움직이도록 구성되어 있다. 참모 요원은 지휘관과 상급자가 올바른 결심을 하도록 보좌하고 지침을 받아서 바르게 시행되도록 동작 화하고 올바르게 진행되는지 평가하고 보완·발전 시켜 나가는 역할을 하는 것이다. 결국 조직이 바르게 나아가기 위해서는 지휘관과 상급자의 의도를 잘 구현하고 결심한 대로 진행되어야 한다. 특히, 군 조직과 같은 공조직의 경우는 더욱 그렇다. 그래야 일사불란하게 조직이 한 방향으로 나아가 목표를 달성할 수 있다.

그런데, 간혹 참모 요원이 지휘관 및 상급자의 의도를 구현하지 않고 자기만의 생각, 독단적인 판단에 의해서 업무를 처리하는 인원이 있다. 이럴 경우 조직이 원하는 방향으로 나아갈 수 없다. 지휘관 및 상급자와 마찰이 있을 수밖에 없고, 시행하는 구성원 및 하급조직도 어려움을 겪게 된다. 결국 조직이 단결되지 못하고 목표를 달성할 수 없게 된다. 나아가서는 참모 요원의 권한을 넘거나 지휘권을 침범하게 되는 우(愚)를 범하게도 된다. 매우 위험하고 조직에 악영향을 끼치는 요인이 될 수 있으므로 철저히 조심하여야 한다.

'참모는 스타일이 없다'라는 뜻은 지휘관의 의도를 잘 이해하고 시행하라는 의미이다. 참모 요원의 스타일대로 조직을 이끄는 것이 아니라 지휘관 및 상급자의 의도, 즉 스타일을 잘 받들어서 임무를 수행하여야 한다는 것이다. 물론, 지휘관도 독단적이거나 법규를 벗어난 지휘를 하면 안 되는 것은 당연하다. 상호 논의와 토의를 통하여 조직을 이끌어 가는 것이 가장 합리적인 조직 운영일 것이다. 3장에서 다양하게 강조하겠지만 지휘관과 참모는 끊임없이 소통하고 의견을 교환해 나가야 한다.

8 리더십(Leadership)과 팔로워십(Followership)을 함께 겸비하자.

리더십이란 리더가 임무를 완수하고 조직을 발전시키기 위하여, 구성원에게 목적과 방향을 제시하고, 동기를 부여함으로써 영향력을 미치는 행동이다. 리더십에서 가장 중요한 단어는 영향력이다. 리더는 구성원들에게 긍정적이고 합목적적인 영향을 끼쳐 임무완수를 가능하게 해야 한다. 이처럼 리더십이 상사가 부하에게 영향력을 행사하는 과정이라면, 팔로워십은 부하로서 갖춰야 할 바람직한 특성과 행동을 의미한다. 주로 참모 요원들은 팔로워십을 겸비하여야 한다. 상급자의 지휘의도를 잘 따라서 의도한 대로 지침을 구현하고, 상급자가 올바른 판단과 결심을 하도록 적시에 적절한 조언을 하고, 상급자가 바르지 못하거나 법규를 벗어난 권한을 행사할 경우에는 조언을 통하여 조직을 바른 방향으로 이끌도록 하여야 한다. 참모 요원인 나도 부하가 있으면 리더십을 발휘해야 하고, 동시에 상급자에 대한 팔로워십을 가져야 한다. 따라서 바람직한 조직은 지휘관과 상급자가 올바른 리더십을 발휘하고, 하급자인 참모 요원은 팔로워십을 겸비해야 한다.

이러한 활동을 충실히 할 때 조직이 목표를 달성하고 지휘관 및 상급자는 성공적인 지휘를 하게 되는 것이다. 간혹 리더십이 먼저냐? 팔로워십이 먼저냐? 라고 운운하는 사람도 있지만, 조직이 목표를 성공적으로 달성하기 위해서는 양자가 동시에 이루어져야 가능하다. 따라서 참모 요원은 지휘관 및 상급자를 탓하지 말고, 참모 요원으로서 팔로워십을 잘 발휘하여 조직이 바른 방향으로 가도록 역할을 다하여야 한다. 그러한 참모 요원은 빛이 날 것이다.

9 •• 자존감을 높이고 회복 탄력성을 강화하자.

자존감이란 자기 스스로를 한 인격체로서 존중하며, 자기의 약점에 대해 열등감에 사로잡히기보다는 포용함으로써 더 나은 자기가 될 수 있도록 스스로를 북돋을 수 있는 힘을 의미한다. 회복 탄력성이란 역경이나 고난을 이겨내는 긍정적인 힘으로 실패나 부정적인 상황을 극복하고 원래의 안정된 심리적 상태를 되찾는 성질이나 능력을 말한다.

조직 생활을 하다 보면 성공적으로 임무를 완수하여 보람을 찾는 경우도 있지만, 현실은 항상 내가 목표한 것처럼 달성되는 것이 아니다. 참모 요원으로 임무를 수행하다 보면 많은 어려움과 난관에 부딪힐 때가 있다. 최선을 다했으나 지휘관의 의도와 달라서 낮게 평가를 받는 경우, 중요한 회의 및 행사를 실수로 망치는 경우, 적시성을 놓쳐서 질책을 받은 경우, 부정확한 보고로 인하여 허위 보고 또는 판단력이 부족함을 느끼는 경우 등 실패의 경험을 하게 되는 경우가 종종 있다. 이럴 경우에 낙담하거나 깊은 상처를 받지 않고 극복하는 방법 중의 하나가 나에 대한 자존감을 높이는 것이다.

자존감을 높이기 위해서는 나의 잘못과 부족한 능력만을 자책하지 말고, 굳건히 딛고 일어서기 위해 나에 대해 존중하는 마음을 가져야 한다. 이러한 자존감을 갖기 위해서 중요한 것이 자기효능감을 찾는 것이다. 자기효능감(自己效能感)이란 특정한 상황에서 자신이 적절한 행동을 함으로써 문제를 해결할 수 있다고 믿는 신념 또는 기대감을 말한다. 자기효능감을 높이는 좋은 방법은 운동이다. 운동을 하면 신체와 정신이 건강해지면서 자기효능감을 찾게 된다. 또한, 작은 성취를 할 때마다 나를 칭찬하고 격려하는 것이다. 예를 들면, '오늘 보고서 잘 작성했다.' '오늘 행사 잘 진행했다.' 등 스스로의 성취감을 좋게 평가하는 것이다. 반면에, 실수를 했을 때는 솔직히 인정하는 것이다. '아쉽게 실수를 했지만 많이 배웠다.' '좋은 경험을 했으니 차후에는 더욱 성숙한 모습을 보이자.' 아울러, 자기 스스로에게 '실수로 인해 스트레스를 받게 해서 미안하다.' 등과 같이 스스로를 위로하고 격려해 주는 것도 놓치지 말아야 할 요소이다. 그리고, 무엇보다도 선입견을 없애야 한다. 동일한 업무를 하면서 실수한 선입견에 사로잡히면 차후 동일 업무를 수행하면서 자신감을 잃게 된다.

한편, 자존감과 함께 갖추어야 할 요소가 회복 탄력성을 강화하는 것이다. 다양한 임무를 수행하다 보면 여러 가지 어려움에 직면하게 되는데, 이럴 때 리더와 조직 구성원들은 회복 탄력성을 가지고 마찰 요소를 극복하여야 주어진 임무를 완수할 수 있다. 필자도 초급 간부 시절 칭찬도 많이 받았지만 때로는 실수를 하여 괴로워하고, 본인을 질책하고, 이대로 군 생활을 계속했을 때 잘할 수 있을까? 걱정도 했었다. 그러나 다행스럽게도 그때마다 짧은 시간에 회복을 한 덕분에 끝까지 군 생활을 성공적으로 할 수 있었다. 아무리 능력이 출중한 사람도 어려움은 반드시 닥치게 되어 있다. 이때 마음의 근력이 강해야 이를 극복할 수 있다.

회복 탄력성을 강화하기 위한 실천으로는 자신감 있게 행동하기, 운동하기, 오히려 적극적으로 임무수행 하기, 인문학 독서로 마음의 양식 쌓기, 감사한 마음 가지기 등을 강조하는 전문가들이 있다. 여기서는 업무수행 중에 극심한 스트레스를 받았을 때 이를 극복하기 위해 필자가 주로 적용했던 간단한 노하우 세 가지를 소개하고자 한다.

명상 - 뜀걸음 - 걷기
마음으로 기도하기
긍정적으로 생각하기

첫째, 극심한 스트레스를 받았을 때 우선, 눈을 감고 잠시 명상하자.

명상을 하다 보면 마음이 안정되고 감정이 조금은 평온을 되찾게 되며, 순간적인 돌발 행동이나 과격한 언어적 표현을 방지할 수 있다. 심한 질타를 받거나 자괴감에 빠지면 자신도 모르게 감정을 외부로 표현하여 상황을 더욱 악화 시킴으로써 돌이키기 어려운 상황으로 확대될 수도 있기 때문이다. 따라서 짧게나마 명상의 시간을 통하여 심리적으로 안정을 찾고 이성적으로 판단할 수 있는 시간을 확보하는 것이다.

다음 단계는 일과를 마치고 체력단련 시간을 이용하여 뜀걸음을 하면서 잠시 스트레스를 받았던 생각을 뒤로하고 스스로를 위로하고 격려하면서 흠뻑 땀을 흘리는 것이다. 운동을 통해 땀을 흘리고 나면 심신이 훨씬 가벼워지는 걸 느낄 수 있다. 실제 연구결과 규칙적인 운동은 뇌기능의 향상과 자기 조절능력, 회복 탄력성을 유지할 수 있는 건강한 정신을 가져온다고 하였다.

마지막 단계는 하루 일과를 정리하고 걸어서 퇴근을 한다. 약 30여 분 걷다 보면 일과 중에 있었던 일들이 정리가 되면서 회복을 되찾기 시작한다. 가급적 집 현관문을 들어서기 전에 최대한 얼굴을 밝게 하기 위해 노력한다. 퇴근 시 얼굴 표정은 가족들에게도 영향을 미치기 때문에 더욱 안정적인 모습을 보여주기 위해 노력해야 한다. 그래야 가정이 화목하고, 화목해야 휴식을 하는 동안 마음의 평온을 확실하게 찾을 수도 있다. 이러한 과정을 거치면 마음의 안정을 되찾고 긍정적인 마인드로 서서히 변화되어 간다.

둘째, 아침에 침대에서 일어나면서 마음의 기도를 하는 것이다.

필자는 군 생활 동안 매일 아침 침대에서 가벼운 스트레칭을 하면서 짧은 마음의 기도를 하였다. '오늘 하루도 나에게 지혜와 용기를 주십시오!'를 잠시 마음속으로 반복하는 것이다. 초급장교 시절에는 오늘 하루도 특별한 일이 없기를 바란다는 마음의 기도를 하였다. 그러나 고급장교로 올라가면서 어떤 조직이든 각종 현안들이 있을 수밖에 없다는 것을 깨달았다. 따라서, 고급장교일수록 발생하는 각종 현안 및 갈등을 슬기롭게 해결하는 것이 중요한데, 이러한 현안들을 극복할 때마다 많은 어려움을 겪곤 한다. 이때 좌절하지 않고 스트레스를 조기에 회복할 수 있는 회복 탄력성이 중요하다고 본다. 이러한 회복 탄력성을 유지하기 위해서 지혜와 용기를 달라고 기도했다. 더 나아가서는 나는 어려움을 극복할 수 있는 지혜와 용기가 있는 사람이다라고 스스로 마인드 컨트롤을 한 것이다.

셋째, 감사의 마음으로 긍정적으로 생각하고 극복하는 것이다.

〈감사의 과학적 비밀〉이라는 책 속에서 소개한 3차원의 감사를 실천해 보길 바란다. 이 책에서는 감사를 3차원으로 나누어 소개하였는데, 1차원의 감사 단계는 if(만일) 감사로, 만약 승진한다면, 성적이 오른다면, 돈이 많다면 등과 같이 조건이 달성된다면 감사하는 것을 가장 낮은 단계로 봤다. 2차원의 감사 단계는 because(때문에) 감사 단계로, 승진했기 때문에, 성적이 올랐기 때문에, 부자가 되었기 때문에 등과 같이 원하는 것이 이루어졌을 때 감사하는 것이다. 마지막으로 가장 높은 3차원의 감사 단계는 in spite of(그럼에도 불구하고) 감사 단계로, 잘 안됐다고 하더라도, 승진을 하지 못했더라도, 비록 성공하지는 못했더라도 등과 같이 원하는 목표를 달성하지 못했지만, 그 과정을 통하여 많은 것을 배우고, 새로운 값진 경험을 하도록 기회를 줘서 감사하다 등과 같은 것이다. 특히, 열심히 임무를 수행했으나 소기의 성과를 달성하지 못하고 질책을 받았을 경우에 마음의 상처를 받지 말고 3차원 감사의 마음으로 긍정적으로 생각하고 극복하길 바란다.

if(만일) 감사 ························ 1차원
because(때문에) 감사 ·················· 2차원
in spite of(그럼에도 불구하고) 감사 ······· 3차원

긍정심리학자 마틴 셀리그만은 '문제는 상황이 아니라, 상황에 대한 나의 생각이다. 최악의 상황에 처해도 상황에 대한 생각을 긍정적으로 하면 결과는 달라진다.'고 하였다.

이러한 세 가지 과정을 거쳤는데도 불구하고 심리적 회복이 어려울 경우에는 전문가의 도움을 받아야 한다. 대부분의 조직에는 명칭은 상이하지만, 심리상담관 등 전문가들을 운영하고 있다. 군 조직에는 병영생활상담관, 양성평등상담관이 부대별로 있다. 이분들은 전문적인 상담에 관한 교육을 받고 자격을 구비한 인원이며, 많은 사람들의 어려움을 해결해 주고 있는 고마운 분들이다. 언제 어디서든 여러분이 필요로 하는 시간과 장소에서 여러분들의 모든 애로사항을 귀담아 들어주고, 개인정보 및 사생활을 보장한 가운데 문제를 해결하기 위해 정성을 다할 것이다. 혼자 극복하기 위해 고통 받지 말고 전문가의 도움을 꼭 받을 것을 권하고 싶다.

사람의 성향에 따라 회복 탄력성을 유지하는 방법과 내용이 저마다 다르겠지만 한 가지씩 나만의 마인드 컨트롤 방법을 강구하여 슬기롭게 어려움을 극복하길 바란다.

보고하고 말하는 품격을 높이자.

흔히 사용하는 속담으로 '말 한마디에 천 냥 빚도 갚는다.'는 말이 있다. 말만 잘하면 어려운 일도 해결할 수 있다는 뜻으로 같은 말이라도 말의 품격과 방법에 따라서 그 이상의 효과를 얻을 수 있다는 의미일 것이다. 반대로 같은 상황에서 말을 달리하면 오히려 역효과를 불러올 수 있음을 명심해야 한다. 또한, 나 자신이 내뱉는 말 한마디가 곧 나의 수준을 보여준다는 사실을 알아야 한다. 말 한마디에 나 자신의 가치가 달라진다. 예의 바르며 겸손한 말은 존경을 받을 수 있고, 간결하면서 품격 있는 보고는 나의 역량과 신뢰를 보여주게 될 것이다.

어느 조직이든 의사소통을 한다. 의사소통은 구두, 보고서, SNS, 전화 등 다양한 방법으로 하게 되는데, 이때 사용하는 용어나 표현, 품위, 논리를 잘 설명하는 것이 중요하다는 측면에서 언급하고자 한다. 특히, 공조직이나 군 조직에서는 더욱 보고하고 말하는 요령이 중요하다. 왜냐하면, 조직은 하루의 업무가 보고에서 시작해서 보고로 마무리된다고 해도 과언이 아닐 정도이기 때문이다. 따라서, 이러한 보고 시 바르고 품격 있게 표현하여야 상대방의 기분을 상하지 않게 하고, 나아가 나의 능력을 좋게 평가받을 수 있다.

10 •• 구두로 보고하는 연습을 하자.

임무수행 간에 수시로 이루어지는 것이 구두보고이다. 간단하게 대면 또는 전화를 이용하여 구두로 보고하거나, 보고서를 앞에 놓고 앉아서 구두로 설명하는 경우 등 구두로 보고해야 하는 경우가 대부분이다. 따라서 구두로 보고하는 요령을 평소에 연습하는 것이 크게 도움이 된다.

먼저, 어떠한 사안을 간단하게 구두로 보고할 때의 몇 가지 팁을 제시하고자 한다. 일반적인 보고이므로 자연스럽게 대화하듯이 설명하면 큰 무리가 없을 것이다. 그러나 짧은 대화에도 마음속에 기준을 정하고 보고를 하면 더욱 간결하면서도 표현하고자 하는 것을 명쾌하게 전달할 수 있다.

1. 보고하고 싶은 내용이 무엇인지 우선 서두에 언급하자.
2. 가급적 결론을 먼저 언급하자.
3. 결론에 대한 부연 설명 세 가지를 설명하자.
4. 예상되는 질문에 대한 답변을 준비하자.

첫째, 보고를 하고 싶은 내용이 무엇인지를 먼저 서두에 언급하는 것이다. 둘째, 가급적이면 결론을 먼저 언급하자. 셋째, 결론에 대한 부연 설명을 크게 세 가지로 설명하기 위해 마음속으로 준비하자. 넷째, 보고 내용과 관련해 예상되는 질문을 염두로 판단하고 답변할 준비를 하자. 이러한 보고 습관을 마음속으로 준비하고, 실천하면 자연스럽게 익숙해질 것이다.

같은 보고를 하는데 어떤 사람은 자기가 하고 싶은 얘기를 본론부터 장황하게 얘기하다 보니 보고를 받는 사람은 답답할 때가 많다. 이것저것 많은 것을 설명하는데 긴 이야기를 듣고 있다 보면 결론이 무엇인지? 무엇을 얘기하고자 하는 것인지? 궁금하고, 심지어 바쁠 때는 짜증이 날 때도 종종 있다. 예를 들면, 출근을 늦게 했다고 하자. 같은 내용의 보고이지만 아래의 사례를 보면 상급자의 입장에서 느끼는 차이는 클 것이다.

【사례 1】

A : 오늘 출근을 늦게 했습니다. 앞으로 주의하겠습니다.

B : 늦게 출근할 수밖에 없었던 사정이 있었나요?

A : 출근길에 교통사고가 있었습니다.

B : 몸은 다치지 않으셨나요?

A : 몸은 괜찮고, 차만 조금 피해를 입었습니다.

B : 몸이 괜찮다니 다행입니다. 많이 놀라셨겠어요?

【사례 2】

A : 아침에 출근하는데 갑자기 옆에서 직전 하던 차가 끼어들어서 제 차의 오른쪽 범퍼를 충격하여 서로 옥신각신하다가 보험회사를 호출하여 합의하고, 차량 수리를 위해 견인 차량을 불러 정비소에 입고시키고 왔습니다. 그런데 차량 수리가...(계속 상황 설명)

B : 아침 회의에 들어가야 할 시간인데 결론만 얘기하면 안될까요?

A : 그래서 어쩔 수 없이 늦게 출근하게 됐습니다.

B : 알았습니다.

위 두 사례를 볼 때 여러분이 상급자라면 어떤 부하의 보고 스타일을 좋아할까요? 1번 사례는 바쁘게 시작하는 아침에 간단하게 지연 출근의 사유를 보고하고 자신의 잘못을 뉘우치는 느낌이 든다. 그러나 2번 사례는 바쁜 상관의 아침 시간을 빼앗고, 보고받는 사람을 짜증나게 하며, 나아가 지연 출근의 사유에 대해 변명을 늘어놓는 것으로만 들리게 된다. 여러 면에서 옳지 못한 보고 사례이다.

다음은 보고서를 앞에 놓고 앉아서 구두로 설명을 할 때의 팁이다. 이 부분 역시 일반적인 것은 제외하고 꼭 강조하고 싶은 세 가지를 소개하고자 한다.

첫째, 보고서를 핵심적으로 간명하게 설명할 준비를 해야 한다.

보고서를 처음부터 순서대로 보고받기를 원하는 상급자도 있지만, 두꺼운 보고서의 경우에는 보고서의 세부 내용을 보기 전에 일반적으로 무엇을 보고하고자 하는지 먼저 질문을 하는 경우가 있다. 이를 대비하여 간단히 구두로 문서의 내용을 핵심적으로 설명할 준비를 하여야 한다. 이때도 역시 결론을 먼저 언급하고, 결론에 이르게 된 이유를 핵심적으로 설명할 수 있는 대표적인 세 가지 정도의 이유를 간결하게 보고하는 것이 좋다.

둘째, 예상되는 질문과 답변을 다양하게 준비해야 한다.

이때 장점과 기대효과를 보고서에 다양하게 나열해 보고했다면, 반대의 입장, 즉 Red Team의 입장에서 역기능과 리스크에 대한 질문에 답변할 준비를 해야 한다. 새로운 제도나 계획을 시행하고자 하면 보고자는 장점과 순기능을 열심히 파악해서 보고하려는 경향이 있다. 그러나 결심권자는 새로운 제도를 시행했을 때 미치는 영향을 고민하지 않을 수 없다. 그렇기 때문에, 반대의 입장에서 다양한 질문을 할 것이다. 이러한 질문에 답변할 준비를 완벽히 하여야 결심권자가 걱정 없이 결심을 할 것이고, 보고자의 깊은 사고와 전문성을 인정할 것이다. 이때의 보고 시에도 역시 간명하게 답변할 준비를 하여야 한다. '질문하신 내용은 A라는 문제가 있을 수도 있습니다. 그러나 1, 2, 3의 요소를 고려해볼 때 크게 염려하지 않아도 될 것으로 판단됩니다.'

셋째, 결심권자의 지침을 잘 보완하여야 한다.

보고 간에 결심권자가 지침을 주거나 질문한 사항을 잘 인지하고 메모를 하여야 한다. 한 번에 결심을 하는 경우도 있지만 보완해서 보고를 해야 할 경우도 있다. 보고와 동시에 결심을 하더라도 보고 간에 상급자의 지시사항을 잘 반영하여 최종 문서를 시행하여야 한다. 보완이 요구될 경우에는 더더욱 지시사항을 조금도 가감없이 반영하여야 한다. 간혹 지침을 받았음에도 불구하고 다르게 표현하거나 누락하여 재차 결심을 받지 못하거나 불신을 받는 경우도 있다. 이러한 실수는 참모 요원으로서 절대 반복하지 말아야 할 중요 요소 중 하나이다. 이것이 쌓이면 신뢰를 완전히 잃을 수도 있다. 따라서 지침을 명확히 수명하는 의미에서 보고 말미에 '지침을 주신 1, 2, 3에 대한 사항을 보완해서 다시 보고 드리겠습니다.'라고 복명을 하면서 상급자의 의도를 명확히 확인할 것을 권하고 싶다.

11 •• 회의 등에서 발표할 때 상대방의 의견을 존중하자.

많은 사람들이 모인 장소에서 회의 등을 하면서 구두로 설명하는 경우가 종종 있는데, 이를 대비하여야 한다. 이때 역시 앞에서 구두로 보고하는 요령을 잘 활용하여야 한다. 회의를 참석하기 위해서 회의와 관련된 각종 법규, 각종 현황을 정확하고 치밀하게 준비해야 하는 것은 당연하므로 이에 대한 강조는 제외하고 회의 중 발표 시 지켜야 할 사항과 유의사항을 팁으로 전하고자 한다.

첫째, 나의 의견을 발표할 때는 앞에서 언급한 구두보고의 방법을 활용하면 좋다. 세부 내용은 위에서 언급했으므로 생략하고자 한다.

둘째, 상대방의 발표 내용에 대한 의견을 제시할 때 지켜야 할 사항이다. 상대방의 의견에 대해 우선 최소한의 예의를 표시하고 존중하여야 한다. 특히, 반대의 의견을 제시할 때는 상대방이 기분 나쁘지 않도록 유의하여야 한다. 상대방의 의견이 틀린 것이 아니라 나와 다른 의견임을 명심해야 한다. 따라서, 다른 의견을 제시할 때 상대방의 입장을 이해하며 대안을 제시할 수 있어야 한다. 대안이나 차선책이 없으면 '비난'으로 간주될 수 있기에 조심스럽게 깊이 생각하고 이야기해야 한다. 아울러 나의 견해가 꼭 옳다고만 할 수 없다. 때로는 회의 참석자들이 나의 의견에 대해 많은 의견 차이를 보이고 동의를 하지 않을 수도 있다. 자칫 많은 사람들 앞에서 큰 실수를 하거나 난처한 상황을 맞게 될 수도 있다.

이를 대비하는 요령이 최대한 정중하게 완곡한 표현을 사용하는 것이다. 즉, 서두에 상대방 의견에 대한 존중과 겸손한 표현을 한 후 자기의 의견을 제시하는 방법이다. 예를 들면, '앞의 내용에 상당 부분 동의합니다. 다만, 제 소견으로는...', '조금 다른 측면에서 생각해봤습니다.' '발표한 내용이 장점이 많은데, 한편으로는 이러한 면이 우려가 될 수도 있다고 생각합니다.' '레드팀(Red Team) 입장에서 말씀드리면...' 등을 앞에 언급한 후 자기의 의견을 설명하는 것이다.

발표자의 내용에 일방적으로 '그것은 아니라고 생각합니다.' '그것은 틀린 방안이라고 생각합니다.' '그것은 실현 가능성이 없거나 문제가 많다고 생각합니다.' 등의 직설적이고 상대방의 의견을 무시하는 발언은 절대 하지 말아야 한다. 상대방을 감정적으로 대하여 회의 분위기를 망치고, 회의 후에 인간적으로 악감정을 만드는 결과를 초래할 수도 있기 때문이다.

이러한 유의사항을 지키면서 나의 소견을 이야기하되, 지나치게 나서거나 초점 없는 장황한 설명으로 참석자들의 눈살을 찌푸리게 하지 말고, 간단명료하게 발표할 것을 권장한다.

12 •• 회의 및 업무보고 중 상급자의 평가에 대해 리액션을 잘하자.

회의 중 칭찬을 받았을 때 겸손하게 답례를 하고, 반대로 다소 낮게 평가를 받았을 때 겸허히 수용하는 자세를 가져야 한다. 모든 조직이 마찬가지겠지만 공조직에서는 크고 작은 규모의 각종 회의가 개최되고 종종 참석하게 된다. 회의의 성격에 따라 다른 부서의 회의에 부서를 대표하여 참가할 때도 있고, 나의 상급자와 함께 회의에 참가하여 대표로 발표할 때도 있다. 이때, 여러 부서원이나 인원들이 참여하므로 회의 내용은 물론이고 각종 태도, 표현 등도 정중하고 예의를 갖추어야 한다. 많은 사람들 앞에서 나의 이미지를 각인시킬 수 있기 때문이다. 이 중에서도 칭찬을 받았을 때와 기대 이하의 평가를 받았을 때 꼭 주의해야 할 몇 가지를 팁으로 제시하고자 한다.

먼저, 칭찬을 받았을 때이다. 간단한 발표에 칭찬을 받았을 때는 일반적으로 '감사합니다.'라고 리액션을 하면 된다. 어떤 인원들은 부끄러워서 리액션을 못 하고 수줍어하며 대충 넘어가는 경우가 있는데, 이는 나를 어필하는데 있어서 다소 부족하다. 간단하게 리액션을 하여야 칭찬하는 상급자나 상대방도 기분이 좋게 된다. 회의에서 주도적으로 연구 자료를 발표하거나 상급자의 집무실에서 중요한 보고를 완료한 후 상급자로부터 '훌륭한 보고서야!' 또는 '연구를 심도 깊게 잘했다!' 등의 칭찬을 받을 경우가 있다. 이때 '감사합니다.'라고 언급하고 소감을 간단히 언급할 기회가 있을 때는 첨언을 하는 것이 좋다. 예를 들면, '상급자인 A님이 지도해 주고 가르쳐 준 덕분입니다.' 또는, '부하인 B가 연구를 많이 하고 보고서를 잘 작성해 준 덕분입니다.'라고 공을 상급자 및 하급자에 돌리는 것이다. 함께 배석했던 나의 상급자는 대단히 기분이 좋을 것이고, 부하는 인정받았다고 생각해서 사기가 올라간다. 나아가서 본인은 겸손한 사람으로 더 큰 칭찬을 받게 될 것이다. 이는 아부성 발언이 아니다. 대부분의 중요 보고서는 작성하는 동안에 수회에 걸쳐서 상급자가 조언하고 지도해준 내용을 다듬어서 완성하거나 부하가 열심히 작성한 것이기 때문에 당연한 얘기이다. 이렇게 감사를 표현할 줄 아는 사람과 그렇지 않은 사람의 이미지는 차이가 있을 수밖에 없다.

이러한 사례와 반대로 발표 또는 보고를 한 후 다소 낮은 평가를 받거나 보완 지시를 받을 경우가 있다. 이때는 특히 표정과 말의 표현을 잘하여야 한다. 낮은 평가를 받고 기분이 좋은 사람은 없을 것이다. 특히, 많은 노력과 시간을 투입하여 보고를 하였거나 나의 판단이 확고히 옳다고 생각하는데 상급자가 다른 의견을 제시할 때는 더욱 그렇다. 그러나 이럴 때일수록 후일을 냉정하게 도모해야 한다.

'제가 나름대로 많은 연구를 했다고 생각했는데 말씀하시는 사항을 듣고 보니 제 생각이 짧고 부족했습니다. 지침 주신 사항을 좀 더 깊이 연구해서 다시 보고 드리겠습니다. 오늘 가르쳐 주셔서 대단히 감사합니다.'라고 표현할 것을 권하고 싶다. 이와 반대로 어떤 사람은 끝까지 얼굴을 붉혀 가면서 자기의 판단이 옳다고 계속 주장하는 경우가 있다. 이럴 경우 상급자는 기분도 상하고 심지어는 예의가 없다고 평가할 수도 있다. 항상 명심할 사항이 있다. 상급자는 나보다 많은 경험을 했고 정보가 나보다 많다는 것이다.

필자의 초급장교 시절 상급자와 생각이 달랐을 때를 돌아보면 상급자의 판단이 대부분 옳고 현명했다. 왜냐하면, 나는 주로 나의 분야에 관심이 집중되어 있지만, 상급자는 조직 전체에 미치는 영향을 고민하고 충분히 고려했기 때문이다. 따라서, 나의 생각이 옳다고 무리하게 주장할 것이 아니라 한발 물러나서 상급자의 의도를 다시 한번 고민하고 주변의 조언도 듣는 과정을 거치는 것이 좋다.

이 때 한 가지 팁을 더하고자 한다. 다시 판단한 결과 상급자 및 결심권자의 지침이 맞다고 생각하면 즉시 보고서의 방향을 수정해서 보고하면서 '지침을 다시 한번 검토해 보니 제 생각이 짧았습니다. 덕분에 좋은 것을 배우는 기회가 되었습니다.'라고 마무리하면 된다. 그런데 아무리 다시 판단해 보고 주변의 조언을 들어도 동의가 되지 않는 경우가 있다. 이때 여러분은 어떻게 하겠는가? 바로 달려가서 '제 말이 맞습니다. 다시 결재해 주세요!'라고 하겠는가? 이럴 경우에는 우회하는 방안을 선택하길 바란다. 중간 과정을 거치는 것이다. 일상적인 대화를 할 때나 식사 시 또는 운동을 할 때, 아니면 다른 보고서를 보고할 때나 상황을 잘 살펴서 중간 검토사항에 대해 가볍게 언급을 하는 것이다. '지난번 말씀하신 사항을 검토해 보니 이러 이러한 제한사항이 있을 수도 있는데 좀 더 고민해 보고 건의 드리겠습니다.' 아니면 나의 직속 상급자에게 중간보고를 해줄 것을 요청하는 방안도 있다. 이러한 과정을 거쳐서 어느 정도 결심권자를 설득한 후 보고서를 수정하여 최종 보고를 하는 것이다. 이렇게 하면 지시한 결심권자는 부하가 충분히 고민한 과정을 인정하게 되고 추가 보고를 받으면서 자신의 판단이 미흡했음을 자연스럽게 인정할 수 있기 때문이다.

13 •• 전임자의 장점 위주로 이야기하자.

전임자의 업무 방식이나 업무 처리 결과를 비방하지 말아야 한다. 통상 새로운 직책에서 임무를 수행하다 보면 전임자의 업무처리 내용 중에 소소한 문제점이 종종 발견된다. 아무리 열심히 정성을 다해서 업무를 수행해도 본인이 인지하지 못한 업무상의 착오가 남아 있을 수 있다. 본인이 계속 임무를 수행하면 무엇이 착오가 있었고 그렇게 업무를 처리한 배경과 이유를 잘 알기 때문에 충분히 소명하거나 상대방을 이해시킬 수 있다.

그러나 본인이 없는 가운데 후임자가 임무를 수행하다 보면 세부적인 배경을 모르고 피상적인 결과만을 평가하는 경우가 있다. 이 경우 전임자가 업무를 잘못 수행했다든지, 업무를 이렇게밖에 처리하지 못했나 등 평가절하 하는 경우가 있다. 심지어는 전임자를 인격적으로 낮게 표현하는 경우가 있는데, 이는 대단히 위험하고 금기시해야 할 사항이다. 앞서 설명한 것처럼 충분한 배경을 모르고 쉽게 평가해서는 안 된다. 이럴 때는 전임자에게 연락해서 배경을 알아보고 올바르게 평가하거나 바로 잡는 것이 중요하다. 전임자를 나쁘게 평가하는 언행은 언젠가는 돌고 돌아서 본인의 귀에 들어가게 되어 있다. 그 소리를 들었을 때의 전임자는 기분이 좋을 리가 없다.

전임자는 통상 선배이다. 어느 조직이든 장기간 근무하다 보면 또 다시 만나서 함께 근무하게 될 확률이 높다. 좋지 않은 감정으로 다시 만났을 때 좋은 인간관계를 유지할 수 없다. 게다가 전임자가 승진을 하여 나의 상관으로 근무하게 됐다고 생각해 보자. 상상하고 싶지 않을 것이다. 또한, 나도 언젠가는 누군가의 전임자가 된다. 나의 후임자가 나를 나쁘게 평가한다면 어떻겠는가를 생각해 보자. 오히려 전임자가 실수를 하고 떠났다고 하여도 정성스럽게 일을 마무리하고, 가급적이면 전임자의 성과, 업적, 장점 위주로 평을 하길 바란다. 그 소리를 전임자가 들었다고 생각했을 때 어떻겠는가? 좋은 인간관계를 유지하는 것이 당연할 것이다.

여기서 추천하는 표현 몇 가지 예를 들면, '전임자가 업무 체계를 잘 정립한 덕분에 저는 잘 따라서 시행하면 될 것 같다.', '많은 업무를 처리하면서도 착오 없이 깔끔하게 임무를 완수했다.', '전임자가 어떠한 이유로 그렇게 조치했는지 확인해 보겠다. 아마 현명한 분이니 이유가 있었을 것이다. 확인해 보고 안내해드리겠습니다.' 등의 표현을 할 수 있을 것이다. 전임자의 성과를 인정하면서, 나의 인품도 좋게 평가받을 수 있는 것이다.

14 ·· 역지사지(易地思之)의 자세로 정성스럽게 안내하자.

인사를 담당하는 사람들이 가장 많이 사용하는 용어 중 하나가 '역지사지(易地思之)이다.' 처지를 바꾸어서 생각하여 본다는 뜻이다. 내가 절박한 상황에서 문의를 했는데, 규정만 언급하고 퉁명스럽게 대우를 받았다고 생각해 보면 충분히 이해가 될 것이다. 내부적인 조직원들은 물론이고 특히, 민원인에게는 더욱 친절하고 성실하게 최선을 다해서 안내해야 한다. 공조직에 있는 공무원들은 국민을 위해서 성실히 봉사를 하여야 하고, 사기업에 근무하는 인원들은 고객을 위해서 최선을 다해야 하는 것이다.

'역지사지(易地思之)'

특히, 누군가의 신상과 관련한 애로사항이나 업무적인 어려움을 문의 받았을 때는 설명이나 답변 시에 말을 잘하여야 한다. 본인은 절박한 상황에서 문의를 했는데 업무담당자로부터 규정만 강요받는 등 퉁명스러운 응대를 받았다고 생각해 보면 절박한 상황에서 문의를 한 본인의 마음이 어떠할 것인지는 충분히 이해가 될 것이다. '규정에 없는데 왜 계속해서 억지를 부리십니까!', '말도 안 되는 소리 하지 마세요!', '규정도 몰라요?' 등의 마음의 상처를 주는 말을 사용하면 안 된다. 규정에 명확하게 있더라도 본인의 입장에서 어려움을 잘 들어주고 같이 고민해 주는 모습을 보여야 한다.

예를 들면, '규정이 이러 이러해서 어려움이 있습니다. 그러나, 혹시 다른 법규가 있는지 또는 상급부대에 문의해서 가능한 방안이 있는지 질의해 보고 다시 안내해 드리겠습니다.' 등 상대방의 입장에서 고민하고 노력하는 모습을 보여 주면, 설사 문제를 해결해주지 못하더라도 마음의 상처를 받지 않고 오히려 감사해할 것이다. 절박하여 지속해서 요구를 하는 경우에는 가급적 여러 번 나누어서 중간 진행 과정을 알려주고, 지속해서 노력하는 모습을 보여주면서 상대방을 이해시켜야 한다.

15 •• 평소 감사의 마음을 잘 표현하자.

평소 사소한 일에도 감사의 마음을 표현할 줄 아는 것이 중요하다. 각종 모임, 업무적인 도움 등 각종 호의를 제공 받았을 때는 반드시 감사의 표현을 할 것을 권하고 싶다. 바쁜 시간에 사재를 털어서 후배들에게 따뜻한 음료를 제공하거나 맛있는 식사를 대접했는데 고마움을 표현하지 않으면 인간관계를 지속해서 좋게 유지하기가 쉽지 않다. 식사를 마치고 귀가한 후에 '오늘 식사 맛있었습니다. 정말 감사합니다.', '오늘 유익한 조언 감사했습니다. 앞으로 잘 참고해서 업무에 적용하겠습니다.' 등 간단한 문자 인사를 남기는 센스를 권하고 싶다. 이때는 전화로 시간을 빼앗거나 길게 이야기하는 것보다는 문자 서비스를 이용하는 것이 좋을 것 같다. 호의를 베푼 상대를 기분 좋게 하고, 상급자는 하급자가 예의 바르고 고마워할 줄 안다고 생각할 것이다. 자연스럽게 관계가 좋아질 수밖에 없을 것이다.

상급부대를 방문하거나 각종 회의에 참석하고 복귀했을 때도 간단한 문자 서비스로 후문을 남기는 센스도 권하고 싶다. 예를 들면, '오늘 방문했었을 때 잘 설명해 주셔서 감사했습니다. 많이 배웠습니다.', '오늘 회의 정말 유익했습니다. 짧은 시간에 많은 것을 준비한 것 같습니다.' 이러한 문자를 받은 상대방은 다음에 다시 만나거나 필요할 때 전화를 하면 여러분을 대하는 모습이나 말의 부드러움이 확실히 다를 것이다.

다른 부서나 함께 근무하는 동료가 큰 행사나 프로젝트를 성과 있게 종료하거나 힘든 업무를 수행했을 때 격려와 칭찬의 말을 하는 것도 꼭 권하고 싶다. '오늘 행사 진행 훌륭했습니다. 수고 많으셨어요!', '이번 프로젝트가 우리 부대 또는 부서를 빛나게 했습니다.', '역시 당신은 탁월합니다. 수고하셨습니다.' 등 간단한 인사의 말로 상대방을 존중하는 것이 중요하다. 차후 내가 중요한 일을 마쳤을 때 그들도 격려의 칭찬을 해줄 것이다. 간단한 말로 서로의 인간관계를 부드럽게 만들 수 있다.

16 보고할 때 반듯한 자세로 하자.

같은 보고를 할 때도 부드러우면서도 절도 있는 동작으로 보고하는 습관을 갖추길 바란다. 필자가 리더의 위치에서 보고를 받아보면 어떤 인원은 손가락으로 보고서를 가리키며 보고를 하거나 엉거주춤한 자세로 보고를 하는 인원들이 가끔 있다. 기본적인 자세조차 갖추지 못한 인원으로 낮게 평가하게 된다. 때로는 보고를 받으면서 기분이 상하기도 한다. 따라서, 평소에 포켓용 메모지와 필기구, 소형 지시봉을 늘 소지하고 다닐 것을 권한다. 언제 어디서든 반듯한 자세로 보고하고 상급자의 지침을 메모할 수 있는 준비를 하라는 것이다. 다소 이격된 거리에서 파워포인트를 보면서 보고할 경우에는 레이저 포인터를 준비하는 것도 소홀히 하지 말아야 할 요소이다.

이처럼 보고하는 내용도 충실하고 브리핑도 잘하면서 외형적으로 군인다운 절도와 에티켓까지 겸비한다면 금상첨화이다. 누가 보아도 품격있는 사람으로 평가할 것이다.

3장

슬기로운 조직 생활을 위한 소통과 원팀 정신

줄탁동시(啐啄同時)라는 말이 있다. 병아리가 알에서 깨어나기 위해서는 어미 닭이 밖에서 쪼고 병아리가 안에서 쪼는 것처럼 서로 도와야 일이 순조롭게 완성됨을 의미한다. 조직에서도 지휘관 및 상급자와 참모 요원들이 줄탁동시의 마음으로 서로 원활히 도와야 조직의 목표를 순조롭게 달성할 수 있을 것이다.

따라서, 조직을 움직이는 지휘관과 참모 요원은 항상 실시간으로 소통하고 의견을 교환해야 한다. 조직을 운영하기 위해서는 부단히 지침을 하달하고 하달된 지침이 제대로 시행되고 있는지? 문제점은 없는지? 등을 끊임없이 평가하고 피드백하여야 한다. 이를 위해서 참모 요원은 담당 분야를 지속적으로 평가하여 지휘관 및 상급자에게 첩보를 보고하고 지침을 받아서 시행하여야 한다. 시간을 지연하거나 문제점을 인지하지 못하여 장시간 방치하거나, 지휘관 및 상급자에게 적시적인 건의를 하지 못하여 골든타임을 놓치거나, 과다한 시행착오로 행정 및 노력의 낭비를 초래하는 일이 없도록 하여야 한다.

이를 위해 참모 요원은 조직의 내부 상황은 물론, 상급부대 및 인접부대 상황, 언론 등 다양한 상황을 파악하고 첩보를 제공하여 지휘관 및 상급자가 적시 적절한 결심을 하도록 하여야 한다. 그래서 참모 요원의 첫 번째 임무를 '첩보 보고'라고 한다.

본 장에서는 이러한 활동을 올바로 하기 위한 필자의 경험을 사례 중심으로 소개하고자 한다.

3장

슬기로운 조직 생활을 위한 소통과 원팀 정신

1 지휘관 및 상급자와 24시간 소통하는 마음으로 근무하자.

늘 옆에 붙어 앉아 있으라는 뜻이 아니다. 물리적으로는 이격되어 있더라도 늘 함께 있는 것처럼 소통하라는 것이다. 특히, 긴박하고 적시성을 유지해야 하는 군 조직과 같은 곳에서는 24시간 간단없는 소통을 하여야 한다. 조직의 특성에 따라 차이가 있으므로 상황에 맞게 대응해야 하지만 기본적으로 적시성을 중시할 것을 강조하고 싶다. 물리적으로 다른 장소에 있더라도 여러 가지 소통 수단을 이용하면 된다. 중요한 내용은 문서를 작성하여 보고하고 간단한 참고사항은 메일, 메모보고, SNS, 전화, 포스트잇, 구두보고 등 다양한 수단을 활용하면 된다. 여기서 꼭 강조하고 싶은 세 가지가 있다. 첫째, 보고의 타이밍을 맞추어야 한다. 둘째, 상황에 따라 말미를 두자. 셋째, 간단한 메모보고라도 핵심을 고려하여 보고하자.

보고의 타이밍을 맞추자.
상황에 따라 말미를 두자.
핵심을 보고하자.

먼저, 보고에서 가장 강조하고 싶은 것은 타이밍, 즉 적시성이다.

업무를 수행하다 보면 적시성과 정확성 두 가지 측면으로 인하여 망설이거나 혼란스러울 때가 많다. 빨리 보고해야 하는데, 정확하지 않아서 잘못 보고했다가 낭패를 보는 것이 아닌가 걱정을 하는 경우가 있다. 필자의 경험으로는 정확성보다는 적시성을 강조하고 싶다. 특히, 긴급을 요하는 사항일 경우는 더욱 그렇다. 골든타임을 놓치면 안 된다. 특히, 군 조직과 같은 특수한 임무를 수행하는 사람들은 상황에 따라 24시간, 취침 중에도 반드시 시간과 장소를 구분하지 말고 소통하여야 한다. 다소 정확성이 없더라도 우선 신속히 보고하고 이후에 보완하여 보고를 하면 된다.

필자가 군 생활을 하면서 초급간부 시절에 가장 많이 들었던 소리가 '왜 보고 하지 않았어?', '왜 이제서야 보고하는 거야!'였다. 필자가 고위 계급으로 올라간 후에 부하들에게 많이 사용했던 용어 역시 '왜 보고 하지 않았어!'였다. 그 이유는 미리 알았다면 적시적인 조치로 어려움을 예방하였을 것이라는 뜻과 조직 내의 상황을 상급기관이나 외부에서는 알았는데 오히려 나는 조직의 지휘관 또는 상급자로서 문제점을 모르고 있었다는 불편한 마음의 표현이다. 따라서 참모 요원은 지휘관 및 상급자와 사소한 사항이라도 수시로 소통하고, 어떠한 사안을 실행하기 전에 미리 선행 보고를 통해 교감을 가진 후에 시행할 것을 권한다. 필자가 중령 때 인사참모를 하였는데, 적시에 보고하지 않는 인원들이 있어서 책상 앞에 '보고만 잘해도 50점 따고 들어간다!'를 붙여 놓고 늘 상기시켰던 에피소드가 있다.

둘째, 정확하지는 않지만 적시에 보고해야 할 경우에 꼭 지켜야 할 것은 상황에 따라 말미를 두어야 한다는 것이다.

최초 보고 시 '정확하지는 않지만…', '현재 세부 상황을 확인 중이지만…', '최초 인지한 상황이지만…'이란 불확실성을 염두하여 보고를 하여야 한다. 여러분의 상급자 역시 차상급자와 소통을 하기 때문에 확실한 것과 그렇지 않은 수준을 사실대로 보고하여야 오판하지 않고, 허위 보고가 되지 않는다. 이때는 최초 보고를 한 후에 실시간으로 정확한 현황을 파악하여 중간보고를 수시로 하여야 한다. 최종 상황이 종결되기까지 부단히 파악하고 소통하면서 정확성을 완성시켜 나가는 것이다. 많은 경우 최초 보고와 상이할 수 있다. 따라서 지속해서 정정, 보완하여 최종 보고를 하여야 한다. 이러한 노력을 하는 참모 요원에게 왜 최초부터 정확히 보고하지 않았느냐고 질책할 상급자는 없을 것이다. 그런 상급자가 있다면 무능하고 리더로서의 자질이 없는 것이다.

셋째, 간단한 메모보고라도 핵심을 고려하여 보고해야 한다.

SNS 단문 문자, 전화, 포스트잇 등 간단하게 보고할 때도 가급적이면 핵심 위주로 보고를 하여야 한다. 보고의 내용과 목적에 따라 다를 수도 있지만 공통적으로 다음과 같은 순서로 메모 보고하는 습관을 기르자. ①제목과 보고 목적, ②결론(핵심 내용), ③관련된 사실들 요약, ④향후 조치사항 또는 결심 및 건의사항 순으로 작성하는 것이다.

이상과 같은 활동을 24시간 지속적으로 하면 몸은 물리적으로 떨어져 있어도 늘 함께 있는 것과 같이 원활한 의사소통으로 조직을 무리 없이 물 흐르듯 관리해 나갈 수 있다. 지휘관이나 상급자로부터 인정받고 편안한 인간관계가 유지되는 것은 당연한 결과이다.

2 •• 부단히 첩보를 수집하여 보고하자.

참모업무 중 가장 중요한 것이 첩보의 수집 및 보고이다. 참모 요원은 부단히 첩보를 수집하여 지휘관 및 상급자에게 보고하여야 한다. 첩보를 수집하기 위한 방법은 여러 가지가 있다. 내가 속한 조직의 상황, 상급부대 및 인접부대, 예하부대의 상황, 국내의 언론 및 국회 상황, 나아가서 국제 상황 등은 물론 분야별로도 정치, 경제, 사회, 문화, 안보, 재난, 비전통적 위협 등 모든 요소를 접하고 나의 부대와 나의 임무에 영향을 미치는 요소를 파악하여 선제적으로 조치를 하여야 한다. 선제적으로 조치하기 위해서 앞에서 언급한 각종 자료를 수집하여 지휘관 및 상급자와 공유하면서 문제를 해결하거나 타산지석으로 삼아야 한다.

분야별로 자세한 첩보 수집 방법은 앞에서 언급한 사항을 참고하고 여기서는 필자가 강조하고 싶은 세 가지를 권장하고 싶다. 지휘관 및 상급자에게 어떠한 사항을 보고하고 참모 요원으로서 어떻게 조치를 할 것인가에 관한 것이다. 첫째, 신속히 보고하고 결심을 받아서 우리 부대에 선제적으로 적용할 사항, 둘째, 현상을 보고하고 차후 계획문서로 검토하여 우리 부대에 가장 적합한 방안을 강구할 사항, 셋째, 단순히 보고하고 구성원들에게 인지시켜 행동화하게 할 사항 등이다.

우리 기관에 선제적으로 적용하자.
우리 기관에 가장 적합한 방안을 강구하자.
구성원들에게 인지시켜 행동하게 하자.

먼저, 신속히 보고하고 결심을 받아서 우리 부대에 선제적으로 적용할 사항이다.

예를 들면, 2020년도부터 전 세계를 강타한 코로나19 팬데믹으로 많은 어려움을 겪었는데, 우리 부대 주변에 코로나 확진자가 발생했을 때 장병들 외출을 통제해야 하는 상황 또는 안개 · 폭우 · 태풍 · 폭설 · 기온 급강하 등의 재난 예보에 따라 신속히 병력 및 장비를 안전한 장소로 이동시키거나 출타를 통제해야 하는 상황 등이다. 이러한 상황은 최대한 미리 판단하여 지휘관 및 상급자에게 보고를 하고 조치를 하여야 부대를 안전하게 관리할 수 있다. 대북 관련 사항이나 안보와 관련된 위중한 상황을 파악하여 신속히 부대가 임무수행을 준비토록 하는 경우에는 무엇보다도 최단 시간 내에 조치해야 할 최고로 중요한 사항이다.

둘째, 현상을 보고하고 차후 계획문서로 검토하여 우리 부대에 가장 적합한 방안을 강구할 사항이다.

조직을 운영하다 보면 조직 내의 각종 시스템, 제도에 대해 불만을 갖는 구성원이 있을 수 있다. 또는, 군 조직의 경우 자녀를 군에 보낸 부모님들의 걱정으로 여러 가지 민원이 야기되는 경우도 있고, 부대에 납품을 하거나 부대가 주둔하는 지역의 이해관계로 인하여 각종 민원이 발생하고 심지어는 각종 언론이나 시민단체들에 의해 문제가 제기되는 경우가 종종 있다. 민감한 사안일 경우 최초 문제의 제기가 있을 것 같은 징후를 식별하는 순간부터 실시간으로 지휘관 및 상급자와 소통을 하면서 문제를 해결하기 위한 방안을 강구하여야 한다. 이러한 사항들은 즉시 해결하기 어려운 것들이 많다. 이런 경우에는 우선 현안에 대한 단기적인 대응 및 조치를 취하고, 근본적인 문제점을 해결하기 위한 검토 보고서를 작성하여 대책을 수립하고 개선시켜야 한다. 그리고 문제를 제기한 부대원, 언론, 국회, 시민단체, 일반 민원인에게 반드시 피드백 시켜 개선한 결과를 안내함으로써 갈등을 해결하여야 한다.

셋째, 단순히 보고하고 구성원들에게 인지시켜 행동화할 사항이다.

소부대일 경우 이러한 경우가 종종 있다. 코로나19 팬데믹 상황 하에서 지켜야 할 방역 수칙이나 타 부대에서 발생한 사고 등을 신속히 전파하여 나의 부대에는 동일한 취약점이 없는지 타산지석으로 삼도록 하는 것이다. 예를 들면, 타 부대에서 리튬 전지로 인한 화재가 발생한 경우, 운전 부주의로 차량 전복 사고가 발생한 경우, 식중독 사고가 발생한 경우 등의 사례를 접했을 때 신속히 사고의 원인을 전 부대에 전파하여 우리 부대에도 동일한 취약점이 없는지 실태를 파악하고 조치하도록 강조하는 것이다.

〈출처, YouTube 침체 겪던 뉴욕타임스의 디지털 혁신 성공 전략에서 인용〉

또한, 각종 언론에서 사회적 이슈가 보도될 때 우리 부대와의 관련성은 없는지 파악해서 지휘관 및 상급자에게 인지시키는 것이다. 2021년 11월 언론에서 요소수[28]의 부족에 대해 지속적으로 보도된 적이 있다. 이러한 상황을 접했을 때는 요소수가 우리 부대에 미치는 영향이 없는지 신속히 파악하여야 한다. 즉, 요소수 부족 시에 발생하는 문제점, 관련된 장비, 우리 부대의 장비 현황, 우리부대 및 상급부대의 요소수 보유량 및 전망 등을 파악하여 부대에 미치는 영향을 지휘관 및 상급자에게 보고하고 필요한 조치를 하여야 한다. 적시에 조치를 못 하면 관련 차량을 기동시킬 수 없고, 차량이 기동하지 못하면 각종 교육훈련 및 작전에 심대한 영향을 줄 수 있기 때문이다.

---

28) 요소(尿素) 성분을 포함하고 있는 물. 차량에 연료와 별도로 주입하는 촉매제로, 경유차에서 나오는 유해한 질소 산화물을 물과 질소로 분해하여 매연을 줄이는 기능을 한다.

3 ·· 중요한 보고서는 수시로 소통하면서 작성하자.

중요한 보고서를 작성할 때는 수시로 지휘관 및 상급자와 진행 상황에 대해 소통하여야 한다. 그래야 행정의 낭비를 방지할 수 있고, 적시에 적절한 판단을 할 수 있다.

여기서는 평소에 수시로 이루어지는 일상적인 업무와 관련된 보고서보다는 중요한 보고서를 작성해야 하는데 방책의 방향이나 대안을 선택하기 애매할 때, 중요한 계획을 수립하도록 지휘관 및 상급자로부터 지시를 받았을 때, 중요한 회의 자료를 준비할 때 등 소통하는 방안에 대해서 언급하고자 한다. 왜냐하면 이러한 보고서 작성 및 회의 준비는 방향을 잘못 선정하면 시간과 노력을 낭비하고, 적시에 준비를 완료하지 못하여 본인은 물론 지휘관 및 상급자에게 불편한 일이 발생할 수도 있기 때문이다. 또한, 열심히 작성했으나 지휘관 및 상급자의 의도와 달라서 심한 질책을 받고 낮은 평가를 받을 수도 있다.

따라서, 이러한 경우에 공통적으로 권하고 싶은 것은 구체적인 보고서를 준비하기 전에 개략적인 개념과 방향을 설정한 후에 구두로 지휘관 및 상급자에게 보고하여 상관의 의도와 함께 좀 더 구체적인 지침을 받는 것이다. 다른 업무를 보고할 때, 식사할 때, 휴식을 취할 때 등 평소에 편안한 시간을 이용하여 '저는 이번 계획에 대하여 이렇게 이해했고, 이러한 방향으로 작성하고자 한다'는 언급을 하는 것이다. 대부분의 지휘관 및 상급자는 이러한 의견에 대해 개념과 평가를 하고 추가적인 지침을 준다. 처음 임무를 부여할 때는 개략적으로 얘기했지만 한 단계 구체적인 방향을 잡게 된다.

개념보고
↓
A수준, B수준, C수준
↓
최종보고

이때부터 적용하는 보고서의 종류를 군 조직에서는 수준별로 구분하는데 통상 최초 지침을 받기 위한 보고를 개념보고라고 한다. 이후 개념을 좀 더 구체화하여 완성한 수준별 중간보고를 A수준, B수준, C수준, 그리고 최종 완성한 최종보고로 구분하여 사용하고 있다.

이에 따라 처음 구두보고 및 구상 단계를 통해 개략적인 방향을 설정하여 최초 보고를 하는데, 이를 일명 개념보고라고 한다. 개념보고 과정을 통하여 추가적인 지침을 받았으면, 이번에는 보고서의 큰 틀을 어떻게 잡을 것인지 초안을 작성하는 것이다. 즉, 보고서와 회의의 성격에 따라 구조를 만드는 것이다. 예를 들면, 서론-본론-결론, 또는 개요-현상분석-대안-향후추진, 또는 개요-관련사실-결론 및 건의 등 다양한 틀 중에서 적합한 안을 선택하여 개략적인 초안을 작성하는 것인데, 이것이 2단계라고 할 수 있는 A수준의 보고서이다.

이러한 A수준의 보고서가 정리되면 중간보고를 하는 것이다. '지난 번 지침 주신 이후로 대략 보고서의 방향을 설정했습니다. 지침을 추가로 주시면 구체화해서 완성하겠습니다.'라고 보고를 하는 것이다. 이러한 중간보고는 보고서의 특징과 사안의 복잡한 정도에 따라서 1회 또는 수회의 반복 과정을 거쳐야 한다. 이러한 중간 논의 과정을 통하여 지휘관 및 상급자와 공감대가 형성되면 최종 보고서를 완성하여 결과를 보고하면 된다.

이러한 중간 과정을 거치면 최종 보고는 부드럽고 수월하게 통과할 수밖에 없다. 이러한 과정 없이 보고서를 열심히 완성하여 보고하였으나 지휘관 및 상급자의 의도와 맞지 않아 질책을 받고 다시 전면 수정 보완해야 한다고 생각해 보자. 서로가 많은 스트레스를 받는 것은 자명한 일이다.

4 · · 기회가 있을 때마다 진행 중인 업무를 구두로 보고하자.

지휘관 및 상급자는 참모 요원들보다 다양한 분야를 관장하고 여러 명의 부하를 통제하기 때문에 일정이 바쁘고 복잡하여 나의 업무에만 집중할 수 없다. 따라서 참모 요원은 상황을 고려하여 기회가 있을 때마다 진행 중인 업무를 수시로 보고하는 습관을 가져야 한다. 이러한 과정을 거치면 다음과 같은 세 가지 장점이 있다.

우선, 지휘관 및 상급자에게 참고자료를 제공하게 된다.

나의 업무를 인식시켜서 내 분야의 업무 지식을 숙지하게 되면 각종 상급자와의 회의 및 대화 시 예상하지 않았던 질문에 답변을 용이하게 할 수 있다. 우연히 보고한 사항이 각종 회의 시에 나왔을 때 적시에 답변한 나의 상급자는 기분이 좋고 적시에 보고해준 내가 고마울 것이다. 당연히 칭찬이 따라오게 된다.

아울러 상급자가 꼭 알아야 할 사항은 반복해서 보고하는 것도 잊지 말아야 한다. 한번 보고했다고 끝나는 것이 아니다. 상급자가 정신없을 때 보고 하고 난 후, 상급자가 왜 보고 안 해? 하면 지난번에 보고 드렸다고 자기의 소신을 주장하는 인원이 있다. 물론 보고를 했을 수도 있다. 보고를 하지 않은 책임은 면할 수 있겠지만 이는 슬기로운 참모 요원이라고 할 수 없다. 따라서 상황을 잘 고려하여 상급자에게 다시 한번 상기시키는 것이 좋다. 그리고 왜 보고를 하지 않느냐고 질문했을 때 그 때 보고했다고 주장하기보다는 우회적으로 설명하는 것이 현명한 처신이다. '그 때 제가 보고를 드렸지만, 많이 바쁘신 상황이어서 재차 보고 드렸어야 하는데 제 판단이 짧았습니다.'라고 얘기하면 상급자도 기분이 풀리고 마음속으로는 자기를 이해해 주는 참모 요원이 고맙게 생각될 것이다.

둘째, 지휘관 및 상급자와 지속적으로 교감하게 된다.

내가 하고 있는 업무, 내가 관심 갖고 추진하는 업무, 지휘관 및 상급자가 지시한 사항에 대해서 추진하고 있는 사항을 중간보고 함으로써 상급자와 교감을 하는 것이다. 결국 나의 업무를 홍보하는 것이고, 상급자의 지시사항을 적극적으로 추진하고 있다는 사실을 알리는 기회가 되는 등 여러 가지 장점이 있다. 특히, 상급자가 큰 관심을 갖고 추진하는 업무 중 상급부대로 건의한 문서에 대해서는 최종 결과가 확정될 때까지 지속적으로 확인하고 중간보고를 끊임없이 하여야 한다.

상급부대로 건의한 사항은 단기간에 요망하는 결과를 얻는 경우도 있지만, 대부분은 장시간 소요되거나 쉽게 승인되지 않는 경우가 많다. 후자의 경우에는 상급부대 의도, 방향 등을 지속적으로 확인하여 상급자에게 보고하고 제한사항이 있을 경우에는 추가로 상급부대에 논리를 제공하거나 상급자의 지원을 건의해야 한다. 어떤 참모 요원은 상급부대로 문서를 건의해 놓으면 임무를 완료한 것으로 생각하는 인원들이 있다. 이는 매우 수준이 낮은 참모 요원이다. 문서로 건의하는 것은 기본이며 최초의 행정행위일 뿐이다. 중요한 것은 요망하는 결과를 얻을 때까지 지속적으로 확인하고 추가로 건의하는 집요한 노력을 통하여 목적을 달성하는 것이다. 이를 위해 지휘관 및 상급자와 지속적으로 소통하면서 해결해 나아가야 한다.

셋째, 무엇보다도 상급자의 의도를 정확히 파악할 수 있다.

진행되는 사항, 진행할 업무에 대해 상급자의 의도를 명확히 확인함으로써 상급자의 의도에 맞게 임무를 수행할 수 있는 큰 장점이 있다. 상급자의 생각과 같아야 조직이 한 방향으로 나아가고 시행착오를 범하지 않을 것이며, 서로가 행복하게 업무를 할 수 있는 것이다. 반대로 나는 열심히 추진하고 있으나 상급자와 생각이 다르다고 생각해 보자. 상급자는 스트레스를 받을 것이고, 하급자의 능력을 의심할 것이며, 수행한 결과에 대해 우수하게 평가하지도 않을 것이다. 이러한 엇박자가 잦아지면 결국 상급자는 나를 믿지 못하게 될 것이고, 나는 소신껏 임무를 수행할 수 없어서 크게 위축될 것이다.

5 상급자의 사소한 지시사항도 놓치지 말자.

임무수행 간에 상급자는 다양한 지시사항을 하달하게 될 것이다. 어떤 사항은 매우 중요하여 언제까지 어떻게 완성하라고 구체적으로 지시할 수도 있고, 어떤 사항은 가볍게 궁금해하거나 단순하게 질문을 하는 경우가 있을 것이다. 이때 꼭 준수할 몇 가지를 강조하고자 한다. 첫째, 상급자의 지시사항은 중요한 것은 당연하고, 사소한 것도 반드시 복명하는 습관을 가져야 한다. 둘째, 질문사항에 즉시 답변하지 못했을 경우에 유념해야 할 사항이 있다. 셋째, 지시를 받았을 때의 수명 자세이다.

상급자의 지시사항은 즉시 복명하자.
상급자의 질문사항에 반드시 답변하자.
상급자의 지시사항을 명확하게 수명하자.

첫째, 상급자의 지시사항은 반드시 복명을 하여야 함은 물론 가급적 즉시 복명하여야 한다.

본인이 할 일을 다 한 후에 지시사항을 보고하고자 하는 인원이 종종 있다. 이는 조직 생활에서 특히, 군 조직과 같은 공조직에서는 절대로 있어서는 안 될 일이다. 상급자가 지시할 때는 이유가 있어서 하는 것이고, 그만큼 중요하다. 그런데 적시에 보고하지 않으면 수명 자세가 불량하거나 반응 속도가 늦다는 평가를 받을 수 있다. 상급자의 궁금한 사항을 먼저 해결하면 그만큼 여유 있게 나의 업무를 수행할 수 있다. 따라서 상급자를 기다리게 해서는 안된다.

사안에 따라서 바로 보고를 할 수 있으나 시간이 필요한 보고사항도 있을 것이다. 보고를 준비하기 위해서 시간이 필요할 때는 앞서 언급한 구두보고의 방법을 적용해야 한다. 우선, 최초 인지한 상태로 보고를 하고, 이어서 가급적 빨리 중간 보고를 하고, 이후 최종 보고를 하여 종결하는 것이다.

여기서 한 가지 더 강조하고 싶은 것은 사소하다고 생각했던 상급자의 궁금한 사항 또는 지시사항도 반드시 복명하는 습관을 가져야 한다. 사소하다는 판단은 나의 판단이고 상급자는 꼭 알고 싶은 것을 완곡하게 표현했을 수도 있다. 따라서 자기 스스로 판단해서 소홀히 보고하거나 지연하거나 그냥 보고하지 않고 지나치면 안된다.

군 복무 중에 일화가 있었다. 모 부대의 지휘관이 점심 식사를 하면서 '식사를 한 후 과일을 먹는 것이 좋으냐? 아니면 과일을 먹은 후에 식사를 하는 것이 좋으냐?'를 대화중에 가볍게 언급하였다. 이런 저런 본인들의 상식을 주고받으면서 식사를 마쳤다. 이후 모두가 지나쳤지만, 당시 의무참모는 다음 날 건강한 식습관을 위한 자료를 정리하여 지휘관에게 보고하는 것을 봤다. 그 날 필자는 의무참모의 행동에 감동을 받았고 진정한 참모의 모습을 배웠다. 지금도 그 장교의 모습이 선하다. 그 장교는 다른 업무도 항상 지휘관 및 상급자에게 집중하였고 소임을 다하였다. 지휘관으로부터 당연히 인정받는 참모였다.

둘째, 질문사항에 즉시 답변하지 못했을 경우 유념해야 할 사항이 있다.

모든 질문 사항을 알 수는 없다. 그러나 꼭 강조하고 싶은 것은 가급적 최단 시간 내에 답변할 것을 권한다. 보고의 성격에 따라서 보고서, SNS, 전화, 메모지 등을 이용하여 복명하고 종결시켜야 한다. 특히, 급한 회의를 하러 들어가면서 질문한 사항에 대해서는 어떠한 수단을 이용해서든, 상급자에게 보고를 하거나 전달을 하여야 한다. 제3자를 통해 전달할 경우에는 반드시 상급자에게 확실히 보고가 됐는지 확인하는 것을 잊지 말아야 한다. 회의 시에 활용할 자료인데 적시에 전달되지 않아서 상급자가 불편함을 겪게 되었다면 참모 요원의 임무를 완수하지 못한 것이다. 상급자로부터 좋은 평가를 받지 못하는 것 역시 당연하고 질책까지 받게 될 것이다.

때로는 회의의 성격에 따라 상급자의 지근거리에 위치하여 추가적인 자료, 현황 등을 요구할 때 적시에 답변하거나 전달하는 노력도 중요하다. 상급자가 회의를 성공적으로 마치거나 차상급자로부터 인정을 받아야 우리 조직이 우수하게 평가될 것이다. 이를 위해 참모 요원은 상급자를 위하여 부단한 노력과 집중을 하여야 한다.

셋째, 지시를 받았을 때의 수명 자세이다.

반드시 메모를 하고, 지시사항이 애매할 때는 복명복창을 해서 명확한 의도를 확인해야 한다. 메모는 지시사항을 정확히 유지하는 장점과 깜빡하고 놓치는 실수를 범하지 않기 위해서다. 필자는 군 생활 내내 직속상관의 지시사항은 2중으로 메모를 하였다. 노트, 메모지, 휴대폰 메모 등 다양하게 활용했다. 특히, 포스트잇에 작성하여 잘 보이는 책상 앞에 붙여 놓거나 컴퓨터 모니터에 붙여 놓고 수시로 확인하고 체크했다. 장군이 되어서도 동일하게 하였다. 지시사항을 놓치지 않고 항상 복명하기 위한 마음의 준비를 하기 위해서이다. 따라서, 참모 요원은 항상 메모할 수 있는 준비를 하고 다녀야 한다. 포켓용 메모지, 필기구 또는 신세대 성향에 맞게 SNS를 활용하는 방안도 있다.

이와 관련하여 한 가지 더 얘기하자면 사소한 사항이라도 반드시 종결보고를 하라는 것이다. 어떤 인원은 며칠 지나면 흐지부지 보고를 하지 않고 마무리하는 경우가 있다. 그러나 상급자는 한번 지시한 사항을 반드시 기억하고 있다. 당분간은 바쁘다 보니 잊고 지날 수 있으나 시간적 여유가 생기거나 지시사항과 유사한 업무가 발생하면 지시했던 사항이 떠오르게 된다. 그때 왜 보고를 하지 않았느냐? 지시한 사항이 어떻게 되었느냐? 등의 질문을 받으면 안 된다. 이러한 일이 반복되면 신뢰를 잃게 된다. 정직하지 못한 참모 요원으로 평가될 수도 있다. 이러한 참모 요원은 자질이 부족한 것이다.

6 ·· 무엇보다도 정직하자.

참모 요원 생활의 정직과 관련하여 몇 가지 노하우를 전하고자 한다. 첫째는 잘못된 보고나 잘못 처리한 업무에 대한 신속한 정정 및 인정이다. 둘째는 부당한 상급자의 지시를 받았을 때의 대응 자세이며, 셋째는 정당한 지시를 받았으나 본인의 능력으로 해결하기 어려울 때의 대안이다.

잘못 수행한 업무는 정직하게 보고하자.
부당한 지시를 받았을 때 슬기롭게 극복하자.
능력이 제한될 때 상급자의 도움을 받자.

첫째, 잘못된 보고나 업무에 대해 신속하게 정정하고 인정하자.

보고를 하다 보면 잘못 알고 있는 내용이나 현황을 보고하는 경우가 있다. 또는, 잘못된 업무처리로 인하여 질책을 받는 경우도 있다 이때 무엇보다도 중요한 것이 정직성이다. 먼저 잘못 알고 있는 내용이나 현황은 즉시 정정 보고를 하여야 한다. 순간을 모면하기 위해서 정정 보고를 하지 않으면 잘못된 보고 내용을 기억하고 있는 상급자는 잘못된 판단을 하거나 차상급자에게 허위로 보고하게 된다. 이로 인하여 차후 문제가 발생할 경우에는 돌이키기 어려운 불신의 요인이 될 수 있다.

또한, 본인이 업무를 잘못 처리했을 경우에는 더욱 정직하여야 한다. 신속하게 보고하고 잘못한 부분을 인정하여야 한다. 질책을 두려워하여 조용히 지나치거나 은닉하고자 하는 행위를 한다면 공인으로서의 자질이 없다고 생각한다. 특히, 군 조직의 간부들은 더욱 솔직하게 잘못을 인정할 줄 알고, 책임을 통감할 줄 알아야 한다. 이것이 진정한 간부의 자세이자 모습이다. 나의 잘못은 부하가 알고, 주변 동료들이 알고, 예하부대 및 상급부대에서 알고 있다. 언젠가는 직속상관에게도 알려지게 된다. 시간이 지난 후에 문제점이 드러나면 간단히 조치할 일을 크게 확산시켜 많은 문제점을 야기하거나 회복할 수 없는 상태로 만들 수도 있다. 중대한 사항일수록 숨김없이 보고하고 상급자와 함께 고민하면서 문제를 즉시 해결하도록 노력하여야 한다.

조직에 내재되어 있는 문제점 역시 신속히 상급자에게 보고하여야 한다. 조직의 문제점을 덮어두거나 묵인하면 이 역시 간단한 조치로 수정할 것을 큰 노력과 희생을 치러야 해결하는 경우가 발생할 수 있다. 잘못된 행정처리와 조직의 문제점을 인지하고도 보고를 하지 않은 참모 요원은 조직에 필요한 존재가 아니며, 나아가서 고급간부로 성장할 자질도 없다고 할 것이다.

둘째는 부당한 상급자의 지시를 받았을 때의 자세이다.

상급자의 지시를 받았으나 법규에 위반되거나 조직에 악영향을 줄 염려가 있는 사항에 대해서는 정중히 문제점을 건의하여야 한다. 상급자의 지시사항이라고 무조건 시행하는 우(愚)를 범하면 안 된다. 훗날, 상급자는 물론 본인이 책임을 져야 하며 조직에 막대한 영향을 초래할 수 있다. 그런데, 이러한 상급자의 지시사항을 시행하지 못하는 상황을 슬기롭게 잘 극복하여야 한다. 무조건 법규에 어긋남을 주장하면서 수행할 수 없다는 반응을 보이면 상급자의 기분을 상하게 하고 간혹 수명자세가 불량하다는 이유로 불편한 관계가 될 수 있다. 이러한 불편한 관계를 만들지 않으면서 상급의 지시사항을 정중히 거절하는 것이 슬기로운 참모 요원의 생활이다.

슬기롭게 극복하기 위한 방법 중의 하나는 지시받은 즉시 극한 반응을 보이기보다는 일단 지시사항을 수령하여 여러 가지 법규와 문제점 여부를 면밀히 검토해 보는 것이다. 1차 검토결과 제한사항이 발생하면 중간보고를 하는 것이다. '지난 번 지시사항을 시행하고자 하는데 실무 검토결과 법규상 몇 가지 위반 소지가 있고, 시행 시 우려되는 여러 문제점이 있다.'라고 1차 보고를 한 후, 다시 한번 면밀히 연구해보겠다고 말미를 두는 것이다. 이후 필요하다면 상급부대 의견, 법무참모의 자문을 받고, 예상되는 리스크 등을 추가로 정리하여 재차 어려움이 있음을 보고하는 것이다. 이러한 과정을 거치면 대부분의 현명한 상급자는 참모 요원의 건의를 수용하게 되고, 관계도 나쁘게 발전하지 않게 된다.

셋째는 정당한 지시를 받았으나 본인의 능력으로 해결하기 어려울 때의 대안이다.

정상적인 지시사항을 해결하고자 하는 데 본인의 능력으로는 한계가 있을 경우가 있다. 이럴 경우에는 우선 본인의 노력으로 최선을 다하면서 상급자에게 건의하여 해결해 줄 것을 정중히 요구하는 것이다. 필요시 차상급자에게 보고해 줄 것을 요구하거나, 상급부대에 직접 협조를 해달라는 등 상급자의 지원을 건의하는 것이다.

이 경우에는 두 가지 효과가 있다. 첫 번째는 상급자의 도움을 받아서 슬기롭게 문제점을 해결할 수 있다. 두 번째는 시도하다가 목표를 달성하지 못하더라도 질책을 받지 않을 수 있다. 나도 최선을 다했고, 상급자도 해결하고자 노력했으나 해결할 수 없었기 때문에 서로 통감하게 된다. 그러나 제한사항이 있음을 보고하지도 않고 조치 가능한 시기도 놓치고, 해결도 못하여 더 이상 시도해 볼 수 없는 상황에서 '불가능합니다'. '해결하지 못했습니다.'라고 결과만 보고하면 많은 질책을 받는 것은 물론이고 신뢰까지 잃게 된다.

상급자와 나는 조직의 목표를 달성하기 위해서 함께 노력하는 조직원이다. 상급자는 리더로서 나의 애로사항이나 부족한 점을 도와주고 목표를 달성하도록 상황을 조성해 주는 역할을 하는 사람이다. 혼자 해결하고자 많은 스트레스를 받지 말고 상급자의 권한과 경륜, 판단력의 도움을 충분히 받으면서 임무를 완수하는 슬기로운 참모 요원이 되길 바란다.

7 •• 상급자와 늘 생각을 같이하자.

상급자는 나보다 더 많은 조직원을 통제하고 다양한 업무를 지도 · 감독한다. 그리고 차상급자의 지휘의도와 업무 우선순위에 집중할 수밖에 없다. 나는 나의 업무만을 좁은 시각으로 바라보지만, 상급자는 다르다. 따라서, 노력을 집중하고자 하는 사업, 자원의 배분 우선순위 등에 있어 나와 차이가 있을 수 있다. 이럴 경우 상급자와 같은 시각을 갖고 상급자의 의도를 최대한 구현하기 위해 노력하여야 올바르고 인정받는 참모 요원이 될 수 있다. 이를 위해 유념해야 할 세 가지 노하우를 전하고자 한다. 첫째, 업무의 경중완급을 잘 구분해야 한다. 둘째, 선택과 집중을 하여야 한다. 셋째, 가용 자원을 추가로 획득하기 위한 노력을 지속적으로 하여야 한다.

경중완급!
선택과 집중!
가용 자원 획득 노력!

첫째, 업무의 경중완급을 잘 구분하여야 한다.

임무를 수행하다 보면 상급자의 관심은 나의 업무 분야와 다른 분야에 우선순위를 두고 집중하고 있는데, 바쁜 상급자에게 나의 업무를 지나치게 표현하고자 하는 인원들이 있다. 또는, 상급자는 나의 업무 중 다른 분야에 관심이 있는데, 본인은 상급자의 관심과 다른 분야에 노력을 집중하는 경우가 있다. 이럴 경우에 상급자와의 사이에 작은 갈등이 생긴다. 열심히 하고 있으나 상급자의 의도에 맞추지 못하여 질책을 받기 십상이다. 이러한 경우를 예방하기 위해서는 반드시 업무의 우선순위를 잘 판단하여야 한다. 그 판단의 기준은 나의 입장이 아니라 상급자의 입장에서 바라본 경중완급이다. 상급자는 지금 어떤 것을 중요하게 생각하고 또 어떤 것을 다음 분야로 생각하는지? 어떤 분야를 급하게 생각하고 어느 분야를 후순위로 생각하는지를 잘 읽어야 한다.

그렇게 하기 위해서는 상급자의 의도와 관심을 지속적으로 관찰하고 집중하여야 한다. 집중해도 판단이 잘 서지 않을 때는 일상적인 생활 중에 수시로 의사소통을 할 필요가 있다. 나의 진행 업무를 중간보고 차원에서 언급하다 보면 상급자의 의도를 파악할 수 있다. 일석삼조이다. 나의 업무에 대한 중간보고, 내가 하고 있는 노력의 정도에 대한 홍보, 상급자의 의도를 파악하는 효과 등이다. 또한, 상급자의 시간계획과 차상급자의 시간계획을 잘 참고하고 있어야 한다. 상급자의 다음 관심 사항의 핵심 요소이기 때문이다. 상급자의 시간계획 중에서 월, 분기, 반기 후의 중요한 예정 업무나 최근 상급부대의 지시 및 부대 내의 긴급하고 중요한 현안 문제를 해결하기 위해 움직이는 당면 과제가 무엇인지를 잘 살펴보고 있어야 한다. 이를 위해서는 나의 업무뿐만 아니라 타부서나 다른 인원들이 수행하는 업무 분야도 잘 파악하고 있어야 상급자의 분위기를 파악하여 대응할 수 있다.

둘째, 선택과 집중을 하여야 한다.

하루 주어진 시간은 24시간이다. 수행해야 하는 임무는 다양하고, 가급적 일과 중에 임무를 완수하여야 일과 이후에는 휴식을 통해 나만의 힐링을 할 수 있다. 또한, 앞 절에서 지휘관의 의도를 잘 알아야 한다고 했는데, 지휘관이 원하는 우선순위에 따라 임무를 수행하여야 조직의 목표를 달성하고 안정적으로 운영될 수 있다. 따라서 주어진 시간 내에 상급자가 요구하는 임무를 완수하기 위해서는 선택과 집중을 잘하여야 한다. 선택이라는 것은 상급자의 요구사항이자 우선 수행하여야 할 중요한 임무이다. 즉, 앞 절에서 언급한 경중완급을 고려하여 우선 수행하여야 할 업무를 선택하였다면, 그 다음은 임무완수를 위하여 모든 노력을 집중하여야 한다. 모든 조직은 수행하여야 할 임무는 다양하고 가용 예산과 자원은 상대적으로 충분하지 못하다. 따라서 임무완수를 위한 업무의 우선순위에 따라 가용한 예산과 자원, 시간을 분배하여야 한다. 즉, 가용 자원의 범위 내에서 문제를 해결하도록 노력해야 한다.

지휘관 및 상급자가 요망하는 중요한 목표를 달성하도록 역량을 집중해야 참모요원의 역할을 올바로 다하는 것이다. 이 과정에서도 지휘관 및 상급자의 의도를 잘 알아야 시행착오를 줄일 수 있으므로 끊임없이 소통하고 피드백을 하여야 한다.

셋째, 가용 자원을 추가로 획득하기 위해 지속적으로 노력해야 한다.

앞서 언급한 것처럼 모든 조직은 가용 자원이 풍족하지 않다. 가용 자원이란 임무 완수를 위해 필요한 인원, 장비, 물자, 시설, 예산, 시간 등 모든 요소를 말한다. 임무 완수를 용이하게 하고 추가적인 임무를 달성하기 위해서는 가용 자원을 추가로 확보해야 가능하다. 따라서 참모 요원은 부단히 가용 자원을 추가로 확보하기 위한 노력을 지속적으로 수행하여야 한다. 부단한 노력을 통해 획득한 자원으로 지휘관 및 상급자가 보다 많은 사업을 구상하고 실현 가능하도록 지원하여야 한다. 이러한 노력을 활발히 하는 참모 요원은 지휘관이 든든한 조력자로 생각할 것이고, 그렇지 못하는 참모 요원은 능력을 우수하게 평가받기가 제한될 것이다.

많은 자원을 추가로 획득하기 위해서는 상급부대와 지속적으로 소통하여야 한다. 새롭게 추진하고자 하는 사업의 필요성 및 타당성을 논리적으로 제시하고, 진행 중인 사업의 제한사항에 대해 지속적으로 문제를 제기하는 등의 활동을 활발히 하여야 한다.

8 •• 참모 요원의 입장에서 검토하고 리더의 입장에서 재판단하자.

공조직에서는 많은 보고서를 작성한다. 보고서는 새로운 대안을 모색하는 것이 대부분이다. 새로운 대안을 모색할 때 잘 판단하여야 할 것이 리더의 입장에서 판단하는 것이다. 통상 대안을 모색하다 보면 나의 작은 시각에서 판단하는 경우가 많은데, 리더는 조직 내의 복잡한 각종 요소를 고려하여 판단하고, 향후 미치는 영향을 염두 판단한다. 따라서 지휘관의 의도대로 대안을 모색하기 위해서는 항상 리더의 입장에서 멀리도 보고 가까이도 보고, 높게도 보고 낮게도 보고, 숲을 보고 나무를 보도록 대관세찰하는 습관을 가져야 한다. 내가 리더라면 어떻게 생각할까? 라는 상대적 입장에서 늘 판단해야 한다. 이러한 관점을 갖고 업무를 판단하기 위해서는 역시 지휘관과 끊임없이 소통을 하여야 한다.

9 •• 추가적인 임무를 받았을 때 감사하게 생각하자.

상급자가 본인의 임무가 아닌데도 임무를 부여할 때는 조직 내에 절박한 이유가 있어서다. 주어진 시간 내에 중요한 프로젝트를 완수할 적임자로 판단한 경우이거나, 기존 담당자가 현저하게 임무수행 능력이 부족한 경우이다. 양자의 경우 모두 상급자의 입장에서는 절박한 상황이다. 따라서, 이러한 경우에 상급자는 어떻게 임무를 부여할 것인지? 부여해도 될 것인지? 등 본래의 업무 담당자의 사기와 추가로 갑자기 임무를 부여받을 자의 불만도 함께 깊이 고민한 끝에 어렵게 임무를 부여하게 된다. 이때 새로운 임무를 부여받은 자가 불평불만을 표하거나 불쾌한 표정을 나타내는 등 거부의 의사를 표현하면 상급자는 매우 난처한 상황에 처하게 된다. 이후에 둘 사이에 적지 않은 갈등이 발생할 것이다. 반대로 어려운 임무를 부여했는데도 불구하고 밝은 표정으로 임무를 수령하는 인원에 대해서는 상급자가 무한한 신뢰와 고마움까지 느끼게 될 것이다. 상급자와 원활한 소통 내지는 끈끈한 인간관계가 형성되지 않을 수 없다.

필자가 중위 시절 겪었던 일이다. 나의 기본 임무는 상훈이었는데 인사관리 임무를 추가로 부여 받아서 이중으로 임무를 수행하고 있었다. 그런데, 나의 상급자는 추가로 징계업무까지 부여하였다. 많은 업무량으로 야간 근무를 수시로 하고 있는 상황이었는데 추가로 한 가지 임무를 더 받은 것이다. 처음 추가 임무를 받았을 때는 불만이 없었지만 반복해서 추가 임무를 받은 필자는 나도 모르게 '× 같아서 못해 먹겠네!'하고 혼잣말로 불만을 표시하였다. 하필이면 그때 지나가던 나의 상급자가 이 모습을 직접 목격하였고, 나는 눈앞이 캄캄했다. 한참이 지난 후에 상급자에게 불려갔고 무례한 행동에 대해 1시간가량 교육을 받았으며, 그동안 상급자의 어려운 입장도 들었다. 본인의 임무를 적시에 완수하지 못하는 인접 실무자로 인하여 업무가 지연되고, 주어진 시간 내에 임무를 완수해야 하는 상황인데, 적임자가 필자여서 믿는 마음으로 임무를 부여했다는 것이다. 기본 임무가 많은 필자여서 더욱 망설이다가도 어쩔 수 없이 임무를 부여하였고, 그때마다 적시에 요망하는 목표를 달성하여 계속 임무를 부여할 수밖에 없었다는 것이다. 늘 필자에게 미안한 마음과 고마운 마음을 함께 갖고 있었는데 이렇게 격한 표현을 할지 몰랐다면서 훈계와 함께 섭섭함을 표현하였다. 이 말을 듣고 정말 많이 후회하였다. '상급자가 어려운 상황에서 필자를 믿고 임무를 부여했는데 내가 경솔한 행동을 했구나!' 하고 반성을 많이 하였던 적이 있다. 다행스럽게도 상급자는 나의 행동을 이해해 줬고, 지금도 70세가 넘은 당시의 상급자와 연락하며 지내고 있다.

여기서 한 가지 노하우를 전하고 싶다. 앞서 언급한 것처럼 추가적인 임무를 부여할 때는 본인에게 그 임무를 수행할 능력이 있다고 판단해서이다. 따라서 불만보다는 감사하게 생각하고 긍정적으로 임무를 수행하길 바란다. 내가 우수한 참모 요원으로 인정받고 있다는 증거이고, 추가 임무를 성공적으로 완수했을 때 차후 더욱 신뢰를 받게 될 것이다. 조직 생활에서 능력을 인정받는 것보다 더 행복한 것은 없다. 다만, 본인도 여러 가지 어려움이 많고 극복하기 어려운 임무일 수도 있다. 도저히 수행하기 어려울 때는 상급자에게 정중히 건의하여 감정이 상하지 않도록 하여야 한다. 현재 나의 업무량이 과도하니 고려해 달라거나, 추가적인 임무를 수행하기 위해서는 가용한 시간과 함께 일할 인원을 지원해 달라고 우회적으로 표현하는 방법도 있다.

10 •• 상급자가 회의에 참석할 때 정성을 다해 준비하자.

모든 조직은 각종 회의가 자주 있다. 일일, 주간, 월간, 분기, 반기, 연말 회의 등 일정한 기간을 평가하는 회의와 특별한 토의를 위하여 개최하는 수시 회의가 있다. 주로 부서장인 상급자가 대표로 참석하는 경우가 많고, 실무자들이 함께 참석하는 경우도 종종 있다. 상급자와 함께 참석할 때는 주로 발언권이 상급자에게 있고, 관련 참모 요원들은 경청하거나 필요시에 의견을 제시하게 된다. 이러한 회의에 참석할 때 지휘관이나 상급자가 해당 분야를 명확하고 개념 있게 발표하도록 사전에 준비를 철저히 하고, 회의 중에도 실시간으로 보좌를 하여야 훌륭한 참모 요원으로 평가받을 수 있다. 회의와 관련하여 훌륭한 참모 요원이 되기 위서는 다음 세 가지의 노하우를 제시하고자 한다. 첫째, 회의 목적과 이슈를 정확히 파악하자. 둘째, 주요 이슈와 관련한 각종 법규, 데이터, 제한사항 등을 명확히 분석하자. 셋째, 회의에 집중하여 논의의 쟁점을 명확히 읽고 실시간으로 조언하자.

회의의 중점을 정확히 파악하자.
주요 이슈와 관련된 자료를 명확히 분석하자.
회의에 집중하여 실시간으로 조언하자.

첫째, 회의 목적과 이슈를 정확히 파악해야 한다.

가장 중요한 요소 중의 하나이다. 회의의 목적과 다르게 관련 자료를 준비한다거나 논의의 핵심을 모르고 참석하면 엉뚱한 답변을 할 수가 있다. 많은 인원들 앞에서 무능함을 보여줄 수도 있다. 이러한 목적과 이슈를 정확히 파악하기 위해서는 회의를 준비하는 주 실무자와 직접 소통하여 파악하는 것이 중요하다. 이때 회의를 주관하는 지휘관 및 부서장의 생각과 의도를 잘 파악하는 것 또한 중요하다. 그래야 문제의 본질에 맞는 회의를 준비하고, 의견을 제시할 때도 그것을 고려하여 제시할 수가 있다. 그러기 위해서는 회의와 관련해서 최초 인지부터 회의 참석 직전까지 변동사항이 있는지의 여부를 지속적으로 파악하여야 한다. 파악된 내용은 수시로 상급자에게 보고하고 변동된 내용에 따라 새로운 지침을 받아서 회의를 준비해야 한다.

필자도 고급장교 시절 부하 참모 요원의 소홀로 여러 번 난감한 경험을 한 적이 있다. 예를 들면, 회의에 참석하러 갔는데, 회의 시간 및 장소가 변동되어 곤란을 겪은 사례, 공통적으로 통일하도록 강조된 보고서의 양식이 나의 부서만 다른 형식으로 작성된 사례, 지휘관과 상급자가 고민하고 있는 분야를 다르게 이해하고 소견을 발표했던 사례 등이다. 이러한 경험을 하고 나면 관련 참모 요원을 우수하게 평가할 수 없고, 오히려 게으르거나 믿을 수 없다고 생각하게 된다.

둘째, 주요 이슈와 관련한 법규, 데이터, 제한사항 등을 명확히 분석하자.

회의 자료를 준비할 때에는 주관 부서에서 요구하는 정형화된 회의록에 맞추어 제시하고, 회의록 내용과 관련한 보조 자료를 잘 준비하여야 한다. 상급자는 실무 담당자만큼 세부적인 법규와 각종 현황을 숙지하는 데는 제한사항이 많다. 따라서, 회의 간에 언급되거나 차상급자 및 지휘관이 궁금하여 질의할 수 있는 법규, 데이터, 제한사항에 대한 예상 질문서를 착안하여 포스트잇, 메모, 보조 보고서 등을 활용해 쉽게 찾아볼 수 있도록 제공하여야 한다.

아울러 회의 내용을 잘 파악했으면 관련 자료를 정성을 다해 준비해서 상급자에게 제공하여야 한다. 이때 역시 최초, 중간, 최종 보고 순으로 보고를 하여야 한다. 상급자도 미리 숙지하도록 하고, 추가로 요구하는 자료를 적시에 보완할 수도 있다. 이 과정에서 회의가 며칠 안 남았는데 회의록이 준비가 되었는지? 언제까지 가능한지? 와 같은 질문을 받으면 안 된다. 상급자를 궁금해 하고 걱정하게 만들었다는 의미이다. 참모 요원은 항상 상급자가 질문하기 전에 선제적으로 보고하고 준비를 하여야 한다. 물론, 물리적으로 적시에 회의록을 완료할 수 없을 때도 종종 있다. 이럴 경우에는 특히 구두보고, 중간보고를 자주 하여야 한다. 수시로 진행되고 있는 상황을 보고하면 상급자는 안심을 한다. 참모 요원이 관심을 갖고, 상급자가 요구하는 방향대로 준비하고 있음을 알고 있기 때문이다.

셋째, 회의 중에도 집중하여 실시간으로 조언하자.

상급자와 함께 회의에 참석했을 경우, 토의 내용에 집중하여 논의의 쟁점을 명확히 파악하고 실시간으로 조언을 해야 한다. 충분히 자료를 준비하여 사전에 상급자에게 제공하였지만, 논의의 방향에 따라서 새로운 데이터를 요구하는 경우가 다반사다. 이럴 때 수시로 메모, SNS 등을 이용하여 실시간으로 제공하여야 한다. 상급자가 데이터를 몰라서 당황하지 않도록 최대한 보좌하는 것이다. 따라서, 함께 회의에 참석할 때는 상급자의 지근거리에 위치하거나 상급자와 눈이 마주칠 수 있는 좌석에 앉는 것도 잊지 말아야 한다. 어떤 실무자는 함께 회의에 참석했는데, 다른 회의 참석자들과 대화하느라 상급자에게 집중하지 않거나, 어느 위치에 앉아 있는지 찾을 수도 없는 곳에 위치하는 경우가 있는데, 이러한 행동은 반드시 지양해야 한다.

또한, 중요하고 복잡한 논의를 하는 회의에 상급자만 참석하는 경우가 있다. 이럴 경우에는 전화, SNS 대기를 철저히 하여야 한다. 회의 참석 중에도 실시간으로 관련 데이터를 요구하는 경우가 종종 있다. 회의 전에 생각하지 못한 데이터가 회의 중에 꼭 알아야 하는 긴박한 경우도 있다. 이때 실무자에게 확인 차 연락을 하게 된다. 따라서, 회의장 밖에 위치하고 있더라도 항상 상급자에게 집중하여 보좌하는 노력을 게을리해서는 안 된다.

허겁지겁 시간에 맞추어 상급자에게 회의 자료를 제공하는 것까지는 훌륭히 잘했는데, 회의가 시작되는 것을 보고 휴식을 취하다가 추가적인 상급자의 자료 요구 시기를 놓치는 경우도 종종 있다. 중요한 회의가 있는 날만큼은 모든 것을 집중하여 보좌해야 한다.

필자가 초급 참모 요원일 때는 상급자가 중요한 회의에 들어가면 화장실을 갈 때도 항상 휴대폰을 휴대하였다. 이러한 습관은 고급 참모 요원이 된 이후에 체력단련을 할 때도 항상 휴대폰을 들고 달리기를 하였다. 간단없는 연락 체계를 유지하기 위해서이다. 언제 어디서든 상급자가 요구하는 데이터와 궁금증을 해결해줄 수 있는 참모 요원은 인정받지 않을 수 없다. 반대의 경우에는 믿음직스럽지 않거나 신뢰를 잃게 될 것이다. 또한, 상급자가 회의를 성공적으로 마치고 돌아와야 나의 업무도 성공한 것이고, 회의 준비를 위한 노고에 대해 격려를 받을 수 있을 것이다. 상급자의 임무완수가 곧 나의 임무 완수이다. 따라서, 한 팀으로써 지속해서 소통을 하여야 한다.

11 •• 사적인 애로사항이 발생했을 때도 상급자와 소통하며 해결하자.

사적인 사항이지만 혼자 해결하기 어렵거나 힘든 일에 봉착했을 때는 상급자의 조언이나 도움을 청하는 것이 현명하다. 군 생활을 하다 보면 다양한 일들이 발생할 수 있다. 가정적인 문제, 자녀의 문제, 건강 문제, 이성 관계, 새로운 부대로의 전출, 새로운 직책을 경험하고 싶은 희망 등 여러 가지 일들이 발생할 수밖에 없다. 혼자 슬기롭게 해결하는 것이 가장 좋겠지만, 세상일이 녹록하지 않다. 이럴 때 상급자의 조언이나 도움을 청하면 생각보다 쉽게 문제가 해결될 수도 있다. 또한, 상급자가 나의 애로사항이나 심적인 문제점을 알아야 상황에 맞는 임무를 부여하거나 여건을 보장해 주고, 특별한 상황에 대하여 이해를 할 것이다. 그렇지 않을 경우 문제의 해결도 어렵고 자칫하면 오해나 임무수행의 소홀함을 질책 받을 수도 있다.

상급자는 조직원들이 공적인 업무뿐만 아니라 개인적으로도 무탈하도록 개인 신상을 아울러 잘 살피고 관리를 해주어야 한다. 이는 조직관리를 하는 리더의 임무이기도 하다. 따라서, 사적인 일로만 치부하지 말고, 적시에 상급자의 조언을 받아 슬기롭게 해결하기를 권한다. 상급자는 나보다 많은 경험과 연륜이 있기 때문에 적절한 조언을 해줄 것이다. 사적인 일들로 상급자와 허심탄회하게 소통하다 보면 인간적으로도 더욱 가까워질 수 있다. 나의 부하가 나를 신뢰하고 속마음을 열었다고 생각하여 상급자는 더욱 정성을 다해 부하의 애로사항을 해결하기 위해 함께 노력할 것이다. 이 과정에서 유의해야 할 다음 세 가지 사항이 있다.

기본 임무를 소홀히 하면 안된다.
필요 이상의 과도한 요구를 하지 말자.
고마운 마음을 표시하자.

첫째, 잦은 사적인 문제로 기본 임무를 소홀히 하면 안 된다.

개인적으로는 중요한 사항이겠지만 어쨌든 사적인 일이다. 공적인 임무보다 우선시 될 수가 없다. 심리적으로나 육체적으로 어려운 상황이지만 본인이 맡은 기본 임무를 최선을 다해 수행하면서 문제를 해결하여야 상급자나 주변의 동료들이 더욱 더 적극적으로 도움을 주기 위해 노력할 것이다.

사적인 문제로 기본 임무를 소홀히 하면 최초 몇 번은 이해할 수 있겠지만 장기간 이어지거나 반복하여 발생하면 조직원 전체에게 영향을 주게 된다. 지휘관 및 상급자를 불안하게 하고, 동료들에게 업무가 전가되어 동료들을 부담스럽게 할 수 있다. 따라서 사정이 어려울수록 기본임무를 철저히 완수하면서 슬기롭게 문제를 해결하기 위해 노력하여야 한다.

둘째, 필요 이상으로 과도한 문제해결을 요구해서는 안 된다.

상급자도 역량의 한계가 있고, 모든 조직은 내부적인 규정에 의해서 움직이기 때문에 과도하게 개인의 편익만을 요구하면 안 된다. 지나치게 집착하면 인간적으로 마음의 벽이 생기고 거리감을 두게 된다. 이기적인 사람으로 인품을 낮게 평가받을 수도 있다. 불가피한 경우에는 상급자의 도움이나 조언을 받아서 전문 자문기관이나 조직 내의 고충처리 절차를 통하여 문제를 해결하는 것도 좋은 방법이다.

셋째, 어렵게 도움을 받아서 문제를 해결했을 때는 진심으로 고마운 마음을 표시하여야 한다.

물질적인 보답을 하라는 것이 아니다. 진심으로 고마운 마음을 가지라는 것이다. 타 부서로 보직을 움직이거나 희망하는 교육과정을 마치고 감사의 인사를 하는 습관을 꼭 갖길 바란다. 어떤 인원은 필요할 때만 부탁을 하고, 이후에는 연락을 끊는 인원이 있다. 이는 인간관계의 실패자이다. 다음에 어려움이 생겼을 때 다시는 도움을 요청할 수도 없고, 좋은 인연으로 계속 이어갈 수도 없을 뿐만 아니라 주변으로부터 인간성을 의심받을 수도 있다.

필자의 경우 현재 은퇴하였지만, 과거 전우들이 안부 전화를 하거나, 명절을 맞이하여 안부 전화 또는 문자 인사를 하였을 때 가장 행복하다. 필자가 현역에 복무할 당시에 미약하나마 잘 지원해 주고 보살펴줬다는 뿌듯한 마음이 생긴다.

조직원들은 영원한 '원팀'이다.

어느 조직이든 혼자서 임무를 수행하는 조직은 없다. 2명 이상이 임무를 수행할 때는 항상 상호 협조하려는 노력이 필요하다. 특히, 공조직처럼 대규모의 조직은 더욱 그렇다. 조직이 추구하는 목표를 달성하기 위해서는 설정된 목표를 향해 조직원 모두가 생각을 같이 하고 노력을 집중하여야 한다. 조직이 추구하는 목표의 방향과 다르게 행동하거나 독단적인 활동을 하게 되면 목표를 달성할 수가 없다. 따라서, 조직원들과 목표달성을 위해 한 방향으로 나아가기 위해서는 늘 '원팀' 정신을 가져야 한다. 항상 조직을 먼저 생각하고 조직에 무엇을 기여할 것인가를 생각하고 조직 목표 달성에 저해가 되는 행동을 하여서는 안 된다. 이러한 '원팀' 정신을 갖기 위해서는 조직의 공통적인 업무에 집중하고 조직원들과 원활한 협조 정신, 인간관계를 유지하여야 가능하다.

이러한 관점에서 지금부터는 조직원들과 '원팀'으로 활동하기 위해서 필요한 노하우를 소개하고자 한다.

12 조직 공통의 업무를 우선적으로 수행하자.

모든 조직은 조직의 공통적인 업무가 있다. 해당 조직의 업무를 종합해서 제출하여야 하는 경우가 다반사다. 조직의 전체 업무를 종합하는 일은 매우 어렵고 중요하다. 여러 사람이 요구하는 시기에 요구하는 내용을 적시에 제출하여야 목표를 달성할 수 있기 때문이다. 또한, 조직의 업무가 종합되어야 차상급 조직의 업무가 종합되기 때문에 차상급자의 관심이 많다. 이 과정에서 자연스럽게 조직 간의 업무수행 완성도를 비교 평가받게 된다. 그런데 어느 한 명이 요구하는 시기에 적합한 내용을 제출하지 않으면 업무가 종결될 수 없다. 이런 경우 나의 무책임한 업무자세로 조직 전체의 일이 지연된다면 구성원들에게 좋은 평가를 받을 수가 없다. 따라서, 조직 공통의 업무를 우선적으로 수행하기 위해서 꼭 숙지하여야 할 사항 몇 가지를 소개하고자 한다. 첫째, 참모협조를 잘하자. 둘째, 항상 조직 공통의 업무를 우선적으로 수행하자. 셋째, 나의 중요한 업무를 한 박자 일찍 시작하자.

참모협조를 잘하자.
항상 조직 공통의 업무를 우선 수행하자.
나의 중요한 업무를 한 박자 일찍 시작하자.

첫째, 참모협조를 잘해야 한다.

참모 요원의 업무수행 자세 중 첫 번째가 협조이다. 앞서 언급했던 것처럼 조직은 혼자서 임무를 달성할 수 없다. 조직의 목표를 달성하기 위해서는 제 기능이 유기적으로 협조하고 제 역할을 바르게 수행하여야 가능하다. 이를 가능하게 하기 위한 것이 참모협조이다. 다른 부서 및 인원이 지원을 요청하는 경우에는 적극적으로 최선을 다해서 지원해야 한다. 그것이 곧 개인적인 업무 협조는 물론이고 조직의 목표를 달성하는데 기여하는 것이다.

그리고 곧 나의 임무완수를 위해서 여러 동료들의 지원을 받아야 할 경우가 생긴다. 이 때 동료들의 지원이 없거나 충실하지 못하면 임무를 적시에 완수할 수 없다. 다른 인원들이 도움을 요청할 때 적극적으로 지원하면 내가 필요로 할 때에도 적시에 지원받을 수 있을 것이다. 반대로 내가 충실하게 지원하지 않으면 그 대가를 호되게 치르게 될 수도 있다. 통상, 바쁘게 임무수행을 하다 보면 급하게 요청하는 협조를 적시에 지원하지 못하여 서로 얼굴을 붉히거나 서운한 감정을 남기는 실수를 범하는 인원들이 있는데, 이러한 일은 조직 생활에서 절대로 있어서는 안 된다. 순간적인 나의 이익을 취하다가 큰 것을 잃게 된다. 이른바 소탐대실이다. 혹시라도 나의 바쁜 임무수행으로 적시에 지원할 수 없을 경우에는 상대방에게 마음의 상처를 주지 않도록 현재의 어려운 상황을 정중히 설명하여 양해를 구하고, 당장은 제한되지만, 곧 조치할 것을 약속한 후 꼭 이행하기를 권한다.

둘째, 항상 조직 공통의 업무를 우선적으로 수행하자.

앞에서 잠시 언급한 것처럼 모든 조직은 공통된 업무가 있다. 예를 들면, 일일·주간·분기·반기·연간 예정업무, 부대사, 각종 예규 및 계획문서, 중요 업무보고서, 각종 수검자료 등 단위 조직별로 업무를 종합해서 부대 또는 기관의 단위 문건을 만들어야 하는 경우가 종종 있다. 이러한 경우 적시에 나의 분야를 완성하는 것이 중요하다. 나로 인하여 전체에 영향을 주는 잘못을 범하지 않기를 바란다. 이러한 잘못을 범하지 않기 위해서는 꼼꼼하게 메모하는 습관을 길러야 한다. 종합 부서에서 요구한 시기와 내용을 잘 메모해 두었다가 적시에 제출하여야 한다. 깜빡하여 시기를 놓쳤을 때는 최대한 정중하게 미안한 마음을 전하고, 신속하게 조치를 하여야 한다. 왜냐하면, 조직의 공통된 업무를 적시에 완료하도록 보장하고, 나의 미흡한 업무 자세로 내가 속한 조직이 낮은 평가를 받지 않도록 하기 위함이다.

셋째, 나의 중요한 업무를 한 박자 일찍 시작하자.

참모협조를 잘하고, 조직의 공통된 업무를 우선적으로 수행하기 위해서는 나의 중요한 업무를 한 박자 일찍 시작하는 습관을 길러야 한다. 누구나 나의 임무를 적시에 완벽하게 수행하기 위해서 정성을 다한다. 나의 임무도 바쁘고 중요한데 주변에서 협조를 요청하거나 부서의 공통된 업무를 빨리 조치해 줄 것을 요구할 때는 매우 난감하다. 많은 스트레스가 밀려온다. 이러한 여러 조건들을 가급적 스트레스를 덜 받으면서 조치하기 위해서는 심리적인 여유가 있어야 한다.

심리적인 여유를 갖기 위해서는 나의 중요한 업무를 우선적으로 완료할 준비를 한 박자 일찍 시행해야 한다. 향후 많은 시간을 투입하여야 하는 업무나 중요한 업무가 예정되어 있을 경우를 예측하여 미리 미리 업무를 준비하는 것이다. 연간 업무 수행 주기를 보면 특정 시기에 중요한 업무들이 집중되는 경우가 있다. 이러한 업무 및 시기를 잘 판단하여 평소에 미리 준비를 하지 않으면 나의 임무를 적시에 완료하지 못함을 물론, 이 시기에 협조를 요청받을 경우 적시에 지원할 수 없는 상태에 이르게 된다.

때로는 일과 이후 또는 특정 휴일을 이용하여 미리 준비하는 것도 여유 있는 업무를 위하여 필요하다고 본다. 휴일까지 일을 해야 하는지에 대해 반대의 의견이 있을 수 있다. 가급적 주어진 일과 중에 임무를 완료하여야 하지만 업무를 하다 보면 물리적으로 시간이 제한되는 경우가 있다. 이럴 경우에만 예외적으로 나의 시간을 추가적으로 투입하라는 것이다. 그것이 오히려 차후 일과 이후에 나의 시간을 보장받게 되고 마음의 여유도 갖고, 주변에서 요청하는 협조사항도 적시에 지원함으로써 즐겁고 보람있게 조직 생활을 할 수 있게 된다.

13 ●● 조직의 궂은일을 솔선하여 수행하자.

모든 조직은 직책별로 개인이 수행해야 할 공식적인 임무가 있다. 그러나, 조직을 운영하다 보면 공식적으로 임무를 부여하기가 애매한 영역이 있다. 부서의 각종 현황을 종합하는 일, 사무실의 쓰레기를 분리수거하는 일처럼 일상생활에 필요한 간단한 업무부터, 지휘관 이취임식, 예하부대 각종 점검, 대규모 컨퍼런스 개최, 대규모 행사 지원, 각종 훈련 파견 등 일정 기간 동안 지원하기 위해 필요한 인원을 차출하는 경우가 있다. 이러한 지원을 위해 흔쾌히 나설 사람은 많지 않다. 왜냐하면 현재 기본 임무도 바쁘고, 지원을 다녀오면 수행해야 할 업무들이 쌓여 있고, 파견지에서의 생활은 불편하기 때문이다. 그러나 누군가는 조직원 전체를 위해서 나서야 하고, 희생을 감수하여야 하는 상황이다. 이처럼 모두가 망설이고 눈치를 볼 때 기꺼이 희생할 것을 권하고 싶다. 희생의 결과는 많은 것을 얻을 수 있다.

먼저, 새로운 임무를 수행하면서 새로운 경험을 하게 된다.

각종 대규모 행사에 참여하여 전체적인 행사 기획으로부터 행사 분야별로 준비하고 시행하는 업무수행 절차를 습득하는 것이다. 훈련 파견을 통하여 상급부대의 훈련에 동참하여 작전계획으로부터 상급부대 지휘관 및 참모의 부대 지휘절차를 간접적으로 경험하게 된다. 상급부대의 작전계획을 알아야 나의 임무와 역할을 명확히 수행할 수 있다. 이처럼 평상시 내 직책만 수행하는 것으로는 경험할 수 없는 큰 규모의 각종 행사 및 훈련을 배우는 값진 효과를 얻게 된다.

둘째, 인간관계의 네트워크를 확장할 수 있다.

대규모 행사 및 훈련에는 다양한 전문가들과 다양한 직책을 수행하는 인원들이 함께 동참한다. 임무수행 과정에서 이러한 인원들과 자연스럽게 네트워크가 형성되며, 차후 조직 생활을 하는 동안 큰 도움을 받을 수 있게 된다. 특히, 기본 임무들이 바쁜데도 불구하고 소속부대 및 부서를 대표하여 지원하는 것이기 때문에 더욱 서로의 애로사항을 잘 알고 있어서 인간적으로 마음을 열게 된다.

셋째, 희생정신에 대한 좋은 평가를 받을 수 있다.

무엇보다도 조직원을 대신하여 희생함으로써 동료들로부터 고마움과 희생정신에 대한 좋은 평가를 받을 수 있다. 따라서, 근무 중에 이러한 기회가 오면 회피하지 말고, 즐거운 마음으로 나서기를 권한다.

필자도 군단에 근무하던 대위 시절에 상급부대인 군사령부 훈련에 파견된 적이 있었다. 이때 맺은 인적 네트워크 덕분에 불과 몇 개월 후에 군사령부에 근무하는 기회를 갖게 되었다. 파견지에서 적극적으로 임무를 수행하는 필자를 좋게 판단한 상급부대에서 공석 직위에 필자를 추천한 것이다. 훈련을 통하여 상급부대의 작전계획을 숙지하고, 꿈에 그리던 군사령부에 근무하는 영광을 얻은 것이다. 당시에 대위가 군사령부에 근무한다는 것은 매우 드문 일이고, 누구나 쉽게 근무할 수 있는 곳이 아니었다. 군사령부에 인사병과 대위가 근무할 수 있는 보직은 단 한 자리였기 때문에 더욱 그랬다. 이때 군사령부에서 근무한 경력은 이어지는 다음 보직을 육군본부에서 근무할 수 있게 해준 발판이 되었다. 돌이켜 보면, 당시 군사령부 훈련 파견이 얼마나 고맙고 소중한 기회였는지 모르겠다.

14 •• 업무의 책임 소관을 따지느라 시간 보내지 말자.

모든 조직은 개인 간, 부서 간, 부대 간에 책임 관계를 명확하게 구별하기 애매한 영역이 있다. 보는 관점에 따라서 A의 임무일 수도 있고, B의 임무일 수도 있는 경우가 종종 있다. 이때 임무 관계를 놓고 얼굴을 붉히거나, 서로 상대방의 임무라고 핑퐁 하거나, 심지어는 누구의 임무인지를 관련 법규를 포함하여 보고서로 검토하면서 시간을 낭비하는 경우도 있다. 같은 부서, 같은 부대의 입장에서 보면 동일한 조직의 임무이며 누군가는 수행해야 할 사항인데 입장의 차이로 불필요한 시간 낭비와 조직원 간에 갈등을 유발시키는 경우이다.

물론, 적극적으로 나서서 '제가 하겠습니다.'하는 것은 쉽지가 않다. 왜냐하면, 업무의 성격에 따라서 많은 시간과 노력을 기울여야 할 수도 있기 때문이다. 그러나, 같은 부서원은 '원팀'이다. 함께 모든 것을 해결하고 단결심을 보여야 한다. 따라서, 쉽지 않겠지만 임무 관계를 규명하기 위해 투자하는 시간에 임무를 솔선하여 수행하는 것이 오히려 좋다. 추가적인 임무로 인하여 어려움이 발생하겠지만, 이 또한 시간이 지나면 해결된다. 이러한 임무를 수행하고 나면 얻을 수 있는 소중한 것들이 있다.

먼저, 조직원 간의 갈등을 해결한 주인공이 된다. 주변의 동료들은 어느 것이 맞는지? 누가 희생한 것인지?를 잘 알고 있다. 따라서, 동료들에게 좋은 이미지를 줄 수 있다. **둘째, 새로운 임무를 수행하다 보면 분명히 새로운 것을 배우게 된다.** 역시 나의 경험과 역량을 넓이는 기회가 된다. **셋째, 직속상관으로부터 높은 평가를 받을 수 있다.** 기본 임무가 바쁜데도 불구하고 희생정신을 보여줬기 때문에 당연한 결과일 것이다.

이러한 장점 이외에 차후 재차 유사한 사항이 발생했을 때 지난 번의 희생을 고려하여 본인을 제외시켜 주는 혜택도 받게 된다. 마음 편안하게 근무할 수 있게 되는 것이다. 필자도 이러한 경험을 너무도 많이 했다.

15 •• 동료들과 원만한 대인관계를 유지하자.

같은 부서의 동료들과는 가장 친근하게, 그리고 서로를 위해 희생하면서 좋은 인간관계를 가져야 한다. 같은 부서의 동료들은 출근과 동시에 함께 생활하고, 부서의 공통된 임무를 서로 협력하며 해결해야 하고, 내가 필요로 할 때 도움을 받아야 하는 소중한 팀원이다. 따라서, 기쁜 일이 있으면 함께 축하해 주고, 슬픈 일이 있으면 서로 위로하고 격려하면서 극복하도록 도와주는 관계가 되어야 한다. 반대로, 일과 중에 늘 함께 생활하는데 불편한 관계가 되면 출근하는 것도 즐겁지 않고, 중요한 업무를 수행할 때 불협화음으로 인하여 소기의 목표를 달성할 수도 없다. 아울러, 서로 상대의 단점을 언급하다 보면 주변으로부터 좋지 않은 평가를 받게 된다.

조직 생활을 하다 보면 주변의 평가가 중요하다. 일종의 여론이다. 차후 중요한 직위에 보직하거나 상위 계급으로 진급시켜야 하는 경우, 모범 간부를 선발하는 경우 등 각종 심사를 하거나 인사 검증을 하는 경우가 종종 있다. 그 사람의 인품, 조직 생활에서의 희생정신, 임무수행 역량 등을 검증하는데, 이때 함께 근무했던 동료들이나 상급자 및 부하들로부터의 의견이 중요하다. 함께 근무한 동료들이 가장 잘 알고 있기 때문이다.

또한, 현재의 임무를 마치고 각자 다른 부대로 전출을 가더라도 지난 날 함께 근무한 인연을 이어가며 지속해서 소통을 하는 경우가 종종 있다. 현재의 계급보다 상위 계급으로 진급한 인원, 중요한 부서에서 중책을 수행하는 인원 등 다양한 분야에서 임무를 수행하게 된다. 따라서 지속적인 인간관계를 유지하다 보면 많은 정보와 지원을 받을 수 있는 관계로 발전할 수 있다. 그런데, 과거 함께 근무할 때 협력하지 않고 이기적이거나 배타적으로 생활한 인원은 좋은 평가를 받지 못하거나 더 이상의 인간관계를 유지하고 싶지 않을 것이다.

필자도 1988년도에 함께 근무했던 동료들과 2022년인 지금까지도 깊은 인간관계를 유지하고 있다. 실무자 시절의 동료들, 필자가 부서장을 할 때의 동료들 등 많은 인간관계를 유지하고 있다. 35년간의 현역 생활을 마치고 전역한 지금도 함께 근무했던 많은 전우들과 소통을 하고 있다. 기쁜 일, 슬픈 일을 함께 나누는 소중한 사람들이다. 이들이 늘 함께 있었기에 기쁜 일이 있을 때는 두 배 이상으로 행복했고, 슬픈 일이 생겼을 때는 많은 위로를 받아 외로움을 줄일 수 있었다.

이러한 인적 네트워크를 유지시켜 나가기 위해서는 다음과 같은 작은 노력부터 실천할 것을 권하고 싶다.

첫째, 앞에서도 언급한 바와 같이 함께 근무하는 기간 동안 궂은일을 비롯해 서로 미루는 임무를 솔선하여 수행하는 품성을 지녀야 한다.

둘째, 바쁜 임무를 수행하느라 피곤해하는 동료에게 차 한잔 권하면서 '수고 많아요!'라고 인사하는 마음, 큰 프로젝트를 완수한 동료에게 '멋져요!'라고 성공적인 결과를 칭찬하는 표현을 하길 바란다. 이러한 표현은 부드러운 인간관계를 유지하는 윤활유라고 할 수 있다.

셋째, 각자 다른 부대로 전출 간 이후에도 소통을 끊지 않고 지속해서 안부를 묻는 관계를 유지하길 바란다. 주기적으로 만남을 갖거나 지나는 길에 잠시 방문하여 인사를 하거나, SNS를 이용하여 소통을 하는 것이다. 사람 사이는 자주 봐야 더욱 친근해진다.

끝으로, 경조사에 적극적으로 참여하거나 성의있는 마음의 표시를 하여야 한다. 경조사에 함께 하는 문화는 우리나라의 미풍양속이다. 기꺼이 함께해야 한다. 거창한 물질적 표현을 의미하는 것이 아니다. 서로의 마음을 느낄 수 있는 성의를 표시하면 충분하다. 경조사에 함께 하지 않으면 자칫 서운한 감정으로 오래 남을 수도 있다. 특히, 부모님을 여의는 애사 시에는 더욱 슬픔을 함께 나누어야 한다. 늘 감사한 마음을 간직하고 살 것이다. 이러한 관심이 연속되면 당연히 깊은 인간관계, 늘 함께하고 싶은 행복한 관계가 되는 것이다. 오늘부터라도 생일을 맞이하는 동료가 있으면 축하의 문자나 따뜻한 커피 한잔이라도 권하면서 축하해 주는 작은 실천을 해보길 바란다. 나의 생일이 돌아왔을 때 외롭지 않을 것이다.

16 •• 부하를 아끼고 정성스럽게 도와주자.

간부의 생활을 시작하면 조직 속에는 부하가 늘 있기 마련이다. 장교는 장교 및 부사관과 병사가, 부사관 및 군무원은 병사가 부하로 있는 경우가 대부분이다. 상위 계급이나 직책으로 이동하면 할수록 나보다 낮은 계급의 부하들이 점점 더 늘어나게 된다. 조직 생활을 성공적으로 하고, 나의 조직을 활기차고 행복한 가운데 임무를 완수하는 조직으로 만들기 위해서는 상급자 및 동료, 부하들과 모두 원만한 관계를 유지하여야 한다.

이 중에서 상급자 및 동료와의 관계는 앞 절에서 많이 다루었으므로 여기서는 부하와의 좋은 관계를 유지하기 위한 것을 언급하고자 한다. 나의 임무를 성공적으로 수행하기 위해서는 함께 동고동락하는 나의 부하가 매우 중요한 존재이다. 부하들이 나의 의도를 잘 이해하고 한 방향으로 노력을 하여야 시행착오 없이 소기의 목적을 달성할 수 있다. 그렇게 하기 위해서는 부하가 조직원들과 갈등 없이 즐겁게 생활하고, 개인적인 고민 없이 평안하여야 한다.

그러나, 조직 생활을 하다 보면 여러 가지 갈등이 생길 것이다. 조직원 간의 갈등, 가정적으로나 개인 신상으로 어려움이 발생하는 경우 등이 종종 있다. 이러한 어려움이 생겼을 때 상급자의 입장에서 최선을 다해 문제를 해결하고자 노력하여야 한다. 부하의 어려움을 나의 일처럼 생각하고 정성을 다해 해결하려고 노력하는 모습을 부하에게 보여주어야 한다. 가장 존경받는 리더는 조직과 나의 문제를 해결해 주는 사람이라고 한다.

인간적으로 함께 하는 상급자에게 마음을 열지 않을 부하는 없을 것이다. 부하도 마음을 열고, 늘 나와 함께 할 것이다. 이러한 측면에서 부하를 위하여 반드시 관심을 가져야 할 사항과 반대로 절대 우(愚)를 범하지 말아야 할 사항을 소개하고자 한다.

먼저, 부하를 위하여 관심을 가져야 할 사항이다.

그 중에서도 부하의 건강, 경조사, 가정 문제, 개인 진로 문제 등 부하가 고민하는 문제를 해결해 주어야 한다. 부하가 건강이 좋지 않은데도 인지하지 못하고 계속 임무를 부여하거나 치료의 기회를 놓쳐 악화되는 경우가 발생하면 안 된다. 종종 이러한 문제를 조기에 조치하지 못하여 부하의 마음을 잃거나 민원을 야기하여 곤란한 상황에 처하는 경우가 있다. 건강해야 임무를 완수할 수 있다. 아플 때 알아주지 않으면 서럽고 마음의 상처로 남는다. 따라서, 평상시 부하의 건강을 잘 살펴야 한다. 평상시와 안색이 다르거나 불편한 모습이 보이면 즉시 이유를 파악하고 조치해 주어야 한다. 누구나 얼굴의 변화를 통하여 간단히 건강 상태를 파악할 수 있다. 내 몸이 아픈데, 치료를 못 받는다면 어떻겠는가? 항상 부하를 나의 몸처럼 귀하게 생각하고 문제가 있으면 해결해 주어야 한다.

부하의 경조사에 함께 하여야 한다. 앞 절에서 동료들과의 원만한 인간관계를 유지하기 위해서 경조사에 마음의 표현을 잘하라고 했는데, 부하 역시 동일하게 경조사를 잘 헤아려 주어야 한다. 여기서도 특히 애사 시에는 더욱 깊은 관심과 배려를 해주어야 한다.

가정적인 문제도 마찬가지이다. 개인의 사생활에 깊이 관여하는 것은 금물일 것이다. 사생활 침해로 오히려 불편한 관계가 될 수도 있다. 여기서 언급하고 싶은 것은 부하의 어려운 사생활을 인지하게 되었거나 부하가 어려운 가정문제를 해결하기 위해서 도움을 요청했을 때 적극적으로 조치해주라는 것이다. 부하는 개인적인 일을 가급적 노출하고 싶지 않을 것이다. 그럼에도 불구하고 어려운 문제를 해결하기 위해서 상급자의 도움을 요청했는데, 사적인 일로 치부하여 폄하하거나 무시하는 행위를 하여서는 절대로 안 될 것이다. 관련 법규가 보장하는 범위 내에서 최선을 다해 해결해 주려는 노력을 하여야 한다. 문제가 해결될 때까지 임무의 조정이나 시간적 배려, 법률 전문가의 조언 등을 통하여 지원해 줄 것을 권한다. 어려울 때 적극적으로 지원해 준 상급자에게 충성을 다하지 않을 부하는 없다.

아울러, 부하가 장기복무, 진급, 다른 직책으로의 이동, 각종 교육을 받기를 희망하는 등 개인의 인사관리를 위하여 상담을 요청하거나 고민거리를 인지하게 되는 경우가 있다. 이때도 부하의 미래를 위해서 적극적으로 도와주어야 한다. 그렇게 하기 위해서는 각종 인사관리의 기준을 잘 숙지하고 있어야 한다. 각종 인사관리의 기준에 있는 조건들을 구비하여야 본인이 희망하는 것을 이룰 수 있다. 인사관리 기준을 충족하도록 각종 기회를 만들어 주고, 시간적 배려를 하거나 조언을 해주어야 한다.

간혹 조직 생활을 하다 보면 상급자의 욕심으로 인하여 부하의 진로를 방해하는 경우가 있다. 현재의 직책에서 임무를 우수하게 수행한다는 이유로 다른 직책으로 가고자 하는 부하를 계속 현 직책에 머물게 하거나, 기회를 상실케 하는 우를 범하지 않기를 바란다. 부하가 더욱 다양한 경험을 하고 역량을 강화하여 발전해 나가도록 기회를 만들어 주어야 한다.

필자는 부하가 새로운 직책으로의 이동을 희망하거나 교육을 받고자 하면 적극적으로 후원하였다. 미래 군 조직에 더욱 기여하기 위한 인재를 양성하는 차원이다. 부하가 한정된 정보로 판단을 다르게 할 경우에는 적극적으로 정보를 획득하여 알려주고, 필요한 경우에는 적극적으로 추천하는 의견을 공식적으로 제시하여 길을 열어주는 노력을 하여 왔다.

다음은 반대로 꼭 하지 말아야 할 행동 한 가지를 당부하고 싶다.

다름이 아니라 마음의 상처를 주는 말을 삼가야 한다. 간부에게 '병사만도 못 하다.' '무능하다.' '간단한 이것도 제대로 못 하냐!' '믿고 맡길 수가 없다.' '머리가 나쁘다.' 등등 자존심을 상하게 하거나 깊은 마음의 상처를 주는 폭언을 하면 안 된다. 언어폭력이고 나아가서는 살인적인 행위이다. 실제 깊은 상처가 되는 말을 듣고 극단적인 선택을 하는 경우도 있다. 이러한 상급자를 전우로 생각하지 않음은 물론이고 상급자를 대하는 하루하루가 고통의 연속일 것이다. 결국 이러한 폭언은 부하와의 관계를 영원히 단절시키고, 다시는 마음을 열지 못하거나 회복할 수 없을 지경까지 이르게 한다. 이러한 조직이 임무를 올바르게 완수할 수 없는 것은 당연한 결과일 것이다. 많은 설문조사에서도 부하들이 가장 괴로운 것 중의 하나가 상급자로부터 '자존심을 상하게 하는 말을 들었을 때'라고 한다.

'상하동욕자승(上下同欲者勝)'이라고 했다. 윗사람과 아랫사람이 소통을 이루고 같은 곳을 보고 달려야 목표를 이룰 수 있다는 뜻이다. 부하와 상급자가 '원팀' 정신으로 한 방향으로 나아가야 가능하다. 이러한 조직을 만들고 싶다면 우선 부하를 아끼고 정성스럽게 도와주되, 상처를 주는 언행을 삼가는 노력부터 하길 바란다.

17 •• 조직원들을 존중하고 예의 바르게 행동하자.

조직원들은 항상 동고동락해야 할 '원팀'이다. 원팀으로서 단결된 모습을 보이기 위한 시작은 서로 존중하고 배려하는 것이다. 앞 절에서 언급한 것처럼 어렵거나 궂은일은 서로 솔선하여 수행하고 업무협조나 지원해야 할 사항은 발 벗고 나서야 한다. 이와 아울러 꼭 지켜야 할 것이 조직 생활을 하는 동안 상급자 및 동료들을 편안하게 대하면서도 기본예절을 반드시 준수해야 한다는 것이다. 가까울수록 기본 예의를 잘 지켜야 한다. 버릇이 없다거나, 자기 위주로만 생각한다거나, 불평불만이 많다는 등의 부정적 평가를 받지 않도록 주의하여야 한다. 특히, 부서원들이 단체로 행동하는 회식, 워크숍, 체육활동 등을 할 때는 더욱 언행을 주의하고, 필요한 준비 품목들을 솔선하여 준비하는 자세를 겸비하기 바란다.

먼저, 회식을 하는 경우에 작은 봉사와 기본 예절을 지키자. 동료들을 위해서 회식 장소를 선정하는 일, 회식 장소에 미리 도착하여 장소를 살펴보는 일은 물론, 회식 중에는 기본 예의를 지키면서 즐겁게 동참하는 모습을 권하고 싶다. 이와 반대로, 평소에는 임무수행 능력도 뛰어나고, 조용하면서 예의를 잘 지키는 인원이 음주 취기로 인하여 함부로 말을 하거나, 흐트러진 자세로 눈살을 찌푸리게 하는 경우가 더러 있는데, 이는 절대 해서는 안될 행동이다. 이러한 인원은 동료들이 멀리하게 되고 업무 추진력이 아무리 뛰어나더라도 그의 능력을 인정하지 않을 것이다. 심지어는 차후에 다시 함께 근무하기를 꺼려할 것이다.

아울러, 음주 회식을 마친 후 동료들이 무사하게 귀가했는지 반드시 확인하는 습관을 갖자.

개인의 주량에 따라, 또는 당일 컨디션에 따라 주량을 초과하는 인원이 종종 있다. 주량의 초과로 무사히 귀가하지 못하고 주변을 배회하거나 흐트러진 모습을 보이면 다음 날 돌이킬 수 없는 일이 발생할 수도 있다. 열심히 생활하는 인원이 크게 흐트러진 행동으로 주변의 지탄을 받거나, 도로변을 걷다가 큰 교통사고를 당할 수도 있다. 실제 음주 후 도로에서 치명적인 사고를 당하는 사례를 수차례 봤다. 따라서, 동료를 사랑하고 배려하는 차원에서 음주 회식 후에는 반드시 귀가한 후 안전하게 휴식하는지를 확인하여야 한다. 개인의 인권을 침해하지 않는 범위 내에서 관심을 보여주는 것이다.

한 번은 필자가 동료들과 간단한 음주 회식 후에 전원 귀가 여부를 확인하는 과정에서 한 명의 연락이 끊겼던 사례가 있었다. 그 인원은 독신자 숙소에서 혼자 생활하는 인원이었다. 함께 거주하는 가족이 있으면 연락을 취하여 확인할 수 있는데 그럴 수가 없었다. 약 3시간 이상의 주변 지역 탐색과 지속적인 연락을 취했으나 소식을 확인할 수 없었다. 점점 불안해지고 걱정이 되었다. 혹시나 혼자 도로에 쓰러져있거나 숙소에서 어려운 시간을 보내다 골든타임을 놓치지 않나 걱정이 엄습해 왔다. 같은 부서 동료가 여러 지역을 확인하다가 숙소 내에서 작은 전화벨 소리를 듣고 수차례 초인종을 눌렀으나 무반응이었다. 집 안에 있는 것은 명확한데 이상 유무를 확인할 수 없어서 더욱 걱정이 되었다. 음주를 많이 했으면 취기로 초인종 소리를 못 들을 수도 있지만 간단한 음주를 한 정도였으므로 만감이 교차했다. 많은 고민 끝에 자정이 훌쩍 넘은 시간에 동료를 구하는 것이 우선이라고 생각해서 119 소방대와 경찰서에 연락하여 출입문을 개방하였다. 결국 그 인원은 출입문이 열리는 것도 모른채 취침을 하고 있었다. 더욱 걱정이 되어 의료진이 진찰을 하고 의식 여부를 확인한 결과 다행스럽게도 무탈하였다.

해프닝으로 끝났으니 다행이지 그렇지 않고 건강상의 문제로 골든타임을 놓쳤다고 생각해 보자. 정말 아찔한 일이다. 이러한 해프닝이 있은 이후 동료를 아끼고 존중하는 마음의 표현을 통해 해당 동료와의 관계는 더욱 친밀해졌다. 늘 동료를 사랑하고 소중하게 생각하는 배려의 마음을 갖길 바란다.

회식과 유사한 워크숍을 할 때도 마찬가지이다.

워크숍을 준비할 때는 더욱 많은 준비사항들이 있고 누군가는 헌신하여야 가능한 행사이다. 따라서, 각종 품목을 준비하는 일, 워크숍 장소에서의 각종 허드렛일, 이동 및 복귀 시 수송 문제 등을 솔선하여 수행하기를 권한다. 그러한 노력을 동료들이 모두 알고 고맙게 생각할 것이다. 누군가 적극적으로 먼저 앞장서면 동료들도 자연스럽게 적극적으로 동참한다. 한발 먼저 움직여서 동료들에게 좋은 호감을 주는 센스가 필요하다.

체력단련을 위한 구기 운동, 작전지역 지형정찰을 위한 산악행군 등 각종 외부 활동 간에도 위와 같은 요령으로 적극적으로 행동할 것을 권한다.

필자가 중령 계급으로 육군본부에 근무할 때의 일이다. 동료들이 함께 사용하기 위한 보온통에 아침 마다 물을 교체하여야 신선한 물로 커피나 차를 타서 마시게 된다. 누군가는 아침에 이러한 일을 하여야 부서원 모두가 편안하게 사용할 수 있다. 그런데, 우리 부서원들은 먼저 보고, 먼저 출근하는 인원이 자연스럽게 준비를 하였다. 별도의 임무 부여가 없는데도 동료들을 위해서 적은 노력을 스스로 한 것이다. 서로 존중하는 마음이 있기 때문에 가능한 것이다. 이러한 분위기로 15년여 가 지난 당시의 전우들과 아직도 소통하고 친분 관계를 유지하고 있다. 이와 같은 일상 생활 속에서의 행동 하나하나가 부서원들을 존경하고 배려하는 마음이다. 여러분이 이처럼 행동하면 동료들 역시 여러분을 존중하고 배려할 것이다. 이러한 조직이 바로 행복하고 활기 넘치는 '원팀'임이 분명하다.

18 •• 동료들과 화합하기 위한 구기 운동 및 악기를 배우자.

단체 생활을 하다 보면 체력단련, 화합, 스트레스 해소, 동호회 활동 등 각종 목적에 따라 구기 운동을 하는 경우가 종종 있다. 특히, 군 조직의 경우는 체력단련 및 단결심 배양을 위하여 많은 운동을 하게 된다. 축구, 풋살, 족구, 테니스, 배드민턴, 농구, 골프 등이 주로 많이 즐기는 구기 종목이다. 이러한 구기 운동을 할 때 단순히 동참하는 것도 중요하지만, 가급적이면 나에게 주어진 포지션을 잘 담당하는 능력도 중요하다. 단체 운동에서 나의 역할을 잘 수행하는 것이 팀원을 위한 기여이고, 나아가서는 팀원을 리드해 나갈 수도 있기 때문이다. 따라서, 평소에 나의 운동 실력을 향상시키도록 단련할 것을 권한다. 스스로 노력하는 것도 중요하지만, 가급적이면 트레이너의 코칭을 받아서 제대로 기본기부터 잘 배워 능력을 키워가길 바란다. 해당 종목에 뛰어난 재능을 발휘하면 운동도 재미있고, 주변의 칭찬도 받고, 팀원에게도 기여하는 주인공이 될 수 있다. 종종 주변의 동료들이 함께하자고 초청할 것이다. 상상만 해도 행복하지 않은가!

필자도 뛰어나지는 않지만 여러 종목의 구기 운동을 좋아하고 동료들과 적극적으로 동참하여 자주 즐겼다. 축구와 풋살은 학창 시절부터 꾸준히 한 덕분에 즐겁게 하였다. 초급장교 시절은 물론이고 장군이 되어 전역할 때까지 수시로 부하들과 축구를 하였다. 특히, 초급장교 시절에는 동료들이나 부하 병사들과 자주 하였다. 부하 병사들과의 운동은 단결심 배양과 스킨십으로 인하여 자연스럽게 소통하고 친근감도 주는 큰 장점이 있다. 지금도 30여 년 전에 병사들과 눈 위에서, 비 온 뒤 진흙탕에서 서로 엉키며 축구를 했던 기억이 새록새록 떠오른다.

테니스는 대위였던 교관 시절에 훌륭한 상급자를 만난 덕분에 집중하여 실력을 배양하였다. 야전부대에 부임하여 영관장교로 진급하면 사령부의 지휘관 및 참모들과 수시로 하는 운동이 테니스이므로 대위 시절부터 연마하라는 조언 덕분이었다. 그때 연마한 실력으로 참모로 부임한 후에 즐겁게 체력단련 및 단체 활동을 할 수 있었다. 많은 배려를 해주신 상급자는 지금 80세가 훌쩍 넘으셨는데, 아직도 소통하며 친분 관계를 유지하고 있다. 당시의 상급자는 부하 교관들을 운동을 통하여 '원팀'으로 단결시키고, 훗날 상위 계급으로 승진하였을 때 새로운 조직에서 '원팀'으로 활동하는데 필요한 소양을 가르쳐 주셨던 것이다.

구기 운동과 더불어 동료들과 화합하고 나의 취미 생활을 위해서 권장하고 싶은 것이 악기를 다루는 것이다. 악기를 다루면 개인의 정서적인 생활과 안정은 물론 부대에서 가끔 개최하는 워크숍, 문화행사 등에서 주인공이 될 수 있다. 특히, 다소 딱딱한 분위기의 군 조직에서 악기를 다루는 모습은 부드럽고 품위를 높여주는 효과가 있다. 필자가 군 생활을 하는 동안 모 사령관께서는 색소폰을 아주 잘 연주하셨다. 부대원들과 함께 하는 문화행사, 훈련 종료 후 격려 행사 시 본인이 직접 연주를 하여 부대원들을 격려하였는데, 그때의 모습은 지금도 멋지고 훌륭했다고 생각한다. 필자도 그때 사령관님의 멋진 연주가 부러워서 색소폰을 잠시 배운 적이 있다.

목표는 30주년 결혼기념일에 아내를 위해 연주하는 것이었다. 이를 위해 국방대학교 안보과정 교육 시 동아리에 가입하여 기초를 배우고 교육기간 동안 발표회에도 참가했다. 음악성이 부족한 필자는 박자도 잘 못 맞추고 엉성하였지만 연주하는 동안 마음만은 행복하고 즐거웠다. 교육 수료 후 야전에서 근무할 때 부대원 격려 행사 시 동료들과 합주에 동참한 추억도 있다. 실력이 부족하여 합주자들에게 미안하기도 했지만 동참하고 함께 어울리면서 좋은 추억을 만들었다. 지금도 머리가 무겁고 심신이 지칠 때는 가끔 악기를 든다. 앞으로 더욱 열심히 연습해서 즐거운 추억을 만들어 갈 계획이다.

여러분들도 색소폰, 드럼, 피아노, 기타 등 어떤 악기든 한 가지씩 연주할 수 있는 취미 생활을 통하여 개인적으로 힐링하고 동료와 화합하는 시간을 가져보길 바란다. 나아가서 본인이 리더가 되었을 때 조직원들 격려 행사 시에 연주하는 모습을 그려보자. 얼마나 멋지고 가슴 설레는 장면인가!

4장

효율적이고 스마트한 행정 능력

주어진 시간에 임무를 완수하고 성과를 극대화해서 인정받기 위해서는 일하는 방식과 행정 능력을 키우지 않고서는 달성할 수 없다. 하루 24시간은 누구에게나 동일하게 주어진 시간이다. 또한, 모든 조직은 주어진 업무만 할 수 없다. 매일 매일 새로운 현안들이 발생한다. 부대 자체에서 발생할 수도 있고, 상급자 및 지휘관의 지시에 의해 발생하고, 특히 상급부대의 지시에 의해 예측하지 못했던 일들이 수시로 발생한다. 출근하면서 오늘 어떤 일을 완료하고 나머지 시간은 다른 어떤 일을 하겠다는 구상을 하고 출근하지만, 나의 뜻대로 시간계획을 100% 활용할 수 없다. 위와 같은 새로운 변수들이 무수히 발생하기 때문이다.

따라서 변화하는 각종 업무에 대비하여 적시에 성과를 달성하기 위해서는 일하는 방식과 행정능력을 키워야 한다.

4장

효율적이고 스마트한 행정 능력

1 각종 현황을 평소부터 잘 확보하고 지속해서 최신화하자.

참모 요원들이 업무를 하면서 많은 시간을 보내는 것 중 하나가 부대와 관련된 각종 현황을 파악하는 것이다. 예를 들면, 우리부대의 특기별 병력수준은 얼마인지? 향후 약 6개월 동안 월별 병력수준은 어느 정도인지? 최근 전입 온 인원들의 백신 접종률은 얼마나 되는지? 휴가는 몇 %나 시행하였는지? 보궐선거 유권자는 몇 명인지? 다자녀 간부는 몇 명인지? 등 수많은 현황들을 수시로 요구하고 질문을 받게 된다. 이러한 현황은 지휘관 및 상급자, 상급부대에서 수시로 요구한다. 왜냐하면 각종 현황을 파악하면 현재의 수준과 문제점을 알 수 있기 때문이다. 수준과 문제점을 알아야 문제를 해결하기 위한 대안을 모색하거나 강점은 지속 발전시켜 나갈 수 있기 때문이다. 따라서, 평소에 부대와 관련된 각종 현황을 유지하는 노력을 지속해서 하여야 한다.

그럼, 어떠한 자료를 어떠한 방법으로 유지하고 활용할 것인가?

전임자가 유지하던 현황 및 파일 정리하기
정기적인 상급기관 요구자료 목록 및 현황 최신화하기
각종 자료 목록을 찾기 쉽게 분야별로 정리하기

우선, 기존에 전임자가 유지하던 현황을 잘 확인해야 한다.

전임자가 유지하던 문서로 된 참고 자료, PC로 작성한 각종 파일을 정리해야 한다. 전임자가 활용했다는 것은 해당 직책에서 가장 긴요하고 꼭 필요한 것들이기 때문에 필수적이며, 중요한 자료임이 확실하기 때문이다.

그 다음에는 평소 지휘관 및 상급자가 자주 찾는 자료를 별도로 잘 정리해 두어야 한다. 지휘관 및 상급자들도 필수적인 자료들을 참고자료철로 유지하고 있다. 그들도 상급자와 대화하거나 각종 회의 참석 시 수시로 참고해야 할 현황들이 필요하기 때문이다. 따라서 이러한 현황들은 주기적으로 최신화해서 선제적으로 자료를 제공해야 한다. 이때 좀 더 능력을 발휘하기 위해서는 앞으로 예측되는 현안을 미리 염두 판단하여 관련 자료를 제공하는 센스를 구비하면 더욱 빛을 볼 수 있다.

다음은, 정기적으로 상급부대에서 요구하는 자료의 목록을 파악하고, 관련 현황을 평소에 수시로 최신화시켜 유지하는 것이다.

상급부대에서 요구하는 현황은 주간, 월간, 반기, 연간 등 주기적으로 보고해야 할 현황과 일회성이지만 특정 시기가 되면 요구하는 현황들이 많은 부분을 차지한다. 이는 매년 동일하게 해당 시기가 돌아오면 요구하는 현황들이다. 따라서 이러한 현황들은 평소에 최신화하여 유지해 두는 것이 좋다. 평소에 덮어두었다가 월간, 분기, 반기, 연간 현황을 한 번에 종합하려고 하면 큰 노력을 집중해야만 가능하다. 이때 다른 업무가 발생하면 적시에 상급부대에 보고하지 못하고 야근, 휴일 근무를 불가피하게 할 수밖에 없게 된다. 결국 같은 일을 하면서 스트레스를 받고 임무완수도 제때 못하여 질책을 받기 십상이다.

이렇게 각종 필요한 현황의 목록을 정하면, 그 다음에는 쉽게 자료를 찾아볼 수 있도록 분야별로 정리하는 것이다.

급한 보고서를 작성하거나 상급자가 급하게 자료를 요구하는 경우가 많다. 이럴 때 분야별로 정리해 두면 쉽게 찾을 수 있는데 정리가 되지 않으면 적시에 자료를 찾지 못하여 불필요한 시간을 낭비하게 된다. 급하게 찾아야 하는 경우에는 발을 동동 구르고, 적시에 자료를 보고받지 못한 상급자 역시 지휘관 및 상급부대와 소통을 못 해서 스트레스를 받게 된다. 결국 나의 능력을 낮게 평가받는 순간을 겪게 된다. 참모 요원은 순발력이 있어야 한다. 순발력을 발휘하기 위해서는 평소에 이러한 자료를 잘 정리해 두고 나아가서는 머릿속에 숙지하고 있어야 가능하다.

자료를 정리할 때 각종 현황은 가급적 엑셀 형식으로 구축하길 바란다. 엑셀로 구축하면 필요한 데이터를 수시로 편집하여 활용하고, 필요하면 보고서에 바로 삽입하여 활용할 수도 있어서 시간 절약은 물론 보고서의 질적 향상을 추구할 수 있다.

참모 요원에게 있어서 각종 데이터는 생명과도 같다. 데이터를 충분히 확보하고 있는 자는 훌륭한 보고서를 작성할 수 있고, 업무 처리 시간의 단축은 물론, 상급자가 요구하는 자료를 적시에 정확하게 제시하여 능력을 높게 평가받을 수 있다. 상급자의 입장에서 이러한 역할을 잘 수행하는 참모 요원은 믿음직스럽고 든든할 수밖에 없다.

2 ·· 각종 현황을 신속히 파악하기 위해 준비하자.

모든 현황을 예측하여 사전에 확보하면 최상이지만 그렇지 못할 경우가 상당히 많다. 갑자기 지휘관 및 상급자, 상급부대에서 새로운 이슈에 대한 문제 해결을 위해서 현황을 요구하는 경우가 종종 있다. 또한, 부대 자체에서도 보고서를 작성하기 위해서 예하부대 및 부서의 현황을 종합해야 할 필요성이 있는 경우도 있다. 이때 요구되는 현황 중 간단하게 몇 가지를 확인하는 것은 큰 어려움이 없겠지만 모든 예하부대 및 부서의 현황을 종합해서 제시하여야 할 경우에는 많은 시간이 소요된다. 특히, 적시에 보고를 못 하는 부대 및 부서가 발생하면 완결할 수도 없고 시간은 더욱 지연된다.

이러한 문제점을 극복하기 위한 여러 가지 방법 중에서 꼭 필요한 세 가지를 강조하고 싶다. 첫째는 향후 있을 업무를 미리 예측하고, 관련부대 및 부서에 충분한 시간을 부여하도록 예령을 걸어두는 것이다. 둘째는 최초 현황 파악 시에 알고자 하는 데이터의 종류를 정확히 선정하는 것이다. 셋째는 급하게 전달하고 소통할 수 있는 채널을 평상시에 만들어 놓는 것이다.

향후 예정업무 예측
최초부터 정확한 데이터 파악
긴급한 소통 채널 구축

첫째, 관련 부대 및 부서에 충분한 시간을 주어야 한다.

충분한 시간을 주기 위해서는 연간 업무가 진행되는 주기를 잘 숙지하고 있어야 한다. 매년 정기적으로 진행되는 업무는 미리 예측하여 필요한 현황을 준비하도록 알려주는 것이다. '먼저 준비하고 있다가 문서가 하달되면 보고해 주세요!' 라고 알려주는 방식이다. 예를 들면, 육군에서는 매년 국군의 날 포상 심의를 6, 7월경에 정기적으로 준비한다. 상급부대에서는 여러 가지 판단이 필요하여 적시에 문서를 하달하지 못하다가 차후에 급하게 결과 보고를 하도록 지시하는 경우가 있다. 이럴 경우 상급부대 문서를 받은 후에 예하부대에 하달하여 업무를 하다 보면 급하게 일을 처리해야 하고 제때 완료하기가 제한된다. 따라서 예측되는 상황을 파악하여 미리 예하부대를 준비시킨 자는 여유 있게 일을 처리하고, 더불어 예하부대의 실무자도 스트레스를 받지 않고 업무를 처리할 수 있다. 예하부대가 상급부대를 신뢰하게 되는 것이다.

둘째, 최초 현황 파악 시에 알고자 하는 데이터의 종류를 정확히 정하자.

이렇게 하여야 나와 예하부대 참모 요원들의 불필요한 노력을 줄이고 필요한 현황을 적시에 정리할 수 있다. 예를 들면, 포상 대상자를 파악할 때 최초 파악 시 소속, 계급, 군번, 성명, 공적내용 등 5가지 요소를 파악하라고 상급자의 지침을 받았거나 내가 염두 판단하여 종합했다고 하자. 이 후 보고서를 작성하는 동안에 상급자가 포상 대상자의 군 복무기간과 우리 부대에 언제 전입왔는지?, 과거에 받았던 포상은 무엇이 있는지? 등의 질문을 한다면 어떻게 해야 할까? 결국 다시 많은 부대에 전달해서 추가로 필요한 현황을 파악해야 한다. 추가로 파악하기 위해서 전달하는 시간, 다시 파악해야 하는 부대의 불평, 나의 보고서를 적시에 완성하지 못하는 상황 등이 발생하여 여러 가지로 스트레스를 받게 되고, 상급자 역시 일이 지연되는 것에 대하여 불안해하게 된다. 이러한 시행착오를 줄이기 위해서는 각종 현황을 파악할 때 즉흥적으로 전달하지 말고, 과거에 작성했던 자료, 상급자의 경험담, 나의 예상되는 판단 등을 총망라해서 가급적 충분히 항목을 선정하여야 한다. 이러한 노력은 중요한 분야이면서도 실무 업무를 하는 동안 착오를 많이 범하는 부분이기도 하다.

셋째, 긴급히 전달하고 소통할 수 있는 채널을 평상시에 만들어 놓자.

이는 미리 예측할 수 없거나 긴급하게 각종 현황을 종합해야 하는 경우에 사용하기 위한 것이다. 즉, 한 번에 일괄적으로 전달할 때 시간을 절약하기 위한 것이다. 이를 위해 평소부터 업무 소통 채널을 구축해 놓아야 한다. 예를 들면, 웹메일 그룹, 온나라시스템을 활용한 메모보고, SNS 그룹방 등 다양한 채널을 구축해서 실시간대로 업무를 소통하는 방법이 필요하다. 이때 중요한 것은 업무의 성격과 보안을 지켜야 할 사항인지 등을 잘 고려하여 상황에 맞는 소통방을 사용해야 한다. 열심히 업무를 수행하고자 했던 목적이 자칫 보안 규정을 위반하는 결과로 이어지지 않도록 소통 수단을 잘 선택해서 사용해야 한다. 또한, 그룹을 잘 정해서 해당 사항과 관련 없는 인원들에게 전달돼 불쾌감을 주거나 스팸이 되지 않도록 신경을 쓰는 것도 잊지 말아야 한다.

3 •• 상급기관의 소통방에 적극 가입하자.

업무를 예측하고 정보를 습득하기 위해서는 상급부대에서 진행되고 있는 사항들을 잘 파악하고 있어야 한다. 이를 위한 방법 중의 하나가 상급부대 업무 담당자와의 소통방에 가입하는 것이다. 이러한 소통방은 부대 및 부서별로 웹 메일 그룹, 온나라시스템 메모보고, SNS 등 다양한 방식을 활용하고 있다. 소통방에서 진행사항, 동일 실무자들의 생각과 아이디어 등을 파악하면 업무의 폭이 넓어진다. 갑자기 상급부대의 지시사항을 접수하는 문제점을 방지할 수 있고, 지휘관 및 상급자에게 상급부대의 첩보를 수시로 수집하여 참고로 보고할 수도 있다. 또한, 보고서 작성을 위해 필요한 관련 자료를 협조하거나 인접부대의 사례를 참고하고자 할 때 등 다양한 자료를 협조하는 창구로 활용할 수도 있다.

이때 중요한 요소 중의 하나가 보안에 위배되지 않도록 하는 것인데, 개인정보가 포함된 사항, 일반인에게 노출되었을 때 파장을 일으킬 수 있는 사항 등은 신중히 판단하여 공유해야 함을 잊지 말기 바란다.

4 ·· 새로운 보직을 받았을 때 신속하고 정확하게 업무를 파악하자.

처음 보직을 받거나 새로운 보직을 받았을 때 신속하고 정확하게 업무를 파악하는 것이 중요하다. 나는 처음이지만 기존 지휘관과 상급자, 상급부대 담당자는 간단없이 업무를 진행하고 상황 판단을 하기 위해서 지속해서 각종 자료를 요구할 것이다. 신속하게 업무를 파악하지 못하면 이러한 기대를 충족할 수 없고, 충족할 수 없게 되면 미흡한 평가를 받게 되는 것이다. 물론 업무를 시작한 지 얼마 되지 않아 많은 부분을 이해하여 줄 것이다. 그러나 적시에 적응하여 며칠 되지 않은 인원이 조기에 정상 궤도에 올랐을 때 더욱 우수하게 평가받을 수 있다. 그렇다면, 어떻게 해야 업무를 빨리 파악할 수 있는가? 가 관건일 것이다.

일정한 시간이 필요하겠지만 적응 시간을 단축하기 위해 필자가 강조하고 싶은 것은 세 가지이다. 첫째, 내가 속한 본부의 각종 시설과 예하부대의 위치를 파악하는 것이다. 둘째, 전임자가 작성한 각종 문서를 탐색하는 것이다. 셋째, 부대의 다양한 계층 및 인원들의 의견을 많이 듣는 것이다. 어떤 상황을 평가하거나 사물을 바라보거나 보고서를 작성할 때 필자가 늘 강조하는 것은 대관세찰이다. 나의 업무를 정확히 파악하기 위해서는 세부적인 업무 절차도 중요하지만, 부대 전체의 구조와 분위기를 함께 파악하여야 지휘관 및 상급자에게 올바로 건의하고 각종 부대 운용에 미치는 영향을 바르게 판단할 수 있다. 이해를 돕기 위해 세 가지 요소에 대하여 좀 더 구체적으로 설명하고자 한다.

> **본부와 예하기관의 위치 파악**
> **전임자가 작성한 보고서 탐색**
> **다양한 계층의 의견 청취**

첫째, 내가 속한 본부의 각종 시설과 예하부대의 위치를 파악하자.

필자는 부대를 이동할 때마다 제일 먼저 하는 것이 각종 시설을 둘러보는 것이다.

본부 및 참모부 지역의 병영시설, 종교시설, 복지시설, 체육시설 등 구석구석을 살펴본 후 예하부대를 직접 둘러보았다. 예하부대가 장거리에 이격되어 있을 경우에는 주말을 이용하여 아내와 드라이브를 겸하면서 둘러보았다. 부대 위치도 파악하고 주변 관광지도 파악하고 지역의 특산품 및 자연환경을 대략 파악하는 여러 가지 장점이 있다. 부대의 위치를 알아야 각종 계획을 수립하거나 당직근무를 수행할 때 상황 조치 능력이 생긴다.

필자가 중령 시절 인사참모를 할 때의 사례이다. 필자는 거의 매주 주말에 예하부대를 순찰하였다. 인사참모의 임무 중 하나가 각종 부대관리, 안전관리, 도움과 배려가 필요한 인원들의 관리 등을 지도하고 확인하는 것이었다. 사령부 및 본부뿐만 아니라 예하부대가 올바로 동작화 되는지 지속적으로 확인하고 지도를 하여야 안정된 부대관리를 할 수 있다. 특히, 주말에는 대부분의 간부들이 출근하지 않고 당직근무자에 의해 관리되고 있다 보니 취약요소가 다소 있다. 이러한 문제점을 예방하기 위해서 예하부대를 수시로 방문하여 지도하고 미흡한 점을 보완시켜 주었다. 그러나, 주말에 원거리에 이격되어 있는 부대를 방문하다 보니 나의 사생활을 보장받기가 어려웠다. 혼자 집에 있는 아내와 휴일도 함께 보내기가 쉽지 않았다. 그래서 부대 업무도 적시에 하고 가정생활도 문제가 없도록 하기 위한 방법을 고민하다가, 매주 주말에 개인 승용차를 이용하여 아내와 함께 예하부대로 향했다.

아내는 부대 정문 밖의 주차장에 대기하고 필자는 위병소부터 부대의 구석구석을 살피면서 지도하고 현장을 확인하였다. 부대 지도를 마친 후에는 주변에 있는 맛집과 관광 명소를 방문하여 아내와 개인 시간을 보냈다. 부대의 위치와 부대관리 실태 파악 및 지도는 물론 아내와 휴일도 함께 보내는 일석삼조의 효과를 얻었던 것이다.

둘째, 전임자가 작성한 각종 문서를 탐색하는 것이다.

백문이 불여일견이라고 했다. 나의 직무를 가장 정확히 구체적으로 파악할 수 있는 것이 전임자가 작성한 각종 보고서이다. 수기문서, 전자문서 등 각종 기존 문서를 충분히 살펴보면서 중요한 것은 메모를 하는 것이다. 읽어 보면서 업무처리 방법, 각종 현황을 숙지하고 해당 문서와 현황의 위치를 파악해야 한다. 그래야 차후 업무 참고 시에 신속히 찾아볼 수 있다. 일과 중에 이러한 시간을 충분히 확보하기에는 상당히 제한된다. 많은 현안 업무들을 처리하다 보면 쉽지가 않다. 따라서, 이러한 업무 파악은 일과 후나 휴일을 이용하여 차분하게 파악하는 것이 좋다. 여유 있게 업무를 파악하고 적극적으로 임무를 수행하려는 의지도 피력할 수 있어서 이미지 관리 면에서도 나쁘지 않을 것이다. 불필요하거나 눈치보기식 업무를 하라는 것이 절대 아니다. 주어진 일과 중에 모든 것을 해결하면 좋겠지만 현실은 그렇지 못하기 때문이다. 처음 부임 후 집중해서 업무를 파악하면 차후 여유 있게 일과 후나 주말을 편안하게 보낼 수 있다. 나의 개인 사생활의 침해를 받는다고 생각하지 말고 최초에는 과감하게 투자하자. 모든 것이 투자한 만큼 성과가 있을 수밖에 없다. 아울러 기존 문서를 읽어 보다가 궁금한 사항은 메모를 하여 전임자에게 물어보거나 상급자 및 선배, 동료들에게 의미를 물어서 궁금증을 해결해야 한다.

셋째, 다양한 계층 및 인원들의 의견을 많이 듣는 것이다.

부대의 분위기를 파악하는 것은 대단히 중요하다. 왜냐하면 이러한 과정을 통해 부대 운용에 영향을 미치는 사항을 파악하고 새로운 부대에 빨리 적응하여 화합할 수 있다. 이러한 분위기를 파악하기에 가장 좋은 것은 먼저 근무하고 있는 인원들의 다양한 의견을 듣는 것이다. 부대의 분위기도 파악하고 새로운 사람들과 빨리 인간적으로 가까워지는 장점이 있다. 즉, 업무도 파악하고 외롭지 않다. 모든 것이 낯설고 대화할 사람은 없고, 업무는 어떻게 해야 할지 잘 모르고, 상급자와 상급부대는 많은 것을 실시간대로 요구하는 상황이 발생하면 극심한 스트레스에 직면하기 십상이다. 시간이 지나면 차차 해결되겠지만 좀 더 빨리, 스트레스를 덜 받고 적응하는 것이 현명할 것이다. 따라서 주변의 다양한 인원들과 대화를 하면서 분위기를 파악하는 것은 심리적인 위안은 물론 업무 파악에도 크게 도움이 된다. 흔히 내 편이 있어야 든든하다고 하지 않는가?

이 과정에서 빼놓지 말아야 할 부분이 있다. 그것은 바로 상급부대를 직접 방문해서 나와 업무 관계가 있는 실무자들을 대면하는 것이다. 전화로만 업무를 할 때와 상급부대 실무자의 얼굴을 직접 보고 소통할 때와는 많은 차이가 있다. 아울러 상급부대의 분위기도 동시에 파악함으로써 업무 파악에 크게 도움이 될 것이다.

5 · · 주요 개선사항을 검토할 때는 주변의 도움을 과감하게 받자.

자신을 과신하지 말고 집단 지성(collective intelligence)[29]을 활용하자. 다수가 생각하고 협력할 때 혼자 하는 것보다 훨씬 큰 힘을 발휘할 수 있다. 구성원들의 다양한 의견을 수렴하고 공감대를 형성하는 과정을 통해 우리는 더욱 창의적으로 문제를 해결할 수 있다. 보통사람 99명의 집단지성은 천재 1명의 지성을 이길 수 있다고 했다.

따라서, 주요 개선사항을 검토할 때나 해결하기 어려운 과제를 수행할 때는 주변의 도움을 과감하게 받아야 한다. 경험이 풍부하지 않거나 경험이 다소 있다 하더라도 새로운 제도를 검토하거나 현재 있는 시스템을 개선하고자 할 때는 주변의 의견을 들어서 작성하여야 한다. 나 혼자만의 생각은 한계가 있다.

직속 상급자는 물론이고 전임자, 선배, 동료, 후배 또는 부하, 나아가서 교육기관에서 만난 관련 교관의 조언을 듣는 것이다. 그들은 자기 나름대로의 많은 지식과 노하우를 갖고 있다. 많은 사람의 조언을 들어서 작성한 보고서는 훨씬 완성도가 높을 수밖에 없다. 또한 여러 사람의 의견을 듣는다는 것은 개선사항을 시행했을 때 발생할 마찰이나 저항 요소를 최소화 내지는 제로화 할 수 있게 된다. 일종의 여론을 반영한 효과인 것이다. 열심히 개선사항을 확정하여 시행하고자 하는데 예하부대, 관련부서, 또는 각 개인의 저항과 불만이 표출되면 정상적으로 시행할 수 없고 상급자나 주변으로부터 좋지 않은 평가를 받을 수 있기 때문에 이러한 과정은 중요한 부분이다.

아울러 여러 인원들과 업무적인 소통을 하다 보면 나의 열정과 좋은 아이디어, 조직을 위해 노력하는 모습을 주변에 알리고, 조언을 해주는 사람은 자기가 인정받았다고 생각하므로 차후 더욱 적극적으로 조언해 줄 것이다. 자연스럽게 인간관계까지 형성된다.

---

29) 집단 구성원들이 서로 협력하거나 경쟁하여 쌓은 지적 능력의 결과로 얻어진 지성. 또는 그러한 집단 능력을 말한다.

6 • • 매일 새로운 현안들을 체크하자.

인접 부서, 상급부대, 예하부대, 언론, 국회 등의 업무를 파악해야 한다. 매일 이와 같은 현황을 파악하다 보면 갑작스럽게 발생하는 업무의 빈도를 줄일 수 있고, 선제적으로 우리 부대에 해당하는 사항을 확인하여 조치하거나 상급자에게 적시에 참고 보고를 하여 필요한 조치를 취할 수 있다. 이러한 노력을 반복하다 보면 각종 업무 지식과 판단 능력이 향상되는 것을 스스로도 느끼게 되며, 상급자로부터 좋은 평가를 받게 된다.

〈출처, YouTube 침체 겪던 뉴욕타임스의 디지털 혁신 성공 전략에서 인용〉

그렇다면 어떻게 이러한 자료들을 접할 수 있을 것인가? 가 관건일 것이다.

초급 참모 요원은 위에서 언급한 사항을 모두 접하기에는 다소 어려움이 있을 것이다. 따라서, 최초에는 지휘관 및 인접 참모부서, 직속 상급부대, 예하부대의 예정사항부터 모니터링 하는 습관을 기르자. 이후 어느 정도 업무 폭이 확대되면 2단계 상급부대, 국회, 언론을 모니터링 할 수 있도록 노력해야 한다. 지휘관 및 인접 참모부서, 직속 상급부대, 예하부대의 예정사항은 어느 부대나 쉽게 자료를 접할 수 있다. 각 부대의 각종 의사소통 채널을 통해서 확인할 수 있으니 걱정 없이 참고하면 된다. 그러나, 업무 폭을 확대하기 위해 모니터링을 해야 할 2단계 상급부대 자료는 2단계 부대의 업무를 종합하고 전파하는 인원에게 요청을 하든지, 아니면 여러분의 상급자에게 도움을 요청해서 자료를 획득해야 한다. 국회와 언론보도 관련 자료 역시 각 군 본부 차원에서 자료를 정리하여 전파하는 부서가 있다. 초급 참모 요원이 직접 접하기에는 다소 제한이 있을 수 있으니 상급자 또는 관계자를 확인하여 협조하기 바란다.

필자도 매일 07시 이전이면 사무실 책상에 앉아서 제일 먼저 확인한 것이 앞에서 언급한 각종 현안들을 모니터링 하는 것이었다. 관련 자료들을 모두 확인하다 보면 내가 할 일, 부하들에게 지침을 부여할 사항, 부대를 위해 조치할 사항, 지휘관 및 상급자에게 참고로 보고할 사항 등을 확인할 수 있다. 확인된 다음에는 즉시 관련 인원들에게 강조 및 보고를 하는 것이다. 지시를 받거나 다른 곳에서 연락을 받고 임무를 수행하는 것보다 당연히 반응 속도가 빠르고 주도적으로 나의 분야 임무를 수행해 나갈 수 있다. 피동적인 것보다 훨씬 보람 있고 일이 재미있다. 특히, 기습을 당하지 않고 선제적으로 현안들을 해결할 수 있어서 좋다. 아울러 지휘관 및 상급자로부터 믿음직한 참모로 인정받는 것은 당연한 보상일 것이다.

7 •• 판단이 애매할 때는 결심 조건표를 만들자.

결심 조건표란 어떤 대안을 모색할 때 여러 가지 방안 중에 어떤 방안이 최선인지를 선택하기 위해서 각종 조건을 제시하여 비교 평가해 보는 것이다. 주먹구구식으로 결심하는 것보다 훨씬 논리적이고 타당성을 입증받기가 용이하다.

여러 가지 방법이 있겠지만 필자가 권하고 싶은 방안은 초급 참모 요원일 때는 일반적으로 사용하는 장 · 단점 분석이다. 고급 참모 요원이 되어 정책부서에서 중요한 정책을 결정할 때는 보다 수준을 높여서 SWOT[30] 분석 방법과 우리 군의 전술적 고려요소(METT-TC(S)[31]를 통한 상황평가와 판단의 기준을 제공하는 분석 도구를 활용하기 바란다. 여기서 필자가 언급하고자 하는 것은 일반적으로 많이 사용하는 장 · 단점 분석에 관한 경험을 제시하고자 한다.

장 · 단점 분석에서 꼭 당부하고 싶은 것이 평가 항목을 선정하는 것이다. 평가 항목을 잘 선정해야 정확한 결과를 도출하고 파급에 따른 리스크를 줄일 수 있다. 사안에 따라 case by case로 적용해야 하지만 그 평가 요소를 구성할 때 참모 요원으로서 큰 틀을 갖고 설정해야 한다는 것이다. 그 틀은 여러 가지가 있겠지만 기본적으로 해당 정책과 직접 관련된 요소를 먼저 비교 평가하게 될 것이다. 그 이후에 공통적으로 법규적인 면, 조직에 미치는 영향, 고객 또는 일반 국민에게 미치는 영향, 예상되는 리스크 측면을 꼭 고려하여 세부 평가항목으로 설정할 것을 권하고 싶다.

30) 기업의 내부환경과 외부환경을 분석하여 강점(strength), 약점(weakness), 기회(opportunity), 위협(threat)요인을 규정하고 이를 토대로 경영전략을 수립하는 기법으로, 미국의 경영컨설턴트인 알버트 험프리(Albert Humphrey)에 의해 고안되었다.(출처, 네이버 지식백과 시사경제용어사전.)

31) Mission(임무), Enemy(적 상황), Terrain and weather(지형 및 기상), Troops available(가용부대), Time available(가용시간), Civilian(민간요소), Safety(안전요소)의 약자임.

법규적인 면 검토
조직에 미치는 영향
고객 또는 일반 국민에게 미치는 영향
예상되는 리스크

가장 먼저 고려할 항목은 법규적인 면이다.

어떠한 방안을 설정하든 법규에 저촉되면 지속해서 시행할 수 없을 뿐만 아니라 법규 위반에 대한 책임을 져야 한다. 조직과 개인에게 막대한 손실을 줄 수 있기 때문에 무엇보다도 중요하다. 따라서, 참모 요원은 임무를 수행할 때 반드시 해당 업무와 관련된 법령, 규정, 예규를 숙지해야 한다. 새로운 방안을 검토할 때는 더욱 중요하다. 관련 법규를 명확히 확인하고 법규의 해석이 애매하거나 자신이 없을 때는 소속된 조직이나 상급기관 법률 전문부서의 자문을 받아야 한다. 이때 반드시 문서로 의뢰하고 문서로 회신을 받아서 관련근거를 유지해야 한다. 차후 논란이 발생할 경우 중요한 근거자료가 된다. 여러 가지 법규적인 자문과 해석을 했음에도 불구하고 확신이 없을 때는 불리하게 평가하자. 유리하게 확대 해석하여 차후 문제점을 유발하는 것보다 불리하게 평가하여 신중히 추진하는 것이 조직과 개인에게 유익하다는 것을 강조하고 싶다.

한 가지 사례를 소개하고자 한다. 어떤 간부가 부사관 현역복무부적합 심사를 관장하는 부대를 개선한 사례가 있었다. 부사관 현역복무부적합 심사는 2심 절차를 통하여 전역 여부를 결정한다. 육본에 권한이 집중되는 현상을 방지하고 행정처리가 장기간 소요되는 단점을 해소하기 위해 장성급 부대에서 1,2차 심사를 모두 하도록 개선하였으나, 훗날 행정소송에서 위법으로 결정되었다. 법원에서는 1차는 장성급 부대, 2차는 전역권자인 육본에서 심사를 하여야 한다고 판결한 것이다. 잘못된 법규의 적용으로 전역한 부사관의 다수가 전역 1년여 만에 다시 현역으로 복귀한 사례가 있었다. 법규를 잘못 적용하여 개선한 제도로 많은 인원들이 법적 다툼을 진행해야 했고, 행정의 혼란을 가져왔다. 이렇듯 새로운 제도를 개선할 때는 엄격하고 신중한 법규의 해석이 필요하다.

두 번째는 조직 또는 조직원에게 미치는 영향을 파악해야 한다.

모든 제도는 조직과 개인을 유리한 방향으로 이끌기 위해 추진하는 것이다. 따라서 새로운 방안을 설정할 때 조직과 개인의 현실태, 특성, 주어진 환경, 욕구 등을 면밀히 확인하여 문제를 해결하거나 더욱 바람직한 방향인지를 세부적으로 살펴봐야 한다. 이 과정에서 앞에서 언급한 주변의 다양한 의견 듣기를 권장하고 싶다.

세 번째는 고객 또는 일반 국민에게 미치는 영향을 평가하는 것이다.

조직 내부에만 영향을 미치는 사항이 있지만 많은 대안은 예하부대 또는 지방자치단체, 일반 국민 또는 고객에게 영향을 미치는 경우가 많다. 특히, 군 조직의 경우 군 장병들과 군을 바라보는 국민들의 시선이 있다. 장병과 국민들이 생각하는 눈높이와 파급 효과를 충분히 고려하여 판단해야 한다. 군은 국민을 위한 군대이고, 국민의 생명과 재산을 보호하는 것이 사명이다. 따라서, 징병제 국가인 우리나라의 경우에는 더욱 국민들의 시선을 고려하여 각종 임무를 수행하여야 한다.

끝으로 예상되는 리스크를 평가해 보는 것이다.

앞에서 언급한 제반 항목을 잘 평가해 보고, 마지막 단계에서 반드시 고려해야 할 사항이 예상되는 리스크, 즉 예상되는 문제점을 반대의 시각에서 평가해 보는 것이다. 예상되는 리스크는 여러분의 상급자 또는 조언을 받는 과정에서 파악된 반대의 의견, 기타 레드팀(Red Team)[32]의 다양한 의견을 반영하여야 한다. 이 과정을 잘 거치면 부족한 내용이나 잘못된 방향을 수정하여 실행 단계에서 저항 없이 새로운 방안을 안착시킬 수 있게 된다. 모두의 공감을 받는 훌륭한 방안을 결정하는 것이다.

이 과정에서 한 가지 팁을 주자면 반대의 의견을 제시하는 인원들에게 맞부딪쳐서 대응하려고 하지 말고 스스로 보완책을 더욱 깊이 연구하는 것이다. 또한, 열심히 대안을 모색했는데 비판을 받았다고 절대 상처받지 말아야 한다. 모든 조직은 반대의 의견이 있고, 다른 생각을 갖고 있는 인원들이 있다. 이러한 생각들을 조율해 나가는 것이 참모 요원의 과제이며, 이를 잘 해결해 나가는 사람이 훌륭한 참모 요원이다.

---

32) 레드팀(red team)이란 조직 내 전략의 취약점을 발견해 공격하는 역할을 부여받은 팀, 또는 이러한 팀을 설치하는 의사결정 기법이다.(출처, 네이버 지식백과 시사상식사전.)

8 •• 중요한 사안은 반드시 근거 문서를 유지하자.

업무를 하다 보면 단순한 행정처리 이외에 중요한 사안들을 처리해야 할 상황에 직면할 수 있다. 그것은 법규적인 면을 중시해야 할 사항이거나 예산과 관련된 것일 수 있다. 대부분 행정 처리를 함에 있어서 모든 요소들이 법규적인 것을 반드시 준수해야 하지만 특히 휴가, 휴직, 각종 수당, 보안 등 개인의 신상과 관련된 사항이거나 이권 개입의 오해를 받을 수 있는 군사보호 업무, 입찰, 납품, 공사 감독은 물론 각종 예산의 집행과 관련된 사안들은 더욱 법규를 엄격히 적용해야 할 사안이다. 대부분 법규가 명확하여 주어진 기준에 의해 업무를 수행하면 무리가 없다. 그러나 간혹 법규의 적용이 애매할 때가 있다. 이럴 때 온정적으로 업무를 처리하거나 깊은 고민 없이 주관적인 판단으로 업무를 처리하면 추후 큰 어려움을 겪을 수 있다. 이럴 때는 반드시 근거문서를 유지해야 한다. 법률 전문부서의 판단을 의뢰하거나, 상급부대 업무 주관부서의 해석을 의뢰하거나, 결심권자의 결재를 받은 문서를 근거로 유지하여야 한다. 그래야 향후 집행이 잘못되어 감사를 받거나 책임 관계를 규명할 상황이 발생했을 때 소명할 수 있다.

필자가 부하 참모 요원에게 강조했던 말 중의 하나가 '때로는 돌아가는 것이 지름길일 수도 있다.'였다. 중요한 사안일수록 법규를 명확히 확인하고 또 확인한 후 시행하라는 것이다. 급한 마음에 당장 임무를 완수하기 위해서, 또는 산적한 업무를 쉽게 종결하기 위해서 경솔하게 처리하면 차후에 탈이 생긴다. 문제가 발생한 이후에 수정하기에는 너무도 큰 노력이 투입되고 책임마저 뒤따를 수 있다.

9 •• 현행 시스템을 개선하기 위해 지속해서 노력하자.

항상 현재의 상황보다 발전된 부대 및 업무를 위하여 지속해서 개선할 소재를 발굴하고, 발전시키는 노력을 게을리하지 말아야 한다. 주어진 임무만을 수행해서는 높게 평가받을 수 없다. 현행 업무를 무탈하게 지속해서 유지하는 것과 함께 보다 합리적이고 효율적으로, 보다 다수가 만족하도록 제도를 개선 발전시켜 나가는 노력을 하여야 한다. 처음에는 작은 것부터 실천해 보는 것이다. 작은 개선사항을 추진하여 변화하는 모습을 보고, 상급자나 조직원들로부터 칭찬을 받으면 더욱 자신감이 생긴다. 이러한 소재를 발굴하기 위해서는 업무를 수행하면서 호기심과 관심이 있어야 한다. '왜 이렇게 하지? 다른 방법으로 하면 더욱 효율적일 것 같은데...' 등의 다른 시각에서 바라보는 것이 필요하다.

필자는 군 생활을 하는 동안 업무를 개선하기 위해 많은 시간을 투입하고, 끊임없이 노력했다고 자부할 수 있다.

그 중에 대표적인 사례 한 가지를 소개하면 육군본부 근무 시에 부사관 임관시기를 개선한 것이다. 기존에는 월 중(예를 들면, 2월 7일 등)에 임관하던 것을 매월

1일부(예를 들면, 2월 1일부 또는 3월 1일부) 임관하도록 개선한 것이다. 간단한 내용으로 보일 수도 있지만 이러한 제도의 개선으로 많은 기대효과가 발생했다. 수시로 임관하면 수시로 전역하는 인원이 발생하는데 1일자로 임관일자를 통일함에 따라 전역일자도 월말로 되어 인력운영의 예측과 행정처리가 간명하게 되었다. 또한 예산운영 면에서도 매년 수억 원의 예산을 절약할 수 있게 되었다. 이러한 제도의 개선을 인정받아 당해 연도 육군본부 제도개선 최우수 사례로 선정되어 참모총장 표창과 부상으로 포상금을 받았다. 이후 육군의 대표 제안으로 국방부에 추천되어 국방부장관 표창과 함께 부상으로 3박 4일 국내 여행권도 받았다. 개인에게는 대단히 영광스럽고 값진 포상이 아닐 수 없었다. 처음에는 작은 제도의 개선이라고 생각했는데 제도개선의 효과는 기대 이상이었다. 부사관 인사관리의 새로운 기준점을 제시했고 매년 수억 원의 예산을 절감하는 커다란 성과를 낸 것이다. 이때를 기준으로 지금도 모든 부사관 및 장교는 매월 1일부로 임관을 하고 있다.

군을 포함한 모든 조직은 관리개선, 제도개선, 아이디어 출품 등 다양한 프로그램으로 조직을 발전시키기 위해 제언 제도를 운영하고 있다. 이러한 제도를 통하여 조직원들의 아이디어를 공모하여 조직을 발전시키고 개인에게는 포상과 포상금, 나아가서는 승진의 혜택도 부여하고 있다. 따라서 참모 요원으로 활동하면서 각종 제도개선을 적극적으로 시행하여 조직과 개인의 발전에 도움을 주는 노력을 적극적으로 하길 바란다.

10 ·· 각종 심의자료는 정성을 다해서 준비하자.

심의란 어떤 사안을 심사하고 토의하는 것이다. 모든 조직 특히, 공조직에서는 다양한 의사를 결정하기 위해서 많은 심의를 하게 된다. 진급, 장기복무, 포상, 위탁교육, 우수 근무자, 허가, 승인 등 다양하게 심의를 하고 있다. 한 사람의 일방적인 의사 결정은 주관적이거나 편견에 흐를 수 있으므로 결과에 대한 공정성과 객관성 유지, 다수의 공감을 얻기 위하여 중요한 사안들은 심의를 통하여 결정한다. 따라서, 각종 심의 자료를 준비하는 것은 매우 중요하다. 자료의 정확성, 선발하고자 하는 평가 내용의 충분성, 법규에 적합한 심의위원 선정, 진행 방법의 공정성 등 고려할 요소가 많다. 이러한 기본적인 준비 조건들은 당연하면서도 일반적인 것이고, 필자가 여기서 꼭 강조하고 싶은 것은 다음과 같은 네 가지 요소이다. 이 네 가지는 상급부대 지침의 명확한 해석, 법규상의 절차 준수, 심의위원들의 질문사항에 대한 철저한 답변 자료 준비, 사전 워게임 실시 등이다.

상급기관 지침의 명확한 이해
법규상의 절차 준수
예상 질문사항 답변 준비
사전 충분한 워게임

첫째, 상급부대의 지침을 명확히 이해하고 기준에 맞게 준비하자.

기초적이면서도 해석을 달리하거나 현황을 잘못 파악하여 착오를 일으키는 경우가 있다. 예를 들면, 6(2)라는 인원을 선발하는 문서를 접수했다고 하자. ( )괄호 안의 숫자는 여자이다. 이럴 경우 여러분은 어떻게 해석하겠는가? 남자 6명, 여자 2명, 아니면 남자 4명, 여자 2명으로 해석하겠는지? 이럴 경우에는 반드시 문서를 하달한 상급부대 담당자에게 직접 확인하여 정확히 적용해야 한다. 개인의 진로에 큰 영향을 주는 진급이나 장기복무와 같은 심의에서 현황을 잘못 해석하여 선발하였다고 생각해 보자. 그 파급효과는 대단히 클 것이다.

따라서, 여러분이 만약 문서를 만들어서 하달한다면 숫자를 읽는 방법에 대해 명확히 부연 설명을 제시하여 수신자가 착오를 일으키지 않도록 해야 한다. 아니면 명확하게 남자 6명, 여자 2명으로 나누어 제시하는 것이 오히려 현명할 것이다. 한 가지 예를 들었지만, 문서의 내용을 해석할 때도 의미상의 해석에 따라 착오를 일으킬 수 있으므로 반드시 해당 담당자에게 꼭 확인하고 업무를 진행해야 한다. 그렇지 않으면 돌이키기 어려운 상황이 발생하고 심지어는 책임을 지고 문책을 받을 수도 있으니 특히 명심해야 한다.

둘째, 무엇보다도 중요한 것이 법규상의 절차를 준수해야 한다.

대표적인 사례를 보면, 각종 심의 시 출석을 통고해야 하는 일정 준수, 통고 시 문서 등 각종 증빙 자료를 발송해야 하는 법적 근거, 심의위원 선정 시 반드시 포함시키거나 제외시켜야 하는 인원, 표결 시 준수해야 하는 절차 등이 있다. 이러한 절차를 준수하지 않게 되면 차후 법적 분쟁 시 효력을 인정받지 못해 조직 및 개인에게 심대한 영향을 미칠 수 있다. 절차상의 하자로 인하여 법적 분쟁에서 패소하고, 많은 혼란을 가져오게 된다.

셋째, 심의 보조 자료를 철저히 준비해야 한다.

심의위원이 요구할 수 있는 자료를 미리 예측하여 충분히 보조 자료로 준비해야 한다. 심의 간에는 심의표에 제시된 자료 이외에 다양한 자료를 요구하게 된다. 백중세에 있는 인원 중 우열을 가리기가 어렵거나 철저한 검증을 위해서 논의 중에 추가적으로 많은 자료를 요구하기도 한다. 이때 요구자료를 적시에 제공하는 것은 심의를 준비하는 담당자의 필수 요소이다. 종종 자료 준비가 미흡하여 심의 중간 정회를 선언하거나 결론을 내지 못하는 경우도 있다. 본인의 스트레스는 물론 상급자나 심의위원들로부터 낮게 평가받을 수밖에 없을 것이다.

넷째, 심의 전에 워게임을 해보는 것이다.

심의를 보다 꼼꼼하게 준비하고, 심의 진행 간에 요구되는 자료를 사전에 예측하고, 심의를 막힘없이 진행하기 위해서 필수적인 것이 워게임이다. 워게임이란 합리적인 전략 결정의 훈련을 위해 시작한 전쟁 시뮬레이션 프로그램으로 쉽게 얘기해서 미리 실제처럼 해보는 것이다. 즉, 실제 모의 심의를 해보라는 것이다. 모의 심의를 해보면 자료의 정확성, 충분성, 공정성, 부족한 점 등을 충분히 검증할 수 있게 된다.

이와 같은 네 가지를 잘 준비하면 어떠한 심의 준비와 진행도 잘 완수할 수 있다. 심의를 잘 완료하면 나의 임무를 완수하는 것은 물론 심의위원들로부터 칭찬과 함께 우수한 평가를 받을 수 있다. 심의위원들은 상급자이고 대부분 권위가 있는 인원들이다. 이들로부터 인정을 받는 것은 객관적인 평가를 받는 것이고, 그들이 차후 나의 홍보원들이 될 수 있다. 향후 나를 평가하는 자리나 나를 중요한 자리에 추천할 때 결정적인 역할을 해줄 수도 있다. 따라서 심의는 나의 임무수행 뿐만 아니라 나를 알릴 수 있는 절호의 기회이기도 하다.

11 •• 하급 및 대외기관으로 문서 발송 시 꼼꼼하게 작성하자.

문서를 작성하여 발송할 때는 매우 꼼꼼하게 작성하여야 한다. 문서의 형식, 표준어, 전달하고자 하는 의미의 정확한 표현 등 정성을 다하여 작성해야 한다. 왜냐하면 문서를 작성하는 기관과 기관을 대표하는 지휘관 및 기관장의 얼굴이기 때문이다. 특히, 여기서는 예하부대와 대외로 문서를 발송할 때 꼭 준수해야 할 몇 가지를 소개하고자 한다. 상급부대로 발송하는 것도 매우 잘 작성하여야 하겠지만, 통상 상급부대의 지시에 의해 작성하는 문서는 다소 부족할 경우 지도를 받고 수정할 수도 있다. 그러나 예하부대로 발송할 때는 상급부대로서의 권위에, 대외로 발송할 때는 공공기관의 신뢰에 영향을 주기 때문에 매우 중요하다. 아울러, 예하부대 및 대외기관으로 문서 발송 시 다음과 같은 사항을 유념해야 업무를 효율적으로 하고, 대국민 이미지도 좋게 유지할 수 있다.

먼저, 예하부대에 응신을 요구하는 문서를 발송할 때 유념할 것은 충분한 시간을 부여할 것과 중간 확인을 할 것, 수신자의 입장에서 이해하기 쉽도록 작성할 것 등 세 가지이다.

예하 기관에 충분한 시간 부여
예하 기관 준비 상태 중간 확인
수신자의 입장에서 알기쉽게 작성

첫째, 예하 기관에 충분한 시간을 부여하여야 한다.

나의 기준에 맞추어 요구하다 보면 예하부대는 업무에 과부하가 걸려서 매우 어려움을 겪게 된다. 상급부대에 대해 불평을 할 수도 있고, 이러한 현상이 잦을 경우 실무자와 관련부서의 능력에 의심을 갖게 된다. 이처럼 갑작스럽게 임무를 부여하지 않고 충분한 시간을 부여하기 위해서는 업무에 대한 예측 능력이 있어야 한다.

그래서 2단계 상급부대의 주요 추진 업무와 예정사항을 잘 모니터링하라는 것이다. 상급부대와 지휘관의 의도를 잘 파악하다 보면 예측 능력이 스스로 길러진다.

둘째, 중요한 응신문서는 반드시 중간 확인을 하여야 한다.

예하부대로부터 원하는 응신 문서를 접수하고 싶으면 반드시 중간 점검을 하여야 한다. 예하부대에 문서를 하달하고 기한 내에 보고가 되면 다행이지만 기한을 준수하지 못하는 부대가 종종 발생한다. 바쁜 과업을 수행하거나 실무자의 착오로 보고 시기를 준수하지 못하는 경우가 있다. 최종 기한이 다가와서 미 접수된 부대가 있으면 업무가 완성될 수 없다. 중요한 업무일 경우 낭패를 보기 십상이다. 이러한 오류를 범하지 않기 위해서는 중간에 예하부대가 정확히 인지하고 있는지를 체크해서 상기 시켜 주는 노력이 필요하다. 진행 상태도 파악하고 다시 한번 강조하는 효과가 있다.

셋째, 수신자의 입장에서 이해하기 쉽게 작성해야 한다.

문서를 접수한 예하부대에서 상급부대가 요구하는 사항이 무엇인지 잘 이해하고 응신하도록 문서의 내용과 처리 방법을 구체적으로 제시해 주어야 한다. 필요할 경우에는 세부 설명서를 작성해서 구체적으로 알려주어야 한다. 실무자의 판단과 능력에 따라서 의도와 다르게 응신하는 부대가 종종 발생하기 때문이다. 이럴 경우 다시 파악하기 위해 제때 업무를 완결할 수 없고 예하부대는 재차 일을 해야 하므로 불필요한 행정을 하거나 불평불만을 야기할 수 있다. 또한, 상급부대와 담당자의 능력을 낮게 평가하게 된다.

마지막으로, 대외로 발송하는 문서의 경우 두 가지를 강조하고 싶다.

첫째, 상대 기관 및 개인을 존중하는 용어와 문구를 사용하고 법규의 위반이나 오해의 소지가 없도록 정확하게 작성하되 꼭 필요한 내용만 간명하게 작성할 것을 권하고 싶다. 간혹 강한 부정적 표현이나 경고성 문구를 사용하여 민원을 유발하거나 불쾌감을 주는 경우가 있다. 특히, 상대 기관이나 개인이 원하는 답변을 줄 수 없는 민원을 응신할 때는 더욱 정중하고 사실에 기초하여 정성스럽게 문서를 작성하여야 한다.

둘째, 가급적이면 일방적으로 문서를 발송하는 것보다는 관련 내용에 대하여 충분히 유선으로 소통을 한 후 발송하는 것이 좋다. 예민하거나 다소 복잡한 사항은 문서를 발송하기 전에 유선으로 최선을 다해 안내를 한 후 발송하는 것을 권하고 싶다. 어려운 민원일수록 안내하는 것은 쉽지 않다. 그러나 군은 국민을 위한 군대이므로 성실하게 국민들에게 안내해야 할 의무가 있음을 명심하여야 한다.

12 •• 심의 결과는 신속히 공지하도록 노력하자.

개인 신상과 관련된 각종 심의 결과 및 인사관리 제도의 시행은 신속히 알려 주어야 한다. 이 부분은 인사분야 업무를 담당하는 참모 요원이라면 특히 유념해야 할 사항이다. 진급, 장기복무, 공적심의, 위탁교육 선발, 우수 근무자 선발 등 모든 조직은 분야별 대상자를 공정하게 선발하기 위해서 위원회를 개최하여 심의를 한다.

대상자들은 이러한 심의 결과에 따라 개인에게 막대한 영향을 미치므로 관심이 많고 조급한 마음으로 결과를 기다리게 된다. 여러분들이 어떤 중요한 시험에 응시한 후 결과를 기다렸던 마음과 동일할 것이다. 따라서 각종 심의를 한 후에는 가급적 신속하게 공지하고 알려주어야 한다.

공지를 지연하면 대상자들은 대상자대로 심리적 불안 속에서 결과를 기다리고, 업무를 담당하는 실무자는 공지하기까지 대상자들의 문의로 인하여 심리적 부담을 갖고 지연 이유를 계속적으로 설명해야 하는 어려움이 있다. 이 과정에서 개인적인 친분이 있는 사람 또는 상급자가 궁금해 하면 더욱 곤란한 상황에 처하게 된다. 그렇다고 특정인에게만 공개할 수도 없기 때문에 거절하는 심적 부담은 적지 않을 것이다. 이때 상황에 따라 문의자가 서운함을 갖고 좋지 않은 이미지를 갖게 될 수도 있다. 따라서 이러한 문제를 해결하는 방법은 가급적 최대한 빨리 결과를 공지하는 것이다.

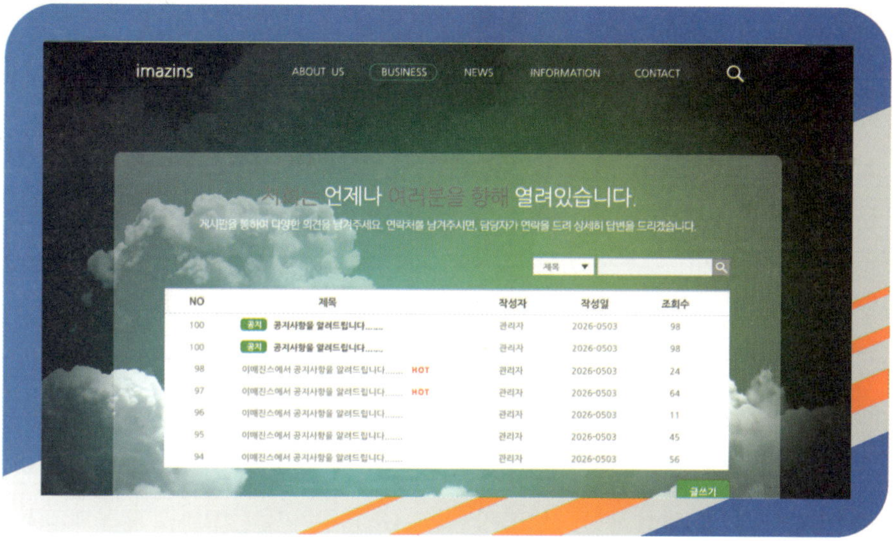

빠른 공지를 위해서 한 가지 팁을 주고자 한다.

신속한 공지를 위해서는 업무처리 절차를 염두 판단하여 사전 준비를 철저히 하여야 한다. 우선, 심의와 동시에 결심권자의 결재를 받기 위한 시간을 확보하는 것이다. 나의 시간계획만을 고려하여 준비하고 결심권자의 적시적인 결재를 받지 못하면 진도가 나갈 수 없다. 결심권자의 시간계획을 면밀히 확인하여 시간을 반영하는 것이 무엇보다 중요하다.

또한, 심의 결과를 보고하고 발표하기 위한 기본 틀을 만들어서 최종 결과만을 입력하면 바로 공지할 수 있는 완벽한 준비를 해놓는 것이다. 대표적으로 시스템이 잘 갖추어진 제도가 육군의 진급심사 체계이다. 육군은 진급심사 결과와 동시에 결심권자에게 보고하고 보고와 동시에 공지하여 전 육군의 모든 구성원들이 바로 열람할 수 있도록 완벽한 시스템을 갖추고 있다. 훗날 기회가 될 때 육군의 진급심사 현장을 참관할 것을 적극 추천하고 싶다. 많은 것을 느끼고 배울 수 있다.

다음은, 상급부대의 각종 선발과 관련한 문서가 하달되었을 때 관련 대상자들에게 신속히 알려주어야 한다.

앞서 언급한 것처럼 개인 신상과 관련된 것은 민감한 사안이므로 적시에 알려서 대상자들이 불이익을 받지 않도록 유념해야 한다. 대상자가 불특정 다수일 경우에는 부대 홈페이지에 공지하고, 해당 부대 및 부서로 즉시 문서를 발송하여 누락되는 일이 없도록 조치하여야 한다. 지원서를 제출하는 시기가 지연되면 법규에 의거 대부분 추가 접수가 제한된다. 이 경우 대상자가 불이익을 받게 된다. 특히, 1년에 한 번 기회가 있는 선발이거나 올해 지원을 못 하면 복무하는 동안에 더 이상의 기회가 없는 절박한 상황의 경우에는 개인의 신상에 막대한 영향을 미치고, 이에 대해 담당자가 문책을 받음으로써 책임져야 하는 상황이 발생할 수도 있다. 이러한 실수로 인하여 큰 책임을 지고 군 생활을 길게 하지 못하는 인원들도 간혹 발생한다.

개인 신상과 관련된 자료를 공지하면서 한가지 팁을 준다면, 평소 특정 사안에 대하여 자주 문의하거나 관심을 표명한 인원은 메모를 해두었다가 관련 문서가 상급부대에서 하달될 때 개인에게 직접 안내해 주는 서비스를 적극적으로 추천하고 싶다. 바쁜 업무로 스스로 확인하지 못하는 인원에게 알려줌으로써 담당자의 역할을 적극적으로 하고, 대상자는 그 고마움을 깊이 간직할 것이다. 경우에 따라서는 평생 고맙게 생각하는 인원들도 종종 봤다. 그 고마움을 기억하고 있다가 훗날 필자를 역으로 도와주는 인원들도 있었다. 역시 일석이조의 효과이다.

13 •• 회의 및 행사 시 항상 우발 상황에 대비하자.

다수가 모이고, 다수가 지켜보는 가운데 이루어지는 각종 회의, 행사는 늘 라이브(live)이다. 조금의 실수도 있어서는 안 된다. 나 하나의 소홀한 준비로 부대 또는 기관의 중요한 행사가 실패하여 이미지 손상에 큰 영향을 주는 일이 없어야 한다. 그러나 라이브로 행사를 하다 보면 철저하게 준비하고 확인해도 항상 예상하지 못했던 우발 상황이 발생한다. 우발 상황을 대비하여 준비하는 것이 훌륭한 참모 요원이 할 일이다. 준비하지 않은 상황에서 우발 상황을 극복하는 것은 매우 어렵고 오히려 행사를 더 크게 망칠 수도 있다.

우발 상황과 관련하여 일상적인 회의, 행사 시 준비해야 할 일반적인 요소는 교육기관에서 배우거나 관련 문서를 참고하여 파악한 대로 시행하면 된다. 여기서는 필자가 현장에서 경험했던 사례를 소개하면서 우발 상황에 대비해야 하는 중요성을 강조하고 싶다.

첫 번째 사례는 회의와 관련된 것이다. 공공기관에서는 회의를 시작하기 전에 대부분 국민의례를 한다. 사회자가 '국기에 대한 경례가 있겠습니다. 국기에 대하여 경례!' 구령을 하면 녹음했던 방송으로 애국가가 나와야 한다. 사회자의 구령에 따라 모두가 경례를 한 상태인데 CD의 미작동으로 애국가가 나오지 않는다. 짧은 몇 초를 기다리는 시간은 평소 몇 시간과 같은 느낌이다. 모두 초조해하고 있다. 사회자는 안절부절못할 것이다. 이 상황에서 여러분은 어떻게 하겠는가? 방송에 문제가 있다고 사실대로 언급하고 진행하는 방법과 사회자가 애국가 방송 없이 국기에 대한 맹세문을 육성으로 낭독하는 방법이 있을 것이다. 이러한 우발 상황을 가정하여 사회자는 늘 마음속으로 준비하고 있어야 한다. 또 하나는 중요한 행사일수록 예비 CD나 음원 파일 등을 준비하여 방송 장비의 장애에 신속히 대처하는 것이다. 이 또한 우발 상황에 대비하여 준비해야 현장에서 사용할 수 있다.

두 번째 사례는 의식행사에 관한 것이다. 연병장에서 부대장 이취임식을 할 경우 군대의 경우 차량으로 열병식[33]을 하게 된다. 그 어떤 행사보다 엄숙하고 위엄있고 격식 있게 시행하는 행사가 지휘관 이취임식이다.

부대 내의 장병은 물론 외부 기관 및 가족 친지들이 함께 참가하는 성대한 행사이다. 조금도 착오없이 절도있고 물흐르듯 자연스럽게 진행되어야 한다. 이를 위해 수회의 예행연습을 한다. 왜냐하면 새로운 지휘관을 맞이하는 엄숙한 행사이고 부대의 위용과 사기, 단결력을 보여주는 중요한 행사이기 때문이다.

이 행사 식순 중에 열병이 있다. 사회자가 '열병'이라고 말하면 행사 지휘자가 각 행사 제대장에게 열병이라고 외치고, 이어서 연병장 옆에 대기 중이던 열병차가 단상 앞으로 이동하여 이취임 지휘관을 태우고 각 제대를 돌아 사열을 하는 것이다. 이때 열병을 하달하고 열병 차가 이동해야 하는데 열병 차에 문제가 있어서 이동할 수 없는 상황이 발생했다고 생각해 보자. 많은 인원들이 숨죽이면서 다음 진행을 기다리고 있는 상황이다. 행사를 준비하고 진행하는 여러분의 입장에서 상상이 되는가? 여러분이 진행자라면 어떻게 하겠는가? 그대로 행사가 끝난다면 행사 종료 후에 감당해야 할 책임은 너무나 크고 무거울 것이다. 이러한 사례는 실제 행사 간에 가끔 발생하고 있다. 차량의 연료가 부족하거나 차량의 예기치 않은 고장이 발생하는 경우이다. 큰 행사를 준비하면서 많은 것을 확인하다 보니 당연히 이상 없을 것으로 생각했던 부분에 문제가 생기는 경우이다. 이때를 대비해서 대규모 행사 시

33) 국가나 군대의 의전 행사, 내외 귀빈 등을 위해서 이취임자, 방문자 등이 탑승하여 정렬된 부대의 앞뒤를 돌면서 위용, 사기, 이취임자 및 방문자에 대한 예우 등을 나타내는 의식이다.

에는 반드시 예비 차량을 준비해야 한다.

필자는 초급간부 시절부터 이런 행사를 할 때마다 항상 차량 연료를 확인하고 예비 차량을 준비했다. 주변에서 착오 사례를 보고 반면교사로 삼았기 때문이다. 다행스럽게도 예비 차량을 사용했던 적은 없었다. 최대한의 준비를 했기 때문에 문제가 없었다고 판단된다. 예비로 준비하면 마음도 훨씬 편하고, 위기가 왔을 때 슬기롭게 대처할 수 있다.

이외에도 필자는 크고 작은 행사 시에 나만의 예비량을 늘 준비했다. 다수 인원을 포상할 때 표창 및 부상품의 예비량, 봉투로 여러 명에게 격려금을 수여 할 때 격려 봉투의 예비량, 특히 지휘관이 수여 대상이 아닌 인원에게 즉흥적으로 현장에서 기념품을 수여하는 경우를 대비해 항상 주머니에 예비량을 챙겼다. 준비하는 자가 여유가 있고, 늘 준비하고 있으면 지휘관 및 상급자는 나를 더욱 신뢰할 수밖에 없다.

이처럼 보이지 않는 곳에서 사전에 철저한 준비로 모든 회의와 행사를 준비한다면 여러분은 성공하는 훌륭한 참모 요원이 될 수밖에 없다. 따라서 각종 회의, 행사 전에 늘 우발 상황이 무엇인지 과거 선배들의 실수 사례가 무엇인지를 잘 살펴보고 준비하기를 당부한다.

이와 같이 철저하게 대비하여 행사를 대부분 성공적으로 수행하였지만, 예기치 않은 우발 상황으로 곤혹을 치른 적도 수회 있었다. 행사가 시작되고 임석상관이 단상으로 이동하는 경건하고 엄숙한 상황에서 갑자기 기수단의 기가 풀려서 떨어진 사례, 열심히 수상자를 준비시키고 연습시켰는데 잠시 휴식시간에 수상자가 임의로 순서를 바꿔서서 당황했던 사례 등이 있었다. 다행히 현장의 신속한 조치로 무사히 넘겼지만 지금도 그때를 회상하면 아찔하다. 돌이켜보면 각종 우발 상황에 대비하고 착오를 줄이는 확실한 방법은 철저히 준비하고, 지속해서 확인하고, 행사가 끝날 때까지 긴장을 늦추지 않고 몰입하는 것이었다.

14 ·· 조직 공동의 업무 수행 시 나의 역할을 충실히 완수하자.

부대 및 기관이 공동의 노력으로 각종 법규 및 계획 문서를 작성할 때 나의 역할을 충실히 완수하여야 한다. 군의 경우 공동으로 작성하는 문서에는 작전계획, 부대와 개인이 해야 할 업무처리 절차 및 책임을 명시한 예규, 부대의 활동상을 정리한 부대사 등 다양한 문서들이 있다.

이러한 계획문서를 작성할 때 필자가 부서장으로 다년간 임무를 수행해본 결과 두 가지 부류의 성향을 확인할 수 있었다. 한 부류는 본인 개인의 업무도 완벽하고 부대 및 부서가 수행하는 공동의 업무에도 책임을 성실히 완수하는 유형이 있다. 정성을 다해서 작성하고 요망하는 시간을 잘 준수하여 업무를 종합하는 인원 및 부서로부터 행정 능력은 물론 협동심까지 높게 평가받는 유형이다. 반면에 자기 개인 업무는 완벽하게 수행하나 공동의 업무를 제출할 때는 성의가 다소 없거나 지연하는 유형이 있다. 전자는 당연히 우수하게 평가될 것이며, 후자의 경우에는 본인은 상급자가 잘 모를 것으로 생각할 수 있으나 본인을 감독하는 상급자는 잘 알고 있다. 여러 명의 인원들이 작성한 것을 비교 평가함으로써 누가 더 성의있게 작성했는지를 평가할 수 있는 것이다. 공동의 업무를 무성의하게 처리한 경우 자칫하면 협동심이 없는 사람으로 평가될 수가 있다. 따라서 개인의 업무 못지않게 조직 공동의 업무에도 관심을 갖고 임할 것을 당부하고 싶다.

이러한 문서를 작성할 때도 여러 가지 고려할 요소들이 있는데, 기본적인 보고서의 틀이나 형식, 보고 기일 등은 주관 부서의 요구사항을 준수하면 된다.

여기서 필자가 두 가지 당부하고 싶은 것은 **첫째, 평소 상급자가 강조하고 관심을 표명한 사항을 잘 반영하라는 것이다.** 그것이 상급자의 의도를 구현하는 것이다. **둘째는 항상 상위 법규 및 상급부대의 지침과 상이한 부분이 없는지를 잘 살펴야 한다는 것이다.** 이를 위반하면 차후 효력이 없거나 기 시행한 사항에 대하여 책임을 면하기 어려울 수도 있기 때문이다.

15 •• 조직원이 동참하는 일시적인 팀 편성 시 적극 참여하자.

조직 생활을 하다 보면 조직의 다양한 임무수행에 참여하게 된다. 각종 상급부대 검열의 수검, 전 부대원의 훈련 참여, 당직근무 투입, 예하부대 검열 및 훈련 통제단에 편성되어 임무를 수행하는 경우가 있다. 이처럼 나만의 임무를 홀로 수행하는 것이 아니라 조직 전체의 일부로 참여하게 될 때에는 많은 인원들과 비교 평가를 받게 된다. 나의 상급자, 주변의 동료들이 나의 역할과 헌신도, 임무수행 역량을 평가하는 것이다. 조직에 대한 헌신도 등은 3장에서 소개하였고 여기서는 임무수행 역량 즉, 업무처리 능력을 잘 발휘하여야 한다는 측면에서 소개하고자 한다.

적극적으로 준비하자.
더욱 더 솔선수범하자.
예의를 지키고, 정성을 다해 임무를 완수하자.

첫째, 충분한 시간을 갖고 적극적으로 준비하자.

간혹 본연의 임무는 충실히 수행하는데 새로 부여된 임무를 소홀히 하여 타부서원이나 책임자로부터 낮은 평가를 받는 경우가 있다. 이러한 평가는 금새 조직 내에 성의 없는 사람으로 알려지고 이미지 손상도 가져온다. 반대로 적극적으로 사전에 준비하여 동참하면 더욱 높은 평가를 받을 수 있다. 왜냐하면, 대부분 자기의 임무를 수행하기 바빠서 사전에 충분히 준비하지 못하고 참여하는 경우가 많기 때문이다. 이럴 때 각종 검열 및 훈련의 지침과 관련된 계획문서 및 규정을 미리 충분히 연구하고 참여하면 준비 과정에서부터 주도적으로 의견을 제시하고 팀을 위해 기여할 수 있으므로 좋은 평가를 받게 되는 것이다. 이 또한 나의 능력을 보여주는 요소이다.

둘째, 더욱 더 솔선수범하자.

본인의 임무도 바쁜데 갑자기 추가된 임무를 수행하기 위해 편성되다 보니 많은 인원들이 예민한 가운데 임무를 수행하는 경우가 많다. 팀의 임무를 완수해야 하는데 적극적으로 나서는 인원도 많지 않다. 마음속으로 서로 눈치를 보고 있을 것이다. 모두가 힘들어하고 나서기 어려워할 때 과감하게 희생하자. 누군가는 해야 할 일이고, 편성된 기간 중에는 다른 일에 신경 쓸 겨를도 없다. 이왕이면 적극적으로 희생해서 팀에 기여하여 임무를 완수하길 바란다. 힘든 일을 한 대가는 반드시 보상받게 될 것이다.

셋째, 새로 편성된 팀원들에게 예의를 다하고, 정성을 다해 완수하자.

타 조직원들과 함께 하는 임무수행은 새로운 인간관계를 만드는 기회이기도 하지만, 잘못 처신하면 나의 인간성을 나쁘게 드러내는 우를 범할 수도 있다. 내가 속한 조직에서 직속상관과 동료들에게 예의를 다하여 대한 것처럼 새로 조직된 인원들에게도 똑같이 해야 한다. 이 과정에서 무엇보다도 중요한 것이 나의 인간성과 행정처리 능력이다. 특히, 장기간 진행되는 훈련에 참가했을 때는 더욱 행동을 조심하고 능력을 발휘하여야 한다. 주 · 야간 계속되는 훈련에 참가하다 보면 긴박하게 진행되는 훈련 상황처리, 부족한 수면 등으로 모두가 예민하고 심신이 피곤한 상태에 이르게 된다. 이때 원활한 협조가 안 되면 격한 표현을 하거나 예의에 어긋난 행동을 할 수도 있다. 사람은 힘든 상황에 직면하면 본성이 드러난다. 따라서 정신적으로나 육체적으로 힘든 훈련을 할 때는 더욱 인내하고 또 인내하면서 조직원들과 유기적으로 협조하고 나의 역할에 최선을 다하여 완수하길 바란다. 그러한 참모 요원이야말로 훌륭한 조직원이자 훗날 리더로 성장할 자격이 있다.

16 ·· 핵심업무는 연간 업무추진 로드맵(road map)을 작성하여 활용하자.

로드맵(road map)이란 어떤 일을 추진하기 위해 필요한 목표, 기준, 일정 등을 담아 만든 종합적인 계획을 말한다. 개인이 수행해야 할 업무는 여러 종류가 있고 다양하다. 모든 업무를 완벽하게 수행하여야 하지만 그 중에서도 핵심적인 분야는 더욱 정성을 다해서 완수해야 한다. 즉, 어느 조직이든 조직의 목표를 달성하기 위해서 핵심적으로 추진하는 사업들이 있다. 핵심사업에 업무의 우선순위가 부여되고 가용 자원과 노력 역시 집중하게 된다. 핵심사업이 성공적으로 완수되어야 조직의 목표를 달성하고 큰 틀에서 성공적인 조직에 기여하기 때문이다.

이처럼, 핵심사업은 상급기관이 목표를 달성하는데 중요한 역할을 하는 사업이므로 직속 지휘관 및 상급자는 물론 상급부대의 지휘관 및 참모들의 관심도 집중된다. 따라서, 어떠한 사업보다도 차질없이 집중하여 추진하고, 궁극적으로 목표를 달성하여야 한다. 이를 위해서는 연간 주요 업무를 치밀하게 추진하기 위한 업무추진 로드맵이 필요하다.

이러한 로드맵은 사업의 성격과 부대의 특성에 따라 차이가 있겠지만 일반적으로 목표 및 중점, 추진전략, 월별 세부 추진계획 등으로 작성하게 된다. 이렇게 기본방향을 설정하고 목표한 방향으로 정상 추진되는지를 주기적으로 평가하여 보완 발전시켜 나가야 한다. 주기별 평가 시에는 기간 중 주요성과, 협업 및 공조사항, 제한사항 및 극복방안, 향후추진 사항으로 나누어 평가하면 된다. 이때 제한사항은 여러 가지가 있겠지만 법규적인 면, 예산적인 면, 관련 기관과의 공조 문제, 국회 등 대국민 관계 등을 다각도에서 분석하고 대안을 모색하여야 한다.

이러한 계획과 평가의 틀을 활용하여 업무를 수행하면 핵심 업무에 대한 방향성을 유지한 가운데 논리적이고 체계적으로 사업을 완수해 나갈 수 있다. 또한, 지휘관 및 상급자, 관련 참모, 상급부대와 공유하면서 사업을 추진해 나가는 장점도 있다.

17 •• 임무완수를 위한 열정과 끈기를 갖자.

조직 생활을 하는 사람에게 있어서 가장 중요한 것은 주어진 임무를 완수하는 것이다. 임무를 수행하다 보면 쉽게 완료할 수 있는 간단한 일들이 대부분이지만, 일상적으로 진행되던 업무가 예기치 못한 상황의 변화로 요망하는 시기에 완료되지 못할 때도 있다. 또한, 고난도의 임무를 수행하기 위해서 복잡한 정책보고서를 작성하거나 법률의 제정 및 예산의 반영을 위하여 상급부대 및 국회, 기획재정부 등을 설득하는 등 어렵게 임무를 완수하여야 하는 경우가 있다. 이러한 임무를 수행할 때 반드시 요구되는 것이 열정과 끈기이다.

열정이란 어떤 일에 열렬한 애정을 가지고 집중하는 마음이며, 끈기란 쉽게 단념하지 아니하고 끈질기게 견디어 나가는 기운을 말한다. 상위 직급 또는 상급부대로 갈수록 이러한 고난도의 업무들이 많이 있다. 미래에 상위 직급에 보임되어 고도의 업무를 수행할 때는 물론이지만 초급 참모 요원 때부터 작은 임무라도 반드시 완수하겠다는 열정과 끈기를 갖고 추진하는 자세를 체득하길 바란다. 특히, 군인의 경우는 평시에는 전시를 대비하여 부대관리, 교육훈련, 전력보강 등을 위해서 노력해야 하고, 전시에는 적과 싸워 반드시 승리해야 하므로 더욱 임무완수가 중요하다. 일반 조직에서도 목표와 성격이 다를 뿐 주어진 임무를 완수해야 하는 것은 같을 것이다. 이와 관련하여 35년 군 생활 동안 많은 경험을 하였지만, 초급 참모 요원 시절 겪었던 한 개의 사례와 고급장교 시절 겪은 두 개의 사례를 소개하고자 한다.

첫 번째는 1989년도 중위 때의 일이다.

나의 임무는 다음날 연말 주요지휘관 회의가 있는데, 회의 시 필요한 자료를 회의 시작 전까지 8절지 크기로 200장을 컬러로 인쇄해 오라는 것이었다. 지금은 PC나 각 부대에 인쇄기가 있어서 수시로 인쇄를 할 수 있으나, 당시에는 주로 타자기를 사용하던 시대이고 인쇄는 지역별로 통합하여 운영하는 상급부대 인쇄소에서만 가능하였다. 특히, 컬러로 인쇄하는 것은 공정이 복잡하여 더욱 어려운 사항이었다. 24시간도 남지 않은 시간에 계획에도 없던 인쇄물을 상급부대에서 승인을 받고, 게다가 다른 계획된 인쇄물을 중지하고 나의 인쇄물을 인쇄하여야만 가능한 매우 어려운 임무였다. 더욱이, 중위라는 낮은 계급으로는 너무나 버겁고 큰 스트레스를 받는 임무였다. 상급부대로 이동하는 동안 많은 생각을 했다. '상급부대에서 승인을 하지 않으면 어떻게 하지? 승인을 하더라도 인쇄의 우선순위에 밀려서 요망하는 시간까지 완료할 수 없으면 어떻게 하지?' 등 짧은 시간에 수많은 생각과 스트레스가 밀려왔다.

고민 끝에 내린 결론은 두 가지였다. 첫째는 승인해 줄 때까지 최대한 버티고 버텨보자. 두 번째는 그래도 제한되면 민간 인쇄소를 찾아가자. 두 번째 사항은 당시에 한 번도 경험해 본 적이 없지만, 최후의 수단으로 시도해 보기로 했고, 민간 인쇄소이므로 긴급한 예산이 필요했다. 부대에 책정된 예산은 없고, 건의하여 수령할 시간도 없어서 주변의 동료들에게 차용할 것을 아내에게 부탁하고 상급부대로 출발했다. 예측대로 상급부대에서의 승인을 받는 것은 쉽지 않았다. 약 2시간을 승인권자 사무실 밖에서 기다리며 버텼다. 약 3시간이 흘러 포기하고 차선책인 민간 인쇄소로 신속히 이동하고자 결심하고 마지막으로 승인권자를 다시 찾아갔다. '한 번만 도와주십시오! 임무를 완수하고 싶습니다. 승인해 주지 않으면 민간 인쇄소로 갈 예정입니다.' 이 말은 들은 승인권자인 고급장교는 3시간 이상 버틴 끈기와 민간 인쇄소에 가서라도 임무를 완수하고자 하는 나이 어린 중위의 책임감에 감동을 받았다면서 결국 승인해 주었다. 자정이 넘도록 인쇄소의 각 공정을 돌아다니면서 야식을 제공하고 사정을 부탁하여 인쇄물이 완성되도록 노력하였다.

결과적으로 요망하는 시기에 인쇄물을 완성하여 부대로 복귀하였고, 회의는 정상적으로 진행되었다. 불이 꺼져있는 상급자의 관사 출입문 앞에 인쇄물 샘플 1개와 간단한 메모로 '인쇄 모두 완료하였습니다. 충성!'을 남기고 새벽이 다되어 집으로 돌아왔다. 나의 상급자는 수일이 지난 후에야 당시 인쇄를 위해 노력한 사연을 듣고 격려와 함께 미안하다는 말을 전해주었다.

지금 생각하면 여러 가지 감회가 든다. 어린 중위이지만 임무를 완수하겠다는 열정과 끈기를 보인 것이고, 다소 아쉬운 것은 혼자 해결하겠다고 고통을 감내하면서 상급자의 도움을 받지 않았다는 것이다. 독자들이 볼 때는 이해하기 어렵겠지만 80년대 당시의 분위기는 상급자에게 얘기하는 것이 쉽지 않았다. 이 때의 경험으로 필자가 상급자가 되어 초급 참모 요원에게 어려운 임무를 지시할 때는 반드시 결정적인 문제를 해결해 놓거나 여건을 조성해 준 상태에서 임무를 수행하도록 배려하는 것을 잊지 않았다.

두 번째는 고급장교 시절 〈6 · 25 무공훈장 찾아주기 사업 관련 특별법〉을 제정한 것이다.

'6 · 25 무공훈장 찾아주기 사업'이란 한국전쟁 기간 중 전투 유공으로 훈장 수여가 결정되었으나, 실물 훈장과 증서를 받지 못한 영웅과 유가족을 찾아 무공훈장을 수여 하는 사업이다. 전쟁 당시 전사하였거나 전란 후에 소재지를 찾지 못해 직접 수여 하지 못하여 지금이라도 대상자를 찾아주기 위해 육군이 노력하는 사업이다. 전쟁 이후에 계속해서 수년 동안 찾아주기 사업을 진행하여 왔지만 5만 6천여 명의 소재지를 찾지 못한 상황이었다.

대상자를 찾기 위해 당시의 주소와 전우들을 찾아다니는 현장 탐문으로 다수의 인원에게 수여 하였지만 한계가 많았다. 특히, 개인정보보호법에 의해 각 기관에서 보유하고 있는 각종 정보를 쉽게 찾아보기가 어렵다 보니 더욱 탐문활동이 어려웠다. 몇 년간 이 업무를 수행한 필자는 근본적인 문제점을 해결하기 위해서는 관련 특별법을 만들어야겠다고 생각했다. 법률에 근거해서 업무를 수행하여야 지방자치단체, 정부기관과 합법적으로 업무를 수행하고 속도도 발휘할 것으로 판단했다.

그러나, 법률을 제정하는 것은 만만한 과정이 아니었다. 2년여 동안 관련 기관을 통하여 추진하였지만, 절차도 복잡하고 설득 논리를 펼쳐나가는 데도 난관이 많았다. 많은 고민 끝에 군을 잘 알고 6 · 25무공훈장의 값진 의미에 관심을 갖고 있던 당시 국회의원 이종명 의원에게 필요성을 역설하였다. 설명을 들은 의원님은 즉석에서 본인이 직접 추진하겠다고 하셨다. '국가를 위해 헌신한 분들, 그 분들의 희생이 있어서 오늘날의 우리나라가 있는 것인데 이러한 소중한 사업이 지연되면 안 된다. 한 분이라도 살아계실 때 직접 찾아주는 노력을 빨리해야 한다. 그것이 국가가 할 일이다.' 라고 말 하시며 강한 의지를 표명하셨다. 정말로 감격스러운 순간이었다. 이 후 중간 중간 고비가 있었지만, 의원님과 육군인사사령부 참모 요원들의 열정으로 2019. 4. 23일 관련 법이 공포되었다.

관련 법령의 제정으로 개인정보를 활용할 수 있는 법률 근거를 마련하였고, 사업을 적극적으로 추진할 수 있는 상설 조직을 편성함은 물론, 관련 예산도 확보하였다. 드디어 2019. 7. 24일 필자가 행사를 주관하여 '6 · 25 무공훈장 찾아주기 조사단' 현판식을 가졌다.

〈출처, 네이버 무공훈장 블로그에서 인용〉

이 사업을 시행한 2년여 동안 1만 4천여 명의 무공훈장을 찾아서 주인공인 본인 또는 그 유가족분들께 드리는 값진 성과를 달성하였고, 지금도 한 분이라도 더 찾아드리기 위해 관련 조직원들이 열정적으로 임무를 수행하고 있다. 관련 법령을 제정하는 추진 과정에서 많은 난관에 봉착하고 포기할 생각도 여러 번 했었다. 그러나, 국가를 위한 헌신, 이 나라의 오늘을 있게 해준 영웅들께 보답하는 값진 일을 포기할 수 없었다. 후손들이, 후배들이 해야 할 사명이라고 생각하고 추진했다. 열정과 끈기의 결과라고 하지 않을 수 없다.

세 번째는 인사병과장 재직 시의 사례이다.

수많은 난관을 겪은 사례들이 많지만, 그 중에서도 하나를 제시하라고 하면 단연코 '인사병과'의 명칭을 개정한 것이다.

육군에는 24개의 병과가 있다. 필자는 인사병과 병과장을 역임하였다. 인사병과 전신의 명칭은 '인사행정'이었다. 과거 선배들 때부터 '인사행정'이란 명칭보다는 '행정'을 제외한 포괄적인 개념의 '인사'로 명칭을 개정하고 싶었지만, 보병 병과에서 인사를 담당하는 참모특기가 있다 보니 쉽지가 않았다. 인사행정에서 행정을 제외하고자 했던 것은 군의 전투 이미지와 '행정'이 어울리지 않고, 군인의 임무이기보다는 비전투적이고 민간적인 의미로 이해되기 쉬운 점, 아울러 업무영역이 인력, 근무, 사기 및 복지 등 인사 전(全)분야로 확대되었음에도 이를 포괄하지 못한 점 등 일부 미비점이 있었기 때문이었다. 이러한 미비점을 보완하기 위해 지난 4년 여간 선배들이 꾸준히 추진하여 왔으나 끝내 완성을 보지 못하고 숙원 과제로 남아 있었다. 이에 필자가 병과장으로 보직된 이후 다시 추진하기로 굳게 결심하고 착수하였다.

한번은 필자가 병과장으로서 인사병과 교육생들을 대상으로 간담회를 할 기회가 있었다. 병과의 현재와 미래, 후배들에게 당부하는 병과장의 생각 등을 교육하고, 끝으로 궁금한 사항을 질문하도록 하였는데, 교실 끝에 앉은 장교가 손을 번쩍 들고 '우리 병과의 비전은 무엇인가요?'라고 질문을 하였다. 잠시 생각을 했지만 평소부터 가슴깊이 새겼던 말로 답변했다. 병과장의 비전은 '병과의 병칭을 인사행정에서 행정을 제외한 인사로 개정하는 것이다.'라고 답변하였다. 당시에는 너무도 어렵고 원대한 꿈이었기에 병과의 미래를 위해서 간절히 추진하고 싶은 비전이라고 언급하였다. 이어서 덧붙였다. '병과장 당대에 해결하기는 어려울 것이다. 그러나 훗날 후배들이 꼭 그럴 날을 맞이하도록 초석이 되겠다.' 라고 하였다. 후배들과의 간담회 이후 더욱 책임의 막중함을 느끼고 혼신의 노력을 다해야겠다고 다시 한번 굳게 다짐하였다.

그러나, 역시 많은 반대에 부딪혔다. 이를 해결하기 위해 병과원들과의 수많은 논의, 기존 병과 명칭을 고수하고 싶어 하는 예비역 선배님들의 설득, 관련 법률을 개정하기 위한 국방부 및 법제처 설득, 무엇보다도 전투병과에서 인사를 담당하는 인원들과의 공통된 인식을 갖기 위한 매우 힘겹고 어려운 시간을 보냈다. 약 1년여 간 집요하게, 때로는 끝장 토론까지 하면서 끈질기게 추진한 끝에 2019.6.25. 드디어 '인사행정'에서 '인사'로 병과 명칭을 개정하였다.

지금도 그 때의 성취감은 이루 말할 수 없다. 당시 필자에게 질문했던 장교에게 훗날이 아닌 필자가 병과장 재임 시에 병과의 명칭을 개정한 결과를 알려주게 되어 무엇보다도 감격스럽다. 지금도 손을 번쩍 들고 질문했던 그 장교의 모습이 떠오른다. 어쩌면 그 초급장교의 질문이 필자를 더욱 강한 열정으로 이끌었는지도 모르겠다.

이름을 명명하는 것은 대단히 중요하다. 이름에는 정체성과 비전을 담고 있기 때문이다. 후배들에게 비전을 제시해준 병과 명칭의 개정을 생각하면 지금도 감정이 벅차오른다. 포기하지 않고 끈질기게 추진한 열정적인 노력의 결실이라고 자평하고 싶다.

18 개인정보보호법을 위반하지 않도록 법규를 준수하자.

현행법에 개인정보보호법이 있다. 행정 업무를 수행하다 보면 수많은 개인정보[34]를 활용하게 된다. 개인정보가 잘못 관리되거나 외부로 노출되면 법적 책임을 져야 한다. 업무를 하다 실수로 노출하거나 의도적으로 제3자의 이익을 위해서 제공하면 책임을 면할 수 없다. 특히, 후자의 경우에는 치명적인 처벌이 뒤따를 수 있으므로 절대 있어서는 안 될 것이다. 필자의 주변에도 이와 관련하여 실수를 하는 사례가 있었다. 특별한 의식 없이 과거부터 전임자가 관례적으로 자료를 제공해 왔다거나 큰 문제가 없을 것으로 생각하고 가볍게 데이터를 제공하여 낭패를 보는 경우이다.

개인정보를 제공할 때는 반드시 관련 법규에 따라 정보제공 심사를 하거나 결심권자의 승인, 공식 문서를 통해 근거를 유지한 상태에서 제공하여야 한다. 업무도 열심히 하고 장래가 촉망되는 참모 요원이 업무처리 과정의 실수로 인하여 오점을 남기는 일이 없도록 각별히 유의할 것을 당부하고 싶다.

34) 개인정보란 성명, 주민등록번호 및 영상 등을 통하여 개인을 알아볼 수 있는 정보나, 해당 정보만으로는 특정 개인을 알아볼 수 없더라도 다른 정보와 쉽게 결합하여 알아볼 수 있는 것을 말한다.(출처, 네이버 지식백과 시사상식사전.)

보고서를 효율적으로 잘 쓰기 위해 노력하자.

보고서는 의사소통의 수단이며, 나의 생각을 글로 표현하는 것이다. 따라서, 보고서는 의사소통의 목적을 달성할 수 있도록 나의 생각을 잘 작성하여야 한다. 특히, 공조직에서의 보고서는 더욱 중요하다. 왜냐하면, 기관 및 부서 상호 간 또는 대외 기관과의 공적인 업무수행을 위하여 작성하므로 단순한 의사전달은 물론, 법적 효력의 문제가 뒤따르기 때문이다. 또한, 참모 요원들은 일과의 시작부터 종료까지 보고서를 읽으면서 해야 할 일을 파악하고, 외부로부터 보고서를 접수하여 관련 사안을 조치하며, 직접 보고서를 작성하여 상급자에게 보고하거나 예하기관에 하달하여 부서 간에 소통하는 수단으로 활용하기 때문에 보고서와 매우 친숙해야 한다.

이러한 다양한 보고서를 작성할 때 중요한 것은 어떻게 나의 생각을 정확하고 알기 쉽게 표현하느냐가 관건인데, 생각보다 매우 부담스럽고 쉽지만은 않다. 그러나 다음의 몇 가지를 실천하면 보고서 작성의 두려움을 극복하고 나아가 상급자 및 동료들로부터 인정을 받을 수 있을 것이다.

이를 위해 지금부터는 보고서를 효율적으로 작성하는 요령에 대하여 노하우를 제시하고자 한다.

19 •• 보고서의 기초를 이해하자.

우선, 보고의 목적에 따라 적합한 형식을 선정하는 것이 중요한데, 이를 위해서 기초적인 보고서에 대하여 먼저 알아보고자 한다.

보고서는 특정한 사안에 관한 현황 또는 연구 · 검토결과 등을 보고하거나, 업무보고 또는 건의할 때에 사용하는 문서로서 특별한 사유가 있는 경우를 제외하고는 내부 결재문서의 작성 방법에 의한다. 내부 결재문서란 상 · 하급부대 및 기관, 사회단체 및 개인에게 발신되지 않고 부대 또는 부서 내에서 자체 종결하는 문서이다. 공조직에서 가장 많이 사용하는 문서의 형식 중에 하나가 이 내부 결재문서이며, 참모 요원이 수행해야 할 대부분이 여기에 집중된다.

내부 결재용 보고서에는 작성 목적에 따라 결심형 보고서와 인지형 보고서가 있다. 결심형 보고서란 결재권자의 결심이나 공적인 승인을 받기 위해서 건의할 때 작성하는 보고서이다. 예를 들면, 각종 현안 검토보고, 계획보고 및 특정 사안에 대한 연구보고서, 업무보고, 조사보고, 사후조치 및 처리방안 등을 포함한 사고보고 등의 보고서이다. 인지형 보고서란 상급자 및 다른 부서 또는 부서원에게 어떤 사실의 정보나 첩보를 제공할 때 작성하는 보고서이다. 예를 들면, 회의 실시, 회의 참석 결과, 부대 또는 부서에 영향을 주는 상급부대 일정, 요약보고, 기타 첩보보고와 같이 결심이나 회신이 필요 없는 단순한 내용에 대한 보고서이다.[35)]

이해를 돕기 위해서 결심형 보고서와 인지형 보고서의 양식을 제시하면 아래 【표 4-1】과 같다. 이는 육군규정에 예시로 제시한 양식으로써 이 양식을 기초로 응용하여 상황에 맞게 문서를 구성해서 작성하게 된다.

---

35) 출처, 육군규정, 육군본부, 2021년

【표 4-1】 보고서의 양식36)

결심형 보고서

간이기안문 서식 1호
(결심형 보고서 : 2매 이내)

※ 육본 전결예규에 의거 참모총장 비대면보고 사항임

등록번호	00과 -
보존기간	3년
결재일자	2010. 5. .
공개구분	공 개
언론홍보	×

★ 00장교	◉ 00과장	처 장	0 0 0	참모차장	참모총장
중령 홍길동	서명				
협 조					

제 목 : 장기근속자 복무활성화 검토

1. 개 요

영관급 장기근속자에 대한 복무활성화를 위한 각종 제도 보완, 근무기강 확립방안을 검토함

2. 개선 방안

가. 전역신고 주관자 격상으로 명예심 고양

1) 계급별 전역신고 주관자 격상

나. 연 1회 제대별 '장기근속자 간담회' 실시, 소통

0 0 참 모 부

인지형 보고서

간이기안문 서식 2호
(인지형 보고서)

병력전환에 따른 후속조치 보고

《인사참모부 / ☎ 1110, '10.10.13(수)》

1. 개 요

'09년 기정단 조직진단결과 부대개편 계획에 의거 계근단으로 병력전환에 따른 후속조치 내용임

2. 본 문

가. 장비·물자·탄약

1) 승용차 4대 관리전환 : 10월

가) 관리전환 시 인수인계 관련 법적 책임한계 준수

나. 병 력

1) 계근단으로 전환하여 참모부 일반 지원

3. 결 론

가. 당직근무 : 상황근무(정,부)체계로 조정. 끝.

참모 업무의 핵심 중의 하나가 바로 이 두 가지 문서를 작성하는 능력을 갖추는 것이다. 이를 통하여 행정 능력과 직무 역량을 평가받게 된다. 따라서 여러 가지 보고서 중에서 내부 결재문서를 작성하는 데 있어서 꼭 참고해야 할 사항들을 지금부터 설명하고자 한다.

일반적인 서식의 작성 요령은 관련 규정이나 각 기관의 교육기관에서 교육을 하기 때문에 여기서는 다루지 않고, 필자가 35년간 참모로서 보고서를 작성하면서 느낀 경험을 통하여 노하우를 전수하는 데 중점을 두고자 한다. 이러한 사항은 어디에서도 자료를 찾아볼 수 없다. 따라서, 꼭 읽어보고 실천하여 여러분들이 좀 더 훌륭한 보고서를 작성하는 능력을 갖추는 데 도움이 되길 바란다. 보고서를 작성하는 방법은 워낙 다양하여 획일적으로 이렇게 작성해야 한다고 단정할 수는 없다. 그러나 일반적으로 다음부터 소개하는 맥락을 머릿속에 넣고 보고서를 작성하는 습관을 익히면 짧은 시간 내에 여러분의 능력이 크게 향상될 것이다.

36) 출처, 육군규정, 육군본부, 2021년

20 •• 자료를 수집하면서 보고서 작성을 구상하자.

처음부터 바로 보고서를 작성하려고 하면 속도가 나지 않을 것이다. 이럴 때는 보고서를 작성하기 전에 머릿속으로 대략 어떻게 작성할 것인지 염두로 생각해 보는 과정을 거치는 것이 좋다. 이를 위해서 보고서 주제가 선정되면 가장 먼저 자료를 수집해야 한다. 자료 수집의 범위는 다양하면 다양할수록 좋다. 기존에 보고했던 문서, 유사한 문서, 관련 법규, 각종 현실태와 관련된 현황, 전임자의 업무 경험담, 주변 동료들의 의견 등을 충분히 확인하고 이해하면서 세부적인 내용들을 분석해 보자. 다양한 자료를 수집하여 이해하고 분석하다 보면 무엇이 문제이고 어떠한 방향으로 해결책을 강구해야 하는지 개략적인 방향이 설정된다. 자연스럽게 머릿속에 보고서를 어떻게 작성해야 할 것인지 개략적인 틀이 잡히게 되는 것이다.

21 보고의 목적에 맞는 보고서의 형식을 선정하자.

보고서의 형식에 맞게 포함 요소를 선정하는 것이다.

첫째, 단순히 참고용으로 보고하고자 할 때는 【표 4-1】의 인지형 보고서에서 설명한 것처럼 ①제목, ②개요, ③본문, ④결론 순으로 작성하거나 ①제목, ②개요, ③관련사실, ④후속조치 사항으로 나누어 항목을 작성하는 방법 등이 있다. 주로 서론과 결론 부분은 비슷하고 본론 부분을 보고서 작성의 목적에 따라 구체화하거나 명칭을 적합하게 선정하면 된다.

둘째, 제도를 개선하거나 정책을 입안하기 위한 결심을 받기 위해 작성하는 보고서는 【표 4-1】의 결심형 보고서와 같이 서두에 결재란 등을 구성하고 본론과 결론 부분을 작성하면 되는데, 일반적으로 ①제목, ②개요, ③현상분석, ④개선방안, ⑤향후 추진으로 나누어 항목을 작성하거나 ①제목, ②개요, ③현실태 및 분석, ④개선방안, ⑤결론 및 건의(향후 추진) 순으로 작성하는 방법 등이 있다.

이처럼 보고서의 형식은 보고의 목적에 따라 다르지만 용어와 항목이 일부 수정될 뿐 큰 틀에서의 항목은 대동소이하다. 따라서, 그때그때 보고서의 성격에 맞추어 가장 적합한 양식을 선정하면 되기 때문에 크게 고민하지 않아도 된다. 다만, 좀 더 쉽게 항목을 선정하는 방안은 기존에 잘 작성된 보고서를 참고하거나 국방부 및 육본 등 상급기관에서 작성한 보고서를 평소에 수집하여 참고자료로 활용하면 더욱 고급스러운 틀을 구성할 수 있을 것이다.

보고서를 작성하면서 반드시 고려하고 착안할 사항은 다음 항목부터 구체적으로 제시하고, 여기서는 인지형 보고서를 작성할 때 한 가지 팁을 제시하고자 한다. 인지형 보고서는 지휘관 및 상급자에게 회의 결과, 상급부대 관심사항, 여러 쪽으로 구성된 보고서 등을 요약하여 참고로 보고하거나 다른 부서 또는 부서원에게 어떤 사실의 정보나 첩보를 제공할 때 작성하는 보고서이므로 복잡하게 작성하면 효과가 감소한다. 따라서, 특별한 경우를 제외하고는 공조직에서 주로 사용하는 A4용지 한 장으로 요약하여 작성하기 바란다. 그래야 지휘관 및 상급자에게 핵심 내용을 간명하게 보고하고 구성원들에게 필요한 사항을 정확히 주지시키기 용이하며, 요약된 자료를 홈페이지 공지사항 등에 게시하기에도 편리하다. 이를 위해서 핵심적인 내용을 한 장으로 요약하는 능력을 길러야 한다. 많은 분량의 문서를 작성하는 것도 어렵지만 한 장으로 알기 쉽게 요약하는 것도 쉽지가 않다. 그러므로 잘 작성된 견본을 보면서 지속해서 숙달하기 바란다.

아울러, 대표적으로 자주 사용하는 보고서 양식을 저장해두었다가 필요 시 활용한다면 보고서 폼을 구성하는 시간을 절약할 수 있을 것이다.

22 •• 제목과 개요는 마지막에 작성하자.

제목을 보면 본문 전체의 내용이 무엇인지, 어떤 성격의 내용인지를 알 수 있도록 표현해야 한다. 구두로 보고하고자 할 때 첫마디로 언급하는 것을 그대로 생각하면 된다. 예를 들면, '국기게양식 식순 개선방안에 대한 보고입니다.' 여기서 '국기게양식 식순 개선방안'이 제목이다. 개요는 보고하고자 하는 내용을 한마디로 요약한 핵심적인 내용이다. 예를 들면, '국기게양식 식순 중 묵념을 할 때 추모의 글을 낭독하도록 개선하고자 하는 보고서임.' 즉, 개요를 보면 본문 전체에서 핵심적으로 언급하고자 하는 것이 무엇인지 한눈에 알 수 있도록 작성하는 것이다. 이때, 한마디로 요약해서 답변해 보고, 그 답변 내용을 개요에 반영하는 방법도 있다. 간단한 것 같지만 복잡한 문서의 경우에는 제목과 개요를 작성하는 데도 많은 시간과 고민을 하게 된다. 어떤 사람은 제목과 서론 부분인 개요를 작성하는데 많은 시간을 허비하다 본론으로 들어가지도 못하는 경우도 있다. 시간만 많이 낭비하고 진도가 나가지 않아서 스트레스만 받기 십상이다. 또한, 개요를 열심히 작성한 후 본론을 작성하다 보면 나중에 또 다시 개요를 수정하는 결과를 가져올 때가 많다. 이럴 때는 제목과 개요는 생각나는 대로 우선 개략적으로 작성하고 본론부터 들어가는 것이 좋다. 본론을 작성하다 보면 자연스럽게 가장 적합한 제목과 개요가 떠오르게 된다.

23 • • 보고서를 작성하는 목적에 맞추어 내용을 구성하자.

보고서의 본론에 해당하는 부분이 현실태 및 분석, 개선방안 등이다. 가장 많은 내용이 언급되는 부분이고 작성하는 시간도 많이 소요된다. 이 부분을 작성할 때 상급자의 지시에 의해 보고서를 작성하는 경우에는 상급자의 의도, 즉, 상급자가 요구하는 내용이 충분히 반영되도록 작성하는 것이 핵심이다. 또한, 본인이 스스로 착안하여 어떤 결심을 받거나 건의하기 위해서 작성하는 보고서는 결심을 받기 위한 내용과 관련된 각종 현상 분석, 관련 데이터 제시, 대안의 모색 등을 잘 표현해야 한다. 현상 분석 시에는 관련 법규, 과거 사례, 각종 증빙 데이터, 타군 및 타기관, 외국군의 사례 등 다양한 분석을 하여야 한다. 법규적인 근거가 부족할 경우에는 법무 부서에 질의하여 충분히 법규적 해석 및 논리적 근거를 확보하는 것이 핵심 요소 중 하나이다.

개선 방안을 제시할 때는 가능한 방안별 장 · 단점 비교, 개선 전 · 후 기대효과에 대한 워게임 결과, 리스크 요인, 정무적인 요인 등을 면밀히 검토해야 한다. 제도의 개선은 항상 양면성이 있다. 기존의 제도를 개선하면 순기능과 역기능이 있고, 이익을 보는 집단 및 대상자가 있는가 하면 반대로 불이익을 보는 집단 및 대상자가 있게 된다. 이를 잘 분석해서 적용해야 제도 시행 시 유용한 제도가 되고, 반대의 벽에 부딪히지 않으면서 조직의 발전에 도움을 주게 된다. 이를 위해 초안 작성 시부터 다양한 계층, 관련 부대 및 부서의 의견을 사전에 충분히 듣고 토의를 거친 후에 방안을 설정하는 것이 중요하다.

24 •• 생각나는 대로 초안을 작성해 보자.

머릿속으로 대략 어떻게 작성할 것인지 염두로 생각해 보라는 것은 머리로 다 구상하여 쓰라는 것이 아니다. 머리로 구상하는 것은 한계가 있다. 간단히 생각하고 머릿속에 있는 것을 모두 쏟아내서 보고서의 글로 옮겨야 한다. 생각나는 대로 초안을 작성하는 것이다. 컴퓨터로 보고서를 작성하기 때문에 언제든지 수정하고 위치도 바꾸고 다듬을 수 있다. 이때, 처음부터 완벽하게 작성하려고도 하지 말아야 한다. 생각나는 대로 초안을 작성한 후 하나씩 다듬어 가다 보면 완성도를 높이게 된다. 낱말 맞추기 퍼즐 게임을 할 때 처음부터 낱말을 맞추는 것만이 능사가 아닌 것과 같다. 처음에 모르는 단어가 나오면 중간에 알고 있는 단어를 먼저 기재하고 하나씩 맞추어 가다 보면 나머지 칸도 쉽게 채울 수 있는 것과 같은 이치다. 우선 개략적으로 작성하고 보완하다 보면 미흡한 부분, 추가로 포함할 사항이 떠오르고, 여기에 세련된 문장 및 각종 데이터를 보충하면서 점점 더 완성도 높은 보고서가 만들어지는 것이다.

25 ·· 수신자의 입장에서 작성하자.

보고서를 작성할 때 중요한 요소 중 하나는 수신자의 입장에서 작성하는 것이다. 제도 개선 및 건의 문서를 결정하기 위해서 가장 중요한 수신자는 결심권자이며, 단순히 전파하는 문서는 일반적인 조직원들일 것이다. 나만 보기 위한 것은 '일기'이다. 보고서는 나 이외의 상대방에게 알리기 위해 작성하는 것이기 때문에 수신자의 입장에서 이해하기 쉽고 논리적으로 작성해야 한다.

따라서, 보고서의 목적과 성격에 따라서 보고를 받는 사람의 입장에서 궁금한 것이 무엇인지를 생각하고 포함 요소를 언급하여야 한다. 특히, 결심을 받고자 하는 문서는 결심권자의 입장에서 궁금한 것을 생각하며 작성해야 한다. 즉, 어떻게 하면 나의 의견을 결심권자에게 잘 이해시킬 것인가를 생각하면서 초안을 작성해야 한다. 수신자가 무엇을 알고 싶어하는지, 결심을 하기 전에 파악하고자 하는 검증된 자료는 무엇인지 등을 수신자의 입장에서 질문하고 답변하는 방법으로 작성하는 것이 중요하다.

이때 꼭 강조하고 싶은 한 가지 있다. 현상을 분석하고 설명하거나 대안을 제시할 때 결심권자가 명확하게 이해하고 판단하도록 가급적이면 데이터를 제시하기 바란다. 데이터란 이론을 세우는데 기초가 되는 사실 또는 바탕이 되는 자료, 관찰이나 조사로 얻은 사실이나 정보를 말한다. 즉 어떤 사실을 문장으로 언급한 후에는 그것의 정도를 파악할 수 있는 통계, 사례, 근거 등을 제시하여 이해하기 쉽게 하는 것이다. 예를 들면, 보고서에 '병력 가용자원이 감소될 전망'이라고 언급하였다면, 감소될 전망을 구체적으로 제시하는 것이다. '2025년 이후 병력자원이 급격히 감소될 전망임. 2021년 00% 대비 2022년(00%), 2023년(00%), 2024년(00%), 2025년(00%)' 등으로 통계를 제시하여 입증하는 것이다. 막연한 설명보다 훨씬 결심권자의 판단을 용이하게 해준다.

26 •• 대관세찰이라는 용어를 늘 머릿속에 넣어 두자.

보고서를 개념 있게 작성하기 위해서는 '대관세찰'이라는 용어를 늘 머릿속에 넣어 두어야 한다. 대관세찰(大觀細察)이란, 숲을 보고 나무를 보라는 개념으로 크게 보고 세밀하게 관찰하라는 뜻이다. 즉, 전체를 보고 세부적인 사항을 보는 것으로 지엽적인 사항만 언급하면 전체를 보지 못한다는 것이다. 야간에 등대를 바라보고 항해를 하듯이 대관해야 바른 방향을 보고 나아가고 전체 속에서 나의 위치, 우리 조직의 수준, 현상 등이 어느 정도인지 바르게 평가할 수 있다.

예를 들면, 우리부대의 병력수준이 90%로 감소할 전망이라면 높은 수준 또는 양호한 수준이라고 평가할 것인지? 100%가 아니므로 부족하다고 표현할 것인지? 등등 애매한 경우가 있다. 이때 바르게 평가하기 위해서는 대관을 먼저 해야 한다. 육군 전체의 수준은 95%, 차상급부대의 수준은 98%, 인접부대의 수준은 97%라고 가정하면 우리부대의 수준은 낮거나 미흡한 수준일 것이다. 한편, 우리부대의 수준이 90%이지만 반기, 연간을 놓고 볼 때 평균적으로 98% 수준을 유지할 전망이라면 장기간의 문제점이기보다는 일시적인 부족 현상인 것이다. 즉, 2년 전 보충한 인원이 동시에 전역하여 일시적으로 부족 현상이 발생할 것으로 분석할 수 있을 것이다.

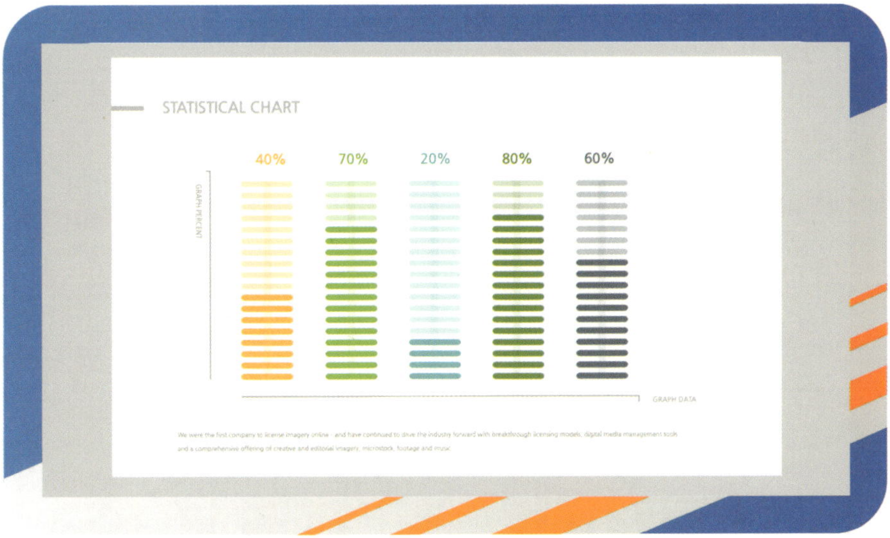

이렇게 대관세찰 하면서 분석해야 올바로 현상을 진단하고 근본적인 대책을 수립할 수 있다. 분석 결과를 토대로 문제점을 해결하기 위해서 상급부대에 건의하거나 지휘관에게 미리 부대 운영에 참고하도록 첩보자료로 제공할 수 있는 것이다. 따라서, 정확한 문제점을 분석하기 위해서는 항상 대관세찰 해야 한다.

27 •• 구어체 형식으로 직접 말을 해보고 수정하자.

보고서를 누가 읽어도 이해하기 쉽게 작성하기 위해서는 구어체 형식으로 직접 말을 해보는 방법이 있다. 열심히 보고서를 작성해서 직속상관에게 보고하러 갔더니 직속상관이 보고서를 덮고 '이 보고서가 무슨 내용인지?' 또는, 보고서의 일정 부분을 언급하면서 '이 부분의 의미가 무엇인지?'라고 질문하는 경우가 있다. '이러이러한 내용입니다.'라고 답변할 때 상급자는 '그래 그거야! 지금 답변한 것처럼 그렇게 작성해!' '그렇게 작성하면 되는데 지금 설명하는 내용과 보고서의 의미는 다르다.'라고 할 때가 종종 있다. 그것은 보고서를 나의 입장에서 작성했기 때문이다. 보고서는 철저하게 수신자의 입장에서 작성해야 한다. 이를 위해서 보고서를 작성한 후에는 말로 이야기를 해보는 것이다. 말을 해보면 새로운 생각이 나고 상대방의 느낌을 파악할 수 있다. 보고서가 잘됐는지, 이해가 되는지, 충분한 설명이 되었는지를 파악할 수 있다. 실제 보고하듯이 보고서를 보면서 말을 해보면 구어체 형식으로 보고서를 작성하게 돼서 브리핑을 하기에도 용이하다.

이러한 과정을 거칠 때 다음 두 가지를 고려해야 한다. 첫째, 본문의 내용이 이해하기 쉽게 정리되었는지를 확인하는 것이다. 이중에서도 본문에 여러 가지 내용을 나열한 후에 유사한 분야 및 내용별로 그룹핑하는 것을 강조하고 싶다. 지나친 나열은 산만하여 한눈에 들어오지 않고 파악하기도 쉽지가 않다. 따라서, 유사한 분야별로 모아서 소제목을 붙이고, 그 아래에 관련 내용을 요약하여 언급하면 보고서가 훨씬 간결하고 눈에 잘 들어오게 된다.

둘째, 보고서에 가장 적합한 용어를 선택했는지 확인하는 것이다. 풍부한 지식이 있으면 최상이겠지만 대부분 어휘력이 부족한 경우가 많다. 이를 위해 좋은 방법 중의 하나는 네이버 등 국어사전을 옆에 두고 표준어, 가급적이면 고급스러운 용어를 찾아가면서 가장 잘 어울리는 단어를 선택하여 작성하는 것이다.

28 ·· 상급자와 자주 소통하면서 상급자의 도움을 받자.

상급자는 많은 정보와 지휘관의 의도를 잘 알고 있다. 상급자는 나보다 지휘관과 식사, 회의, 운동 등 많은 시간을 함께 보내면서 대화를 하기 때문이다. 내 생각으로 아무리 열심히 해도 경력 면에서도 한계가 있다. 혼자 열심히 작성해도 상급자가 의도한 방향과 다르면 헛수고한 것이다. 밤늦게 일하고, 휴일에도 쉬지 않고 열심히 작성했으나 인정받지 못할 때 자괴감에 빠지기 쉽다. 따라서 상급자와 수시로 소통해야 한다. 상급자의 의도도 파악하고 내가 무엇에 관심을 갖고 업무를 수행하고 있는지 홍보도 하는 일석이조의 효과를 얻을 수 있다.

수시로 소통하더라도 때와 장소를 잘 구분해야 한다. 식사 출발 직전, 퇴근 직전, 바쁜 일정으로 정신없이 업무를 추진하는 중간에 질문을 하면 좋은 지도를 받기 어려울 뿐만 아니라 눈치 없다는 평가를 받을 수도 있다.

그리고 보고서를 나 혼자 100% 완성한다고 생각하지 말아야 한다. 상급자의 도움과 지원이 반드시 필요하다. 부족한 부분을 상급자가 채워준다. 그것은 상급자의 임무이기도 하다. 이러한 도움을 받기 위해서는 구두보고, 초안, 중간보고 등 지속적인 소통을 해야 가능하다. 지속해서 소통하면 내용도 보완되고 완성 후에 보고하기도 용이하다. 처음부터 설명하지 않고 '이 보고서는 지난 번에 작성했던 그 내용입니다.'라고 얘기만 해도 상급자가 무엇인지 알 수 있다. 그만큼 소통이 쉬워지는 것이다.

29 •• 최종 작성 후에 전체 내용의 흐름과 보고서의 형식을 재점검하자.

먼저, 전체 내용의 흐름을 확인해야 한다. 표현하고자 하는 내용이 충분히 반영되었는지, 문맥의 흐름이 일관성이 있는지, 데이터의 정확성, 증빙 자료의 충분성, 앞에서 언급한 동일한 내용이 뒷장에서 다른 현황 및 표현으로 작성된 것은 없는지 등 숲을 보는 관점에서 전체를 재확인해야 한다. 보고를 받는 자가 쭉 읽어 내려가면 자연스럽게 이해가 되는 보고서가 잘된 보고서이다. 이를 검증하기 위해서는 보고서를 처음부터 끝까지 쉬지 말고 설명해 보라. 갑자기 막히는 부분이 있거나 앞뒤가 바뀐 듯한 느낌을 받는 부분이 있으면 수정해야 한다. 이러한 과정을 어러 번 거치면서 자연스러울 때까지 문구를 수정해야 한다.

다음은, 내용이 충분히 확인되었으면 최종 문서의 형식적인 면을 확인해야 한다. 보고서의 형식이 규정에 맞는지, 전체적인 보고서의 구도나 균형, 한눈에 보기 쉽게 편집이 되었는지, 오탈자, 표준어, 맞춤법, 띄어쓰기, 페이지 등의 착오는 없는지 꼼꼼하게 디테일한 부분까지 확인하는 것도 중요하다. 좋은 내용이 많아도 보기 불편하면 수많은 보고서를 보는 상급자는 짜증 나기 십상이고, 기본적인 착오 사항은 문서의 전반적인 내용에 대한 신뢰와 성의에 있어 감점을 받을 수도 있다. 열심히 보고서를 작성하였는데 원하는 결심을 받지 못하면 보람도 없고 사기마저 저하될 수 있다. 따라서, 중요한 보고서일 경우에는 더욱 혼신의 노력을 다하여야 한다.

30 ·· 향후 작성할 중요 보고서의 초안을 미리 조금씩 작성하자.

요리사가 요리를 하기 위해 미리 시장을 봐왔거나 고기를 미리 잡아서 냉장고에 넣어 두었다면 바로 요리를 할 것이다. 그러나 요리를 하기로 마음먹고 낚시를 하러 가야 한다고 생각하면 적시에 필요한 요리를 할 수가 없고, 요리하는데 많은 스트레스를 받게 될 것이다.

미리 조금씩 준비해두면 향후 급하게 일을 하지 않아도 되고, 여유도 생겨서 주변의 의견이나 참고 자료를 충분히 수집하면서 완성도를 높일 수 있는 장점이 있다. 충분한 시간을 갖고 작성한 보고서는 누락 요소와 착오 내용도 줄이고, 중요한 데이터도 충분히 포함할 수 있으며, 각종 용어나 문맥도 고급스럽고 부드럽게 작성할 수 있다. 또한, 초안을 미리 작성해 두면 다른 사람이 작성한 각종 문서의 현황, 주변의 이야기, 회의 내용 등 나의 보고서와 관련된 내용들이 자연스럽게 눈에 들어와서 내 보고서와 관련된 자료들을 수시로 수집하고 보완하게 되는 장점도 있다.

31 •• 다양한 정보를 습득하기 위해 각종 회의에 적극적으로 동참하자.

타부서의 업무를 파악하고 상급자의 의도와 정보를 습득하기 위해서는 각종 회의, 토의, 보고 간에 적극적으로 동참해야 한다. 현장에서 상급자 또는 지휘관이 지시하는 사항을 직접 들으면 의도를 파악하기가 훨씬 용이하다. 현장에서 상급자의 눈빛, 표정, 억양 등을 직접 느끼면서 듣기 때문에 정확히 의도를 알 수 있게 된다. 그러나, 간접적으로 전달된 지시를 받으면 이러한 것이 많이 생략돼서 다른 방향으로 보고서를 작성할 가능성이 높다.

또한, 보고서를 잘 작성하기 위해서는 나의 업무뿐만 아니라 인접 구성원 또는 인접 부서의 업무를 잘 알고 있어야 훌륭한 보고서를 작성할 수 있다. 지휘관 및 상급자는 부대 또는 부서의 모든 기능을 고민하면서 결심을 하고자 한다. 그런데 나의 분야만 언급하고 다른 부서에 미치는 영향을 검토하지 않으면 결심권자의 결심을 받을 수 없다. 4차 산업혁명의 시대에는 융합, 협업, 소통을 더욱 강조하고 있다. 따라서, 지휘관의 입장에서 전 기능을 통합한 해결책을 제시해야 한다. 예를 들어, 내가 인사업무를 담당한다면 정보, 작전, 군수 기능, 부대원 전체에 미치는 영향, 상급부대 및 예하부대와의 관계 등을 종합적으로 고민하면서 작성하여야 한다. 종합된 판단을 통하여 조직에 기여하기 위해서는 타부서와 긴밀히 협업하고 타기능을 잘 이해하여야 하는데, 각종 회의에 적극적으로 동참하면 이러한 사항들을 습득하는데 많은 도움이 된다.

32 •• 보고서 작성을 위한 습관과 사람을 소중히 여기는 마음을 갖자.

평소에 메모하는 습관 갖기
평소에 잘된 보고서 읽기
상급자를 칭찬받게 하겠다는 생각
사람을 소중하게 여기는 마음

첫째, 평소에 메모하는 습관을 길러야 한다.

메모를 조각이라고 하면, 조각을 모아서 연결하고 정리하면 한 건의 보고서가 완성되는 것이다. 한 번에 처음부터 보고서를 작성하는 것보다 훨씬 수월하고 작성 속도도 빠르며 포함 요소도 충분히 반영할 수 있을 것이다. 중요하거나 작업 내용이 많은 계획 및 정책 보고서를 작성하고자 할 때는 시간적 여유를 갖고 평소에 앞으로 작성할 보고서의 내용을 조금씩이라도 메모하는 습관을 기르자. 생각날 때마다 수첩에 메모를 하거나 컴퓨터 바탕 화면에 쪽지를 만들어서 기록하거나, 작성하고자 하는 보고서에 키워드를 직접 입력하는 방법 등을 활용하면 된다.

둘째, 평소에 잘된 보고서를 수집하여 자주 읽어 보자.

보고서 작성 능력을 향상시키기 위해서는 평소에 잘 작성된 문서를 자주 읽어보고 파일을 저장해 두었다가 차후 유사 업무가 발생했을 경우 사용하는 것이다. 특히, 정제된 보고서를 많이 작성하는 육본, 국방부 등에서 작성된 보고서를 획득하여 수시로 읽어 보고 따라 작성하는 습관을 갖자. 또한, 중요한 자료 및 현황 역시 수시로 수집하여 저장해 두었다 유사 보고서 작성 시에 활용하기 바란다. 그만큼 보고서의 질도 향상되고 자료 수집을 위한 시간도 절약할 수 있다.

셋째, 나의 상급자를 칭찬받게 하겠다는 생각으로 보고서를 작성하자.

업무 담당자가 작성한 보고서를 담당자가 직접 결심권자에게 보고하는 경우도 있지만, 대부분은 부서장인 직속상관이 결심권자에게 결재를 받는 경우가 많다. 이때 나의 상급자가 결심권자로부터 보고서를 잘 작성했다고 칭찬받고 돌아오도록 정성을 다해서 보고서를 작성해야 한다. 상급자가 결재를 잘 받아왔을 때 상급자는 물론 내가 가장 행복하다.

필자가 초급장교 시절에는 상급자가 결재를 받아올 때까지 조마조마한 마음으로 기다렸던 것 같다. 결재를 적시에 받아야 성취감은 물론 하나의 업무를 수행하고 완결할 수 있기 때문이다. 반대로 결재를 받지 못하고 오거나 질책을 받고 돌아오면 담당자인 본인은 더욱 괴롭고 상급자에 고개를 들기가 어렵게 된다. 업무가 지연되고 쌓이는 것은 당연할 것이다. 따라서, 나는 물론이고 상급자가 칭찬받을 수 있도록 한다는 마음으로 정성을 다해 보고서를 작성해야 한다. 상급자가 칭찬받도록 하기 위해서는 우선 상급자를 좋아해야 한다. 상급자를 좋아해서 상급자의 마음속에 들어가면 상급자의 의도에 맞는 보고서를 작성하고 서로 사이도 좋아진다. 상급자도 내가 좋게 보일 것이다. 이러한 마음으로 보고서를 작성하면 더욱 충실한 내용으로 작성하게 될 것이다.

넷째, 사람을 소중하게 여기는 마음으로 보고서를 작성하자.

사람을 중시하고 존중해야 정책을 바른 방향으로 추진할 수 있다. 그렇게 하기 위해서는 공감 능력이 중요하다. 공감이란 남의 감정, 의견, 주장 따위에 대하여 자기도 그렇다고 느끼는 것을 말한다. 즉, '나는 당신의 상황을 알고, 당신의 기분을 이해한다.'처럼 다른 사람의 상황이나 기분을 같이 느낄 수 있는 감각을 말한다. 모든 제도는 조직원들에게 적용되고 조직원들이 시행한다. 또한, 군과 관련된 각종 기관 및 민원인들에게 해당된다. 결국, 사람들을 이롭게 하거나 대상자들의 욕구를 충족시킬 수 있는 제도 및 시스템을 정립하거나 해결책을 제시하여야 한다. 따라서, 보고서를 작성할 때 대상자들의 입장을 공감하면서 작성해야 한다. 즉, 조직원과 고객의 마음을 충분히 반영하여야 효과도 있고 반대의 벽에 부딪히지 않게 되는 것이다.

필자는 인사병과장 임무를 수행할 때 인사 병과원 및 부서원들에게 '사람을 섬기는 초격차 리더'를 슬로건으로 설정하여 마음에 새기면서 업무를 수행하도록 권장하였고, 본인도 책상 앞에 크게 써놓고 임무를 수행했다.

사람을 섬기는 초격차 리더!

'섬기다'는 신(神)이나 윗사람을 잘 모시어 받들다를 뜻한다. '초격차'는 사전적 용어는 아니다. 초격차는 권오현 전 삼성전자 회장이 지은 '초격차'란 책을 읽고 필자가 인용한 것이다. 이 책에서 초격차라는 단어는 삼성전자에서 채택한 전략적 명칭이었다. 단순히 시장의 파워나 상대적 순위를 의미하는 것이 아니라 비교 불가한 절대적 기술 우위와 끊임없는 혁신, 그에 걸맞은 구성원들의 격을 의미하였다. 즉, 인사의 대상인 사람을 잘 모시어 받드는 마음으로 업무를 수행하되 일반적인 마음으로는 고객을 감동시킬 수 없고 변화와 혁신도 기대할 수 없으므로 획기적인 변화를 위해서는 비교 불가할 정도의 변화와 혁신의 자세로 인사업무를 발전시켜 나가자는 뜻에서 제안한 슬로건이었다. 그만큼 사람을 소중히 여기는 마음으로 업무를 수행하기 위해서 강조한 것이다. 이러한 마음으로 정책을 입안하고 조직원과 고객을 상대한다면 당연히 좋은 보고서를 작성하게 될 것으로 확신한다.

5장

준비된 미래를 위한 경험과 역량 개발

현대는 융복합의 시대라고도 한다. 융복합이란 융합과 복합을 아울러 이르는 말로 산업에서는 서로 다른 분야나 업종을 융합하고 복합하여 더 큰 가치와 이윤을 창출하는 것을 말한다. 여기서 산업을 언급하고자 하는 것이 아니고 여러 분야의 기술을 다양하게 접목하면 더 큰 능력을 발휘할 수 있다는 뜻에서 언급한 것이다.

이와 유사한 용어로 육군에서는 '통섭형 인재'라는 것이 있다. 육군 인재 양성의 비전 중 하나이다. 통섭형 인재란 복잡하고 예측 불가능한 전장 상황에서 고정 관념을 탈피하여 창의적 · 복합적 사고로 문제를 해결하고 새로운 가치를 창출할 수 있는 자질과 역량을 갖춘 인재를 말한다. 즉, 나의 병과 업무뿐만 아니라 다양한 병과의 교육과 직책을 경험하고, 같은 병과 업무에서도 한 가지 분야만이 아니고 다양한 분야를 경험하도록 하여 창의력과 통합 능력을 구비한 인재를 육성하는 것이다.

통합 능력을 향상시켜야 미래 상위 계급으로 진출하거나 중책을 맡았을 때 능력을 충분히 발휘하는 리더가 될 수 있다. 리더는 통찰력과 통합 능력이 있어야 한다.

이러한 능력을 갖추기 위해 가장 중요한 것이 다양한 경험과 교육이다.

5장

준비된 미래를 위한 경험과 역량 개발

1 주요 직책을 경험하면서 새로운 변곡점을 만들어 가자.

변곡점이란 굴곡의 방향이 바뀌는 자리를 나타내는 곡선 위의 점으로 대변혁의 전환점을 일컫는 말이다. 필자의 35년간 군 복무를 돌이켜 보면 주요 직책을 경험하면서 한 단계 도약할 수 있었던 중요한 변곡점이 세 번 있었던 것 같다. 첫 번째는 대위 때 38개월 교관 임무를 수행한 것이고, 두 번째는 소령 때 장교 보직관리 업무를 수행한 것이다. 세 번째는 육군본부 인사참모부에서 인력계획 업무를 경험한 것이다.

누구든지 조직 생활을 하다 보면 중요한 변곡점을 맞이할 것이다. 아니면 중요한 변곡점이라고 생각하는 직책들이 있을 것이다. 나의 미래를 위하여 중요한 직책을 수행하도록 능력을 배양하고, 기회가 주어졌을 때는 최선을 다하여 임무를 완수함으로써 나의 네임 밸류(name value)[37]를 높여 나가야 한다. 군의 주요한 직책들은

37) 이름이 세상에 알려져 있는 정도. 즉, 이름이 내포하고 있는 가치 혹은 그 이름에 대한 사람들의 관점이나 호감의 정도를 뜻한다.

계급별, 병과별로 상이하다. 기업에도 기업의 특성에 맞는 주요 직책들이 있을 것이다. 어떠한 직책들이 주요한 직책이고 본인의 미래를 위해 값진 영향력을 줄 것인지는 조직의 선배들에게 조언을 구하면 쉽게 파악할 수 있을 것이다.

그럼, 필자가 경험한 변곡점 세 가지의 직책에서 얻은 값진 교훈을 참고로 소개하고자 한다. 어떠한 직책을 경험하였기에 변곡점으로 표현하였는지 간접 경험을 하길 바란다. 돌이켜 보면, 필자가 세 가지의 주요 직책을 경험한 것이 장군으로 진급할 수 있었던 기반이 되었다고 생각한다.

첫 번째는 대위 시절에 육군종합행정학교에서 교관 임무를 수행한 것이다.

교관은 군인의 교육훈련을 담당하는 사람으로 학교의 선생님과 같다. 따라서 교관은 누구나 할 수 있는 직책이 아니다. 해당 병과의 필수과정 교육성적과 발표력, 직무 지식을 인정받은 인원들을 선발한다. 가르치는 위치에 있기 때문에 엄선하여 임무를 부여하는 것이다. 교관 임무를 통하여 그동안 교육생의 입장에서 교육만 받다가 처음으로 많은 교육생들을 대상으로 나의 지식과 경험을 전달하는 역할을 하게 된 것이다. 따라서, 교관 경험을 통하여 많은 것을 배웠다.

우선, 깊이 있는 과목 연구를 통하여 전문성을 향상시키는 기회가 되었다.

필자가 담당했던 과목은 행정학, 행정법, 교관화훈련, 종합실습 등 4개 과목이었다. 인사업무를 전문적으로 수행하기 위한 학문적 이론과 법규 해석 능력을 향상시키 위해서 교육한 행정학, 행정법을 통하여 대학 시절에 전공한 과목을 다시 한번 깊이 연구하는 기회가 되었다. 보다 전문적으로 가르치기 위해서 야간에는 쉬지 않고 1시간을 운전하여 대학원에 다녔고, 이 후 소중한 석사 학위를 받았다. 교육 능력도 향상하고 군 생활에 꼭 필요한 학위도 취득한 소중한 기회였다.

교관화훈련 과목은 간부들이 부하들을 교육하기 위해 필요한 각종 교수법을 훈련시키는 과목이다. 말하는 방법, 외모, 지시봉 및 칠판 사용 요령, 각종 교보재 사용방법 등을 교육하는 과목이다. 이러한 교육을 하기 위해서는 교관부터 능력을 갖추어야 했다.

종합실습은 인사병과 간부들이 야전부대에서 실제로 임무를 수행할 때 필요한 모든 실무 업무를 종합해서 총괄적으로 예행연습을 하는 과목이다. 모든 과목의 규정과 실제 실무적인 사례를 총괄적으로 숙지하고 있어야 교육할 수 있는 과목이다. 과목 연구를 통하여 나의 임무수행 능력도 당연히 향상될 수밖에 없었다. 차후 교관 임무를 마치고 야전에 보직되었을 때 다양한 직무지식으로 임무 완수를 수월하게 할 수 있는 계기도 되었던 것이다.

다음은, 발표력이 향상되었다.

교관 임무를 38개월 하다 보니 당연히 발표력이 향상되었다. 교관을 마치고 야전에 보직되어 각종 회의나 훈련 간 브리핑은 물론, 인사병과가 담당하는 각종 부대행사 시에 사회를 볼 때도 많은 도움이 되었다. 많은 사람들 앞에 나서는 것이 조금도 두렵지 않게 되었던 것이다.

또한, 모범적인 자세를 견지하기 위해 노력했다.

교육생들을 가르치기 위해서는 스스로 모범적이어야 한다고 생각했다. 반듯한 외모와 복장으로부터 언어 사용, 상대방을 대할 때의 다정함, 일과 이후의 절제된 생활 등 교육생들에게 부끄러운 행동을 하지 않기 위해 많은 노력을 했다. 좀 더 반듯한 장교로 성장할 수 있는 계기가 된 것이다.

이러한 도움 이외에도 필자로부터 교육을 받은 수많은 교육생들이 임지에서 소임을 다하며 교관의 가르침에 감사한 표현을 했을 때의 보람, 교관 경험을 했다고 높이 평가해 주는 주변의 동료들 등 너무도 많은 것을 얻은 소중한 경험이었다. 이러한 소중한 경험들은 영관장교가 되어서도 많은 도움이 되었다. 돌이켜 보면 장군으로 진급하여 인사병과의 병과장이 될 수 있었던 가장 큰 밑거름이 대위 시절 교관 경험이었다고 생각한다.

두 번째 변곡점은 소령 시절 군사령부에서 장교 보직관리 업무를 경험한 것이다.

장교 보직관리 업무란 계급별, 병과별 특성을 고려하여 다양한 지역과 유형의 부대에서 다양한 직책의 경험을 통해 어떠한 전장 상황에서도 임무를 완수할 수 있도록 평시에 능력을 배양하도록 보직을 부여하는 임무이다. 장교 보직관리 업무를 수행하기 이전에는 주로 부사관 및 군무원, 병 인사관리 업무를 하였고, 장교 보직관리 업무는 간단한 정도만 경험하였다. 처음으로 깊이 있고 세심한 관심으로 임무를 수행해야 하는 장교 보직관리 업무를 담당하였던 것이었다. 그것도 조직이 가장 크다고 하는 용인에 위치한 군사령부에서 16개 병과를 담당한 것이다. 매일 새벽에 출근하고 밤늦도록 업무를 처리해야 임무를 완수할 수 있었던 어려운 직책이었다.

주간에는 많은 장교들이 차후 보직을 위하여 전화 또는 방문을 통하여 상담을 요청했다. 한 명도 빠짐없이 애로사항이나 희망 사항을 충분히 들어 주었다. 때로는 자기주장을 강하게 하면서 필자를 압박하는 인원들도 있었지만, 역지사지(易地思之)의 마음으로 인내하고 또 인내하면서 상담해 주었다. 규정과 공정성이 허용하는 범위 내에서 희망하는 사항을 들어주기 위해 최선을 다했다. 심지어 일과 이후는 물론 휴일에도 마다하지 않고 걸려오는 전화를 받았다. 귀에 환청까지 들릴 정도로 상담을 하였다. 전·후방의 어려운 여건에서 임무를 수행하는 대상자들의 고충을 성실하게 들어주어야 한다고 생각했기 때문이다. 이러한 임무를 통하여 많은 것을 경험하였다.

첫째, 장교 인사관리 업무를 수행하면서 모든 신분의 인사관리 업무를 경험하게 된 것이다. 신분별로 인사관리의 특징과 제도상의 장·단점을 충분히 습득할 수 있었다. 차후 중령 때 육군본부에서 정책 업무를 수행할 때와 대령 때 부사관운영과장을 수행할 때 많은 도움을 받았다. 제도 간의 장·단점을 보완하여 업무를 발전시킬 수 있었기 때문이다.

둘째, 장교들의 입장을 다양하게 이해할 수 있었다. 현행 임무를 수행하면서 장교들이 겪고 있는 고충, 다양한 경험을 하기 위한 욕구 등을 통하여 간접 경험을 하였다. 그들이 본인의 능력을 향상시키고, 경험을 하기 위해서 노력하는 방향을 통하여 필자도 향후 어떠한 직책을 경험하고 나의 역량을 향상시키기 위해 노력할 것인가를 고민해 보는 기회가 되었다.

셋째, 많은 홍보맨들을 확보하였다. 이는 임무 수행 당시에는 몰랐던 사항인데, 이후 군 생활을 하다 보니 그때의 경험이 큰 자산이었다. 업무를 수행하면서 공정하고 중립적인 시각으로 임무를 수행하기 위해서 관련 병과 간부들의 의견을 다양하게 수렴하고 토의를 하였다. 일방적인 인사로 우(愚)를 범하지 않기 위해서였다. 본인 입장만 강하게 주장하는 인원에 대해서도 역지사지의 마음으로 지속해서 안내하고 또 안내하여 최대한 이해를 시킨 후에 인사를 시행하였다. 이러한 정성스러운 업무수행 자세는 대상자는 물론이고 주변의 선·후배들이 지켜보면서 필자의 인품과 업무수행 자세를 높게 평가해 주었다. 기회가 있을 때마다 그들은 나의 장점을 홍보해 주었다. 그들의 좋은 평이 모여서 고급장교로 진출할 수 있었다고 생각한다.

세 번째 변곡점은 중령 시절 육군본부 인사참모부에서 인력계획 업무를 경험한 것이다.

인력계획 업무란 육군의 인력을 양적으로 충족하고 질적으로 우수한 인재를 모집하기 위해 매년 또는 5년간의 중기 인력계획을 수립하는 것이다. 계급별, 병과별로 몇 명의 인원을 유지할 것인지? 이를 위해서 몇 명을 임관시키고, 장기복무자 및 진급 인원을 선발하고, 전역을 시켜야 하는지? 등을 계획하는 업무이다. 그동안 군 생활을 하는 동안에 경험한 어떠한 직책보다 전문적인 지식과 업무 역량, 물리적으로 많은 시간을 투입하여야 하는 업무였다.

게다가, 한번 잘못 판단하면 미래에 장기간에 걸쳐서 육군의 인력운영에 심대한 영향을 미치는 중요한 임무였다. 중요한 자리인 만큼 엄선하여 적임자를 보직시키는 직책이다. 실무자들 간에는 새로 보직된 인원에게 '깜깜한 긴 터널의 입구에 들어섰다.'고 위로의 말을 전했다. 처음에는 무슨 뜻인지 잘 몰랐다. 그러나 곧 알게 되었다. 끝없는 야간 연장 업무, 예측할 수 없는 다양한 상황을 수많은 워게임을 통하여 최선의 대안을 만들어 가는 심도 깊은 연구를 해야 하는 노력을 두고 하는 말이었다. 이러한 중책을 수행하면서 힘들었지만 많은 것을 얻었다.

우선, 육군의 인력운영 전체를 파악하고 미래를 전망하는 경험을 하였다.

그동안 단위부대의 병력운영을 담당하다가 육군 전체를 다루다 보니 업무를 판단하는 범위는 물론 규모도 크게 달라졌다. 보다 거시적인 안목에서 다양한 상황을 고려하여 판단하는 능력을 키웠던 것이다. 거시적인 관점에서 판단하기 위해 인구변화의 추이, 가용 병력자원의 전망, 가용 전력운영비, 국방개혁에 따른 인력운영 전망, 진급 및 장기복무자 관리 제도, 외국군의 제도 등 다양한 배경지식을 습득하게 되었다. 이러한 학습 및 자료 분석을 통하여 육군 전체의 중·장기 인력운영을 전망하고 그 속에서 연도별 인력운영을 구체적으로 분석하여 대안을 모색하는 중요한 경험을 한 것이다.

다음은, 업무 시야를 넓히는 계기가 되었다.

직속 상급기관인 국방부, 예산과 관련된 기획재정부, 예산 및 법령과 관련된 국회를 상대로 업무를 하면서 시야를 넓히는 계기가 되었다.

육군의 인력운영을 위해서는 상급부대의 승인을 받거나 육·해·공군이 함께 협업해야 하는 경우가 많다. 또한, 인력운영은 인건비인 예산과 직접 관련되어 있고, 원활한 인력운영은 육군의 전투력과도 직결되므로 국회에서도 많은 관심을 갖고 있었기 때문이다. 국방 환경, 예산, 관련 법규, 인구변화의 추이, 선진 외국군의 제도, 장병들의 사기에 미치는 영향, 국민들이 바라보는 기대 등을 고려하여 정책을 판단하고 결정하는 경험을 하였다. 그동안의 업무 시야를 한 단계 크게 확장시키는 값진 경험을 하게 된 것이다.

또한, 필자의 이름을 더욱 널리 알리는 계기가 되었다.

중책을 수행하였기 때문이기도 하지만 임무를 수행하면서 육군의 인력운영을 획기적으로 발전시키는 중요한 제도들을 개선하였기 때문이다. 대표적으로 부사관 임관 시기와 장기복무 선발제도를 개선하여 육군 군사제안 최우수상과 우량상을 받게 되었다. 돌이켜보면 이러한 공로를 인정받아 2009년도에 대령으로 진급하는 영예를 갖게 된 것 같다. 이후 부여받은 대령 및 장군 직위에서의 중책을 완수하는 데도 큰 도움을 준 경험이 인력계획 업무였다고 자평하고 싶다.

2 ·· 다양한 직책을 경험하자.

미래 리더로 성장하고 싶다면 다양한 직책을 경험하길 바란다. 앞에서도 육군의 리더상(像)이 올바르고, 유능하며, 헌신하는 통섭형 인재 육성이라고 했다. 통섭형 인재를 추구하는 목적은 종합적인 판단 및 계획 능력과 창의력을 키워주고, 급변하고 불확실한 전장 상황에서 신속·정확한 판단을 내릴 수 있는 능력을 갖추기 위해서이다. 이러한 통섭형 인재가 되기 위해서는 다양한 분야의 임무수행을 통해 지식과 경험을 축적하여야 한다. 보병병과는 포병, 기갑, 공병, 항공 등 제 병과의 지식을 습득하는 것이다. 인사병과의 경우는 부사관 및 병 인사관리, 각종 행정지원 업무 이외에도 장교 및 군무원 인사관리, 사기 및 복지, 군기 및 안전, 인력 등의 다양한 직책을 경험하여야 한다.

필자의 경우도 인사병과로 임관하였지만, 장교 인사관리, 인력, 사기 및 복지, 군기 및 안전은 물론 정보, 작전, 군수, 시설, 통신, 예산 등의 업무도 두루 경험하였다. 특히, 위관 시절 여단 및 군단급 부대에서 사기·복지 및 안전 업무를 수행한 경험, 3군사령부에서 경험한 장교 인사관리, 육본 인참부에서 경험한 인력관리, 3군

지사에서 인사참모를 경험한 것은 군 생활 동안에 큰 도움이 되었다. 특히, 교육사령부 지원부장으로서 인사, 정보, 작전, 군수, 시설, 통신, 예산, 자료정보 업무 등 부대관리 전 분야를 총괄하여 관장한 값진 경험은 너무도 소중했고 지금도 생각할 때마다 가슴이 설렌다.

이러한 다양한 분야에서 경험을 하면 같은 인사관리 제도개선 업무를 검토할 때도 다양한 기능별 고려요소와 제한사항을 복합적으로 고민하여 반영하게 된다. 제도 개선의 폭과 깊이가 달라지고, 개선사항을 시행할 때에 예상하지 못한 리스크 및 제한요소를 최소화시킬 수 있는 장점도 있다. 또한, 같은 상황을 보더라도 바라보고 분석하는 관점이 다르게 된다. 즉, 리더로서 보다 멀리, 보다 넓게 바라보고 조직과 제도를 운영하는 능력을 배양하게 되는 것이다. 이러한 자격을 갖춘 리더가 더 큰 조직을 지휘할 수 있고, 성공적으로 임무를 완수할 수 있게 된다.

그러나, 새로운 분야의 직책에 도전한다는 것은 쉽지만은 않다. 그만큼 도전 의식과 평소 주변 지식을 쌓아서 조금씩 준비를 하여야 가능하다. 처음 시도할 때는 많은 불안감이 있지만, 경험을 마치고 나면 자신감은 물론 나의 능력이 일취월장했다는 것을 느낄 것이다. 향후, 또 다른 분야를 자신 있게 도전할 수 있는 에너지를 불어 넣어준다. 따라서, 두려워하지 말고, 미래의 나를 위하여 과감하게 도전할 것을 권한다.

3 다양한 유형의 조직에서 근무 경험을 쌓자.

앞 절의 내용과 유사하다고 할 수 있으나, 세부 내용 면에서는 다소 차이가 있다. 즉, 다양한 분야의 직책과 아울러, 다양한 유형의 부대에서 근무할 것을 권한다. 작은 부대로부터 정책부서인 대규모 부대 등 규모가 다른 부대, 우리나라 전국을 기준으로 다양한 지역의 부대, 보병 · 기계화 · 공병 등 다양한 형태의 부대 등 규모, 지역, 임무가 상이한 부대에서 근무 경험을 쌓기 바란다. 다양한 유형의 부대에서 근무를 하면 상급부대에서 임무를 수행할 때 예하 부대의 입장과 특성을 충분히 알고 각종 계획을 수립하게 된다. 또한, 예하 부대를 충분히 이해한 상태에서 계획을 수립함으로써 시행착오를 줄이고 예하 부대의 어려움을 적시에 해결해 줄 수도 있게 된다. 각종 회의 및 훈련 시에도 각급 부대의 임무와 특성, 위치를 숙지한 상태에서 임무를 수행하므로 상황의 이해와 의사소통이 훨씬 수월해진다.

필자의 경우도 다양한 유형의 부대에서 근무 경험을 하였다. 여러 번의 육군본부 근무는 물론, 1 · 2 · 3군사령부, 군단급 2개 부대, 보병 · 기계화 · 동원사단, 교육기관, 군수 및 공병부대 등 다양한 지역과 유형의 부대에서 근무를 하였다. 다양한 경험은 군 생활 내내 임무수행을 용이하게 해주었다.

4 •• 정책 입안을 위한 시범 사업에 적극 동참하자.

각종 조직은 중요한 정책을 전면적으로 시행하기 이전에 리스크 및 시행착오를 줄이기 위해서 시범 사업을 추진한다. 처음 시행하는 사업이다 보니 많은 어려움이 있다. 자료도 풍족하지 않고, 예상되는 문제점도 충분히 예측할 수도 없고, 예산 및 인력도 충분하지 못하기 때문이다. 잘못 시행하면 사업이 실패할 수도 있고, 차후 전면적으로 적용 시 큰 손실을 가져올 수도 있다. 그만큼 정책 입안을 위한 시범 사업은 매우 중요하다. 따라서, 시범 사업 임무를 관장하는 인원도 능력과 자질을 갖춘 자에게 부여하는 것이 일상적이다. 기본 임무도 바쁜데 추가적인 시범 사업을 부여받으면 더욱 어려움이 많다. 대부분의 경우 임무의 과중함을 이유로 시범 사업 주관을 기피하거나 머뭇거리는 경우가 있다. 누구나 충분히 이해하지만 앞서 언급한 것처럼 상급자가 능력을 구비하였다고 믿기 때문에 임무를 부여하는 것이다. 이러한 기회가 왔을 때는 매우 힘들더라도 기꺼이 시행해 볼 것을 권한다. 시범 적용 기간 중에는 많은 어려움과 책임감이 뒤따를 것이다. 그러나, 새로운 시도를 통하여 상황 판단 및 분석, 계획 수립 능력을 향상시키고, 나아가서 상급부대 및 차차상급자와 많은 토의 참여를 통하여 나의 능력을 각인시켜 주는 좋은 기회가 될 것이다. 무엇보다도 새로운 정책을 성공적으로 완수한 성취감과 자부심은 이루 말할 수 없을 정도로 클 것이다. 향후, 중요한 정책을 입안할 때 자신감을 주는 계기도 된다.

필자의 경우도 중령 시절 인사사령부에 근무하면서 중요한 시범 사업 책임자로 임명을 받은 적이 있다. 일명 병역심사관리대 신설에 관한 프로젝트이다. 병역심사관리대란 병으로 복무하는 동안에 부적응이나 기타 심신의 어려움으로 현역 복무를 지속하기가 제한되는 인원들을 약 2주간 관찰을 통하여 계속해서 현역복무를 시킬 것인지? 아니면 전역을 시킬 것인지? 를 판단하여 심사위원회에 회부하는 조직이다. 약 1년 동안 1개 부대를 대상으로 시범 적용한 후 미흡한 점을 보완하여, 육군의 지역별 부대에 추가로 설치하고 해 · 공군까지 확대하기 위한 시범 사업이었다. 국방부 및 육본, 인사사령부, 군사령부가 합동으로 추진하는 사업에 필자가 인사사령부의 주 실무자로서 임무를 수행하였다.

많은 난관을 극복하고 1년여 만에 임무를 완수하였고, 지금도 이 제도는 육·해·공군에서 유효하게 시행하고 있다. 약 1년여를 중압감 속에서 매우 바쁘게 임무를 수행하였지만, 임무완수 후에는 큰 포상과 함께 상급자 및 상급부대로부터의 인정, 무엇보다도 스스로가 자부심을 갖는 값진 기회가 되었다. 이후 주요 제도를 개선할 때와 대령, 장군으로 진급하여 리더로서의 역할을 수행할 때 많은 도움이 되었다.

5 각종 TF(Task Force)가 편성되면 적극 참여하자.

TF(Task Force)란 특정한 문제를 해결하기 위한 대책 위원회, 프로젝트팀을 말한다. 각종 조직은 특별한 임무를 한시적으로 수행해야 하는 사업에 대해 TF를 편성하여 프로젝트를 완성하는 경우가 종종 있다. 현재의 조직에 임무를 부여하기에는 임무가 과중하여 수행할 능력이 제한되고, 새로운 정규 조직을 편성하기에는 장기간 지속될 임무의 성격이 아닌 경우가 여기에 해당된다. 이러한 TF는 기본 임무가 없이 순수하게 TF에서의 임무만을 수행하는 상설 조직과 기본 임무는 계속 수행하면서 추가적으로 임무를 부여하는 비상설 조직의 TF가 있다.

여기서 언급하고자 하는 것은 기본 임무를 수행하면서 추가적으로 임무를 수행하는 후자의 TF에 대한 것이다. 이 경우 기본 임무를 수행하면서 추가적으로 임무를 수행해야 하므로 앞 절에서 언급한 것과 만찬가지로 선뜻 나서기가 쉽지 않다. 그러나, 이러한 추가적인 임무를 부여하는 상급자는 임무수행 능력이 있는 적임자를 충분히 고민한 끝에 결심하게 된다. 여러분을 믿고 신뢰하기 때문에 임무를 부여한 것이다. 따라서, 어려움이 있더라도 기꺼이 수락하여 동참하기를 권한다. 임무수행 기간에는 어려움이 많겠지만, 임무완수 이후에는 많은 것을 얻게 된다. 상급자로부터의 인정과 그에 상응한 포상, 새로운 프로젝트를 수행하면서 습득한 경험 및 지식, 새로운 TF 구성원들과의 인간관계, 주변의 동료들로부터의 인정 등 대가를 충분히 받게 된다. 이러한 과정이 쌓여서 나의 네임 밸류를 높여가는 것이다.

필자의 경우도 중령 시절에 육군인사사령부에 근무하면서 TF의 일원으로 소중한 경험을 한 적이 있다. TF의 임무는 사령부 조직을 효율적으로 운영하기 위한 개편 방안을 수립하는 것이었다. TF는 각 부서별로 대표 1명씩을 편성하였으며, 주간에는 각자의 기본 임무를 수행하고, 야간 또는 주말에 모여서 각자 분야별로 연구한 자료를 발표하고 토의하면서 공동의 프로젝트를 완성시켜 나아갔다. 약 6개월의 힘든 시간을 보냈다. 중간중간 불평도 하였다. 그러나, 소기의 임무를 완수한 후에는 불평보다는 많은 것을 얻었음을 알게 되었다. 각급 제대의 인사 기능 및 특성을 이해하였고, 특히 사령부 각 부서의 주요 임무를 세부적으로 해부하면서 가장 효율적인 조직이 어떤 것인지를 고민하면서 많은 것을 배우게 되었다. 또한, 부서의 대표로 임무를 수행한 노고에 대한 높은 평가는 물론이고, 차후 대령 및 장군으로 진급하여 사령부의 주요 부서장으로 임무를 수행할 때 많은 도움이 되었다.

6 •• 각종 교육과정을 적극적으로 이수하자.

다양한 직책의 경험뿐만 아니라 군 및 민간에서 시행하는 각종 교육을 적극적으로 받을 것을 권한다. 직책을 통해서는 실무 수행 능력을 직접적으로 향상시키고, 교육을 통해서는 이론 및 배경지식을 습득함으로써 잠재역량을 향상시킬 수 있다. 실무 경험과 교육을 통하여 부단히 개인을 개발해야 보다 깊이 있고 고급스러운 업무를 수행할 수 있다. 군내에서 수행하는 각종 자기개발에 관한 것은 8절에서 소개하고 여기서는 필자가 경험한 몇 가지 사례를 소개하고자 한다.

필자는 군 복무 중에 여러 가지 많은 교육을 받았지만, 그중에서도 기억에 남는 교육과정을 소개하고자 한다. 먼저, 군내에서 시행한 교육은 대위 때의 국방대학교 인력개발과정과 대령 때의 국방대학교 안보과정이 기억에 남는다.

먼저, 대위 시절 국방대학교 인력개발과정 경험이다.

인력개발과정은 4주간의 비교적 단기간의 교육 기간으로, 인력 및 인사관리 업무를 수행하는 인원들을 대상으로 군 인력운영에 관한 제반 이론적 지식을 습득하는 과정이다. 이 교육과정에서 인력운영 계획수립 및 판단 절차, 인력운영과 관련된 제반 이론, 인력판단 시 필요한 정보화 프로그램 운용 요령은 물론 인터넷을 통한 자료 검색을 최초로 경험하고 배웠다. 지금은 스마트폰을 이용한 인터넷 검색이 일반적이고 누구나 하는 아주 일상적인 것이지만, 필자가 대위 시절인 1997년에는 소수 인원들만 경험하고 있을 때이다. 군에 개인용 PC가 도입된 것이 1990년부터인 것을 고려해 보면 이해할 수 있을 것이다. 4주간의 교육과정을 통하여 그동안 실무에서 접해 보지 못했던 인력운영에 관한 전문지식을 습득하고 새로운 시대를 여는 인터넷을 처음 경험한 것이다. 시야를 넓히는 소중한 시간이었다. 특히, 인력운영에 관한 교육은 차후 중령 시절에 육본 인사참모부 인력계획장교 임무를 수행할 때 밑거름이 되기도 하였다. 초급장교 시절에 배운 교육은 고급장교로 성장했을 때 임무수행 능력을 향상시켜 줄 수 있다.

다음으로 소중한 경험은 대령 시절 국방대학교 안보과정 교육이었다.

안보과정은 1년간 육 · 해 · 공군 · 해병대 등 한국군의 대령 및 장군과 외국군 대령 및 장군, 정부와 공공기관의 국장급 및 고위공무원 등 200여 명을 대상으로 국가 안보와 국제 관계를 교육하는 과정이다. 국방대학교의 전문 교수진과 사계 전문가들에 의한 수준 높은 강의, 주요 안보와 관련된 각종 기관 방문 및 현안 토의 등을 통하여 이론과 현장 교육을 다양하게 습득하였다. 특히, 타군 및 정부 기관의 인원들과 함께 교육을 받으면서 타 기관의 성격과 현안을 이해하고 정부의 특성을 파악하는 값진 시간이었다.

국가 안보는 총력전이다. 정부와 공공기관, 군이 협력하는 통합방위태세를 유지하여야 한다. 이러한 측면에서 국가 안보와 관련된 모든 조직원들이 함께 공부한 기회는 시야를 넓히고 인적 네트워크를 확장하는 소중한 시간이었다. 이때 각 기관의 인원들과 맺은 인연으로 정책부서인 육본에서 주요 부서장을 수행할 때 많은 도움을 받아 임무를 효율적으로 완수할 수 있었다.

다음은, 민간 교육기관에서 이수한 교육을 소개하고자 한다.

군에서는 개인의 희망에 의해 일정한 자격을 갖춘 인원을 선발하여 주간에 민간 대학교 및 대학원에서 교육만을 받도록 하는 과정이 있다. 필자는 이러한 기회는 갖지 못했다. 필자는 주간에는 주어진 임무를 수행하고, 야간에 개인적으로 시간을 내서 석사과정과 박사과정을 졸업하였다. 대위 시절에 교관 임무를 수행하면서 보다 전문적인 교육을 학생들에게 가르치고 싶어서 관련 과목과 관련된 대학원에 진학하였다. 주간에는 열심히 교관 임무를 수행하고 야간에는 대학원을 다녔다. 낮동안 지친 몸을 이끌고 야간에 대학원을 다니는 것은 쉽지만은 않았다. 개인 시간이 부족하고 피곤하였지만 미래의 발전과 교관 임무수행 능력을 향상시키기 위해서 인내하면서 학위과정을 이수하였고 소중한 석사 학위를 받았다. 학문을 이수하여 업무수행에 도움이 되었고, 석사 논문을 쓰면서 논술과 논리력, 자료 수집 및 분석 능력, 대안의 제시 방법 등을 향상시키는 계기가 되었다. 이러한 능력 배양은 보고서 작성 수준을 향상시키는 배경이 되었다. 군 생활 내내 함께했던 보고서 작성 능력을 한 단계 높여주는 계기가 된 것이다.

이후 대령 시절에는 박사과정에 도전하여 학위를 받았다. 이때 역시 주간에는 열심히 임무를 수행하고, 야간에 수업을 받았다. 박사 학위를 받기 위해 논문을 작성하는 것은 매우 힘겹고 어려운 일이었다. 자료의 수집, 이론적 고찰, 특히, 가설을 검증하기 위한 통계학적 검증 절차는 매우 어려운 작업이었다. 몇 번을 포기할까 생각도 하였지만, 미래를 생각하며 인내하였다. 박사 학위를 받았을 때의 성취감은 말로 표현하기 어려울 정도로 크고 행복했다. 석사 학위 논문 때와는 차원이 다른 경험을 하였다. 수치로 제시하기에는 매우 어렵지만, 박사 학위 논문을 쓰는 동안 논리력 등 보고서를 작성하고 분석하는 능력이 또 한 단계 크게 향상되었다고 자부하고 싶다. 나의 능력을 향상시키는 방법은 여러 가지가 있겠지만 교육만큼 중요하고 소중한 것이 없다고 생각한다. 여러분들도 미래를 위하여 적극적으로 교육의 기회를 갖길 바란다. 필자가 경험하지 못한 주간 민간 대학교 위탁교육의 기회도 꼭 갖길 기원한다.

미래를 예측하고 준비하는 자가 성공한다.

마하트마 간디는 '미래는 현재 우리가 무엇을 하는가에 달려 있다.' 라고 했다. 세계와 조직의 환경은 부단히 변화하고 있다. 그것도 매우 빠른 속도로 변화하고 있어서 변화하는 환경에 신속히 적응하지 못하면 살아남기가 어렵다. 따라서 신속히 적응하기 위해서는 항상 멀리 보고 미래를 준비하는 노력을 게을리 하지 말아야 한다.

미래에 어떠한 좋은 기회가 와도 미리 준비되지 않은 자는 그 기회를 포착할 수 없다. 누구나 성공하고 선택되는 것이 아니다. 미리 준비한 자가 기회가 왔을 때 선택되는 것이다. 모든 조직은 적임자를 선발하기 위한 인사관리를 하고 있다. 예를 들면, 상위 직급으로의 승진, 중요한 직책의 대상자 임명, 각종 어학과정 및 학위 위탁교육 대상자 선발, 해외 파견근무 등 다양한 선발 과정이 있다. 이때 기회가 와도 준비되지 않은 자는 선택될 수가 없다.

따라서 현행 업무를 완벽하게 수행하면서 항상 다가올 미래를 대비하여 나의 역량을 강화시켜 나가는 노력을 계속하여야 한다. 그러한 노력은 나의 잠재 능력을 향상시켜서 현재의 임무를 더욱 포괄적이고 상위의 개념에서 수행하게 할 뿐만 아니라 미래까지 보장해 줄 수 있을 것이다. 미래에 더 큰 조직의 리더로 성장하거나 중책을 맡았을 때 그동안 쌓아온 역량을 발휘하여 탁월하게 임무를 수행하게 될 것이다.

'The future depends on what we do today.'

세상의 일을 우선순위에 따라 분류하는 방법이 여러 가지 있겠지만 그 중에 다음과 같이 네 가지로 나누는 방법이 있다고 한다.

첫째, 중요하고 급한 일
둘째, 중요하지만 덜 급한 일
셋째, 중요하지는 않지만 급한 일
넷째, 중요하지도 않고 급하지도 않은 일

이중, 당연히 중요하고 급한 일을 먼저 하여야 할 것이다. 다음은 세 번째인 중요하지는 않지만 급한 일을 하는 것이 일반적이다. 그러나, 조직이 좀 더 발전하고 개인이 좀 더 보람있게 살기 위해서는 중요하고 급한 일을 한 후에는 중요하지만 덜 급한 일을 해야 한다.

조직은 미래의 기술개발 및 장기 플랜을 수립해야 하고, 개인은 미래를 위한 자기개발과 소중한 가족, 친구들과의 관계를 잘 유지해야 한다. 이러한 일들은 당장 하지 않아도 큰 문제는 없다. 그러나 오늘, 내일, 한 달, 1년을 미루다 보면 훗날 미래에 대한 대비가 부족했음을 깊이 후회할 수도 있다. 따라서, 지금부터라도 미래의 비전을 설정하고 작은 것부터 준비하는 노력을 시작하길 바란다. 미래를 위한 첫 발걸음은 여러분을 더욱 강하고 빛나게 할 것이다.

미래를 위해 준비할 요소들이 많지만, 지금부터는 조직의 미래 업무에 대비하기 위한 전문성 함양 측면과 나의 잠재역량을 개발하기 위해 노력해야 할 사항, 가정 등 개인적인 측면에서 준비해야 할 사항을 필자의 경험을 통하여 노하우를 소개하고자 한다.

7 • • 미래 과학기술의 변화에 대비한 능력을 갖추자.

현대를 4차 산업혁명의 시대라고 한다. 4차 산업혁명은 정보통신기술(ICT)의 융합으로 이뤄지는 차세대 산업혁명으로 '초연결', '초지능', '초융합'으로 대표된다. 즉, 인공지능(AI), 사물인터넷(IoT), 로봇기술, 드론, 자율주행차, 가상현실(VR) 등이 주도하는 차세대 산업혁명을 말한다. 모든 조직과 산업에 4차 산업혁명을 적용하지 않은 것이 하나도 없을 정도로 다양한 상황에서, 이러한 기술을 접목하지 못하면 각종 산업은 살아남지 못할 것이다.

군 조직에서도 모든 곳에 4차 산업혁명 기술을 이용한 무기, 장비, 시설관리, 정보화 관리, 교육훈련 등을 시행하고 있고, 지속해서 발전시켜 나가고 있다. AI를 이용한 경계시스템, 기동화 · 네트워크화 · 지능화된 기동부대의 전투수행체계, 드론을 이용한 정찰 및 공격, 로봇을 이용한 기동로 개척 및 수송, 가상현실(VR)을 이용한 교육훈련, 군 전용 정보통신 기반체계, 각종 무기 및 장비 등 거의 모든 분야에서

4차 산업혁명의 기술을 이용하여 미래를 준비하고 있다.

특히, 인구 감소로 병력 감축이 필연적인 가운데, 감축된 병력으로 완벽한 전투임무를 수행하기 위해 4차 산업혁명 기술을 적용한 무인 또는 유·무인복합체계를 이용하여 각종 싸우는 방법을 발전시켜 나가고 있다. 이러한 미래 전투수행체계의 변화에 대비하여 현장에서 나의 임무를 완벽하게 수행하고 부하를 훈련시키고 이끌기 위해서는 4차 산업혁명과 관련된 각종 분야의 지식 및 운용 능력을 갖추어야 한다. 모든 시스템과 무기체계, 전투수행 기술이 변화하고 있는데 나의 능력이 이를 따라가지 못한다면 미래의 리더로 성장할 수 없다. 역으로 이러한 능력을 갖춘 자는 미래의 인재로 거듭나 더욱 발전적인 임무를 수행하게 됨으로써, 조직에 필요한 인재가 되는 것은 당연할 것이다.

지금부터라도 관련된 지식 및 운용 능력을 습득하기 위한 노력을 하길 권한다. 특히, 초급간부로서 시행할 수 있는 것부터 시작하길 바란다. 예를 들면, 4차 산업혁명과 관련된 대학교 및 대학원에 진학하여 학문적 지식을 습득하거나 드론 조종 등의 관련 자격증을 취득하는 것이다. 이러한 차별화된 노력을 하나씩 하다 보면 상위 직급으로 승진함에 따라 관련된 직위에 보직될 확률이 높고, 그러한 직책 경험을 통하여 점점 전문가로 성장해 갈 것이다.

8 •• 잠재역량을 개발하기 위해 끊임없이 노력하자.

나의 스펙, 즉 각종 소양 능력을 향상시키기 위한 자기개발 노력을 꾸준히 할 것을 당부하고 싶다. 자기개발을 위한 노력으로 민간대학 학위교육, 직무와 관련된 직무향상 교육, 자격증 취득, 어학 능력 등을 향상시키기 위해 노력하길 바란다.

민간대학 학위교육 이수
직무능력 향상 교육 이수
각종 자격증 취득
어학 능력 향상 및 외국 여행 경험

먼저, 민간대학 학위교육이다.

군 조직의 경우 야간 또는 주간 위탁교육을 받도록 기회를 부여하고 있으며, 이를 적극적으로 권장하고 있다. 개인의 잠재역량을 향상시켜 직무수행 능력을 배양하기 위한 목적이다. 일부 인원은 자격심사를 통하여 주간에 국내 또는 국외 민간대학에 위탁교육을 보내고 있다. 부대의 임무는 잠시 접고, 오직 학교에서 학문을 탐구하는 기회를 부여한다. 수업료와 급여는 당연히 100% 지급한다. 미래의 우수한 인재로 활용하기 위한 투자인 셈이다. 이러한 학위과정은 전문학사, 학사, 석사, 박사과정 등이 모두 포함되어 있다. 학업을 통하여 개인의 능력을 향상시키고자 하는 인원들은 반드시 도전하길 바란다. 이러한 도전을 위해서는 주어진 기간에 군 복무를 훌륭히 하여 인정을 받아야 하고, 해당 교육기관에서 요구하는 학위 및 어학 능력 등도 구비하여야 한다.

주간 교육 이외에 야간 위탁교육이 있다. 이는 주간에는 본연의 임무를 수행하고 야간 또는 주말을 이용하여 전문학사, 학사, 석사, 박사과정을 이수하는 것이다. 이 경우 일정한 심사를 통과한 인원은 군에서 수업료의 일정액을 위탁교육비(국비)로 지원하고, 해당 대학에서는 군인을 특별 대우하여 수업료 감액 등의 혜택을 부여하고 있다. 따라서 상위 학위를 받고자 하는 인원은 적극적으로 도전하기 바란다. 필자도 군에 복무하면서 석사, 박사학위를 취득하였다.

필자와 같은 부서에서 함께 근무했던 부사관 중에는 전문학사과정을 졸업하고 육군의 부사관으로 임관한 후에 부대에서 지원하는 위탁교육의 혜택을 받아서 학사, 석사 학위까지 받고 소속 조직에서 우수한 능력을 발휘하는 간부도 있다. 혹자는 '벽오지에서 무슨 여유가 있어서 교육을 받을 수 있나요!'라고 말할 수도 있으나, 현재 군내에는 벽오지에 근무하는 군 장병을 대상으로 하는 온라인 사이버대학도 많이 개설되어 있다. 대학과의 거리가 멀거나 임무수행 상 장거리 출타가 제한되는 인원들은 사이버대학에 진학하여 학위를 받을 수도 있다. 중요한 것은 나의 능력을 개발하기 위한 열정과 도전이다.

다음은 직무능력 향상 교육이다.

군대에서는 현재 수행하고 있는 직책을 우수하게 수행하기 위한 능력을 개발하도록 직무와 관련된 각종 단기간의 교육과정을 이수할 수 있는 기회를 부여하고 있다. 이러한 교육과정 역시 군 또는 민간기관에 무료로 위탁하여 교육을 시켜주고 있다. 의전, 행정, 재무, 물품, 조리, 드론, 사이버, 통신, 전자 등 다양한 과정들을 개설하고 있으니 업무수행 주기를 잘 확인하여 비교적 여유가 있는 시기에 반드시 교육을 이수하길 바란다. 직무능력 향상을 위해서 교육 이수 여부를 각종 인사관리에 반영하는 경우도 있으니 잘 활용하면 나의 스펙을 늘려가는 데 도움이 된다.

또한, 자격증을 취득하는 것이다.

공식적으로 인정받을 수 있는 스펙 중의 하나가 자격증이다. 자격증 취득을 통하여 나의 직무수행 능력과 소양을 향상시킬 수 있기 때문에 적극 권장하고 있다. 초급간부들의 경우에는 진급 및 장기복무, 각종 위탁교육, 우수 근무자 선발 시에 잠재역량 및 질적평가 요소에 계량화된 점수 또는 정성적인 요소로 반영하기도 한다. 자격증 중에서도 군 조직 생활에 공통적으로 적용되는 컴퓨터, 정보화, 드론, 한자, 한국사 등은 물론 개인의 직무와 관련된 각종 전문화된 자격증을 취득하길 권한다.

자격증을 취득하기 위해서 개인적으로 자료를 구입하여 공부하는 방법이 있고, 육군의 경우 인트라넷 홈페이지 또는 휴대폰 앱을 통하여 무료로 자격증을 취득할 수 있는 자료를 탑재하고 있으니 잘 활용하면 유용하다. 또한, 국가기술자격의 경우는 군 자체적으로 한국산업인력공단의 승인을 받아서 1년에 전·후반기 각 1회씩 국가기술자격검정 시험을 시행하고 있다. 정보처리, 조리, 건설기계 및 자동차정비, 중장비, 전자, 전기, 통신, 건축, 위험물, 가스, 환경 등 다양한 산업기사 및 기능사 종목들이 있다.

실기가 필요한 과목은 군 자체적으로 부대의 시설과 장비를 이용하여 숙달 교육을 시켜주고 있다. 이는 자격증을 취득하여 개인의 소양을 함양하는 것은 물론 임무수행 능력을 향상시키고 나아가서 국가 기술인력을 양성하는 것이므로 더욱 적극적으로 권장하고 있다.

다음은 글로벌 시대에 능동적으로 대응하기 위한 어학 능력을 향상시킬 것을 권장하고 싶다.

어학 능력은 어디서든 필요하고 갖추어야 할 중요한 요소이다. 특히, 우리 군의 경우는 평상시 행정업무 수행 시에도 다양한 외국 자료를 수집하여 활용하고, 평시 한·미 연합훈련은 물론 전시 연합작전을 수행하기 위해서 무엇보다도 어학 능력을 강조하고 있다. 따라서 각종 자격증과 함께 어학 능력도 인사관리에 적용하고 있다. 어학 능력을 향상시키기 위해서는 많은 자료들이 인터넷 상에 있어서 더 이상 설명이 필요 없을 것이다. 다만, 군에서는 인트라넷 홈페이지, 휴대폰 앱을 통하여 무료로 어학 강좌를 지원하고 있으며, 일정한 자격 요건을 구비한 인원을 선발하여 국방어학원에서 6개월 내지 1년의 교육을 이수시키는 과정이 있다. 이외에도 외국의 학위과정이나 외국군 각종 교육기관에서 교육을 시키는 프로그램도 있으니 적극적으로 도전하길 바란다. 이 과정은 자격요건을 충분히 갖추어야 가능한 만큼 평소부터 많은 준비를 해야 한다.

필자가 35년간 군 생활을 하면서 가장 부족하게 느낀 것이 바로 이 부분이다. 좀 더 미리 공부하고, 좀 더 적극적으로 도전하여 해외의 교육을 받아보지 못한 것이 지금도 매우 아쉽게 생각된다. 당연히 준비하지 못하고 자격도 구비하지 못했기 때문에 도전도 못 하고 당연히 선택받을 기회도 없었던 것이다. 여러분은 훗날 후회없는 초급간부 생활을 보내길 기원한다.

어학 능력과 더불어 한 가지 더 권하고 싶은 것은 외국 여행이다.

앞서 소개한 것처럼 해외에서 위탁교육을 받으면 최상이다. 전문학위 교육도 받고 외국의 다양한 문화 및 제도를 접할 수 있으니 견문을 넓히는데 매우 유익할 것이다. 이러한 학위과정의 기회가 없을 경우에는 군에서 실시하는 단기간의 해외 연수과정에 도전해 보길 바란다. 단기간이지만 견문을 넓히는 기회가 될 것이다. 아울러 사적으로라도 외국여행을 자주하여 국제적인 감각과 견문을 넓힐 것을 권한다. 현대는 글로벌 시대라고 한다. 글로벌 시대에 맞는 시야와 잠재역량을 배양할 필요가 있다.

필자는 준비가 부족하여 단기간의 어학연수도 실시하지 못했다. 다만, 국방대학교 안보과정 교육 시 독일과 스웨덴의 주요 기관을 견학하고, 인사병과장 시절 미국 인적자원사령부와 군수학교를 방문한 것이 전부이다. 이때 더욱 절실하게 느꼈다. 좀 더 장기간, 좀 더 다양한 외국의 기관을 방문하고 교류 기회를 가졌더라면 더욱 직무능력을 배양할 수 있었을 것이라는 아쉬운 생각이 들었다. 독자 여러분은 미리 준비하여 꼭 다양한 해외 경험을 하길 바란다.

9 •• 각종 교육훈련 시 우수한 성적을 달성하기 위해 노력하자.

모든 조직은 신입 사원이 임무 수행을 올바로 하도록 교육을 시킨다. 군 조직 역시 다양한 교육훈련을 시킨다. 임관하기 전에는 임관하기 위한 각종 교육훈련을 이수해야 하고, 임관한 후에는 계급별로 필요한 필수과정과 보수교육을 지속해서 시행하고 있다. 향상된 직급에서 임무를 완수하도록 능력을 배양하는 것이다. 이때 교육기관에 입교하여 열심히 학습하는 방안도 있지만, 교육 입교 전부터 교육 준비를 충분히 한 후 입교할 것을 권장하고 싶다. 충분히 소양 지식을 쌓고 입교하는 인원은 새로운 지식의 이해도 및 습득 능력이 더욱 빠를 것이다.

또한, 군 조직은 교육기간 중에 평가를 통하여 성적을 산출하고 차후 진급, 장기복무, 위탁교육 선발 등 각종 인사관리에 반영한다. 군 생활을 하는 동안 지속해서 나를 평가하고 나에 대한 선입견을 갖게 하는 기준이 되기도 한다. 왜냐하면, 교육성적은 많은 의미를 내포하고 있기 때문이다. 교육기관에서 우수한 성적을 거두기 위해서는 열심히 학습하고, 규칙을 잘 준수하며, 동료들과 화합하여야 한다. 즉, 교육성적이 우수하다는 것은 성실성, 이해력, 책임감, 바른 생활, 협동심 등을 두루 갖추었다고 볼 수 있다. 이러한 자질을 갖춘 인원은 부대로 복귀하여 임무수행 시에도 각종 현상을 바르게 이해하고 판단하며, 조직의 규칙을 잘 준수하고 화합하기 때문에 조직에 필요한 인재가 될 수 있기 때문이다. 그러한 인재를 양성하고 육성하기 위한 것이 교육기관이다.

결국, 교육기관에서 우수하게 성적을 거두는 것은 교육기관의 목적에 맞게 나의 임무를 성실히 완수한 결과로 평가받게 되는 것이다. 그렇기 때문에 각종 교육과정에 입교하기 전에 우수한 성적을 거두기 위한 선행학습을 철저히 준비하고, 입교 이후에는 최선을 다하여 교육에 임하여야 한다.

필자의 경우에도 각종 교육기관에서 우수한 성적을 거두기 위해 최선을 다하였다. 항상 입교하기 전에 선행학습을 철저히 하였다. 진급 발표와 동시에 다음 해에 입교하게 될 교육 준비를 1년 전부터 하였다. 입교 후에는 열정과 혼신을 다하여 교육에 임하였다. 당연히 우수한 성적을 거두었고, 군 생활 내내 인사관리에 크게 영향을 주었으며, 주변으로부터 좋은 평가를 받기도 하였다. 여기서 우수한 성적을 거두기 위한 세 가지 팁을 주고자 한다.

첫째, 항상 다음 과정의 교육 입교를 위해 미리 준비하자.

진급 발표와 동시에 다음 해에 입교할 교육과정에 대한 준비를 하여야 한다. 평소에 충분한 소양 지식을 갖추고 있는 인원들도 있다. 그러나 대부분은 본인들이 주로 수행하는 업무에는 전문성이 있지만, 교육기관에서 다루는 모든 분야의 소양을 갖추기는 어렵다. 따라서, 해당 교육과정에서 다루는 과목 및 교육내용을 파악하여 관련 교범을 탐독하고, 필요한 자료를 사전에 수집하는 노력이 필요하다. 미리 소양지식을 충분히 습득한 후에 입교하는 것이다.

둘째, 교육 중에 평가 준비는 항상 2일 전에 완료할 것을 권한다.

교육기관에서 우수한 성적을 받기 위해서 어떻게 해야 하는지 묻는 후배들에게 늘 해주던 말이다. 2일 전에 완료한다는 각오로 공부를 하라는 뜻이다. 나머지 2일은 반복과 부족한 부분을 보완하는 기간이다. 당연히 쉽지 않다. 다만, 그러한 마음의 자세로 준비할 것을 강조하는 것이다.

셋째, 동료들과 화합해야 한다.

가장 중요한 부분 중의 하나이다. 교육기간 중에 나에게는 철저하되, 동료들과는 화합하면서 공부를 하여야 한다. 함께 공부하는 인원들은 나의 동료이자 전우이다. 각종 자료를 공유하고 인간관계를 잘 유지할 것을 무엇보다도 권하고 싶다. 어떤 사람은 본인만 성적을 잘 받기 위해서 폐쇄적이고 독단적으로 생활하는 경우가 가끔 있는데 이는 매우 우매한 행동이다. 앞에서 언급한 것처럼 군인은 모두 전우이다. 전우들과 화합하지 못하고 단결하지 못하는 인원이 임무 수행을 잘할 수가 없을 것이다. 자칫 주변 동료들에게 품성이 부족한 인원으로 평가되지 않도록 주의할 것을 당부하고 싶다.

10 회의 및 토의 시 미래의 나를 생각하면서 참가하자.

이 부분은 심리적인 측면으로 평소부터 미래를 생각하면서 꿈을 갖고 생활하라는 의미의 메시지이다. 각종 회의 참석 시에는 상석 또는 상급자의 좌석에 앉아 있는 리더들을 보면서 미래의 나를 생각하면서 꿈을 꾸길 바란다. 나도 언젠가는 저 자리에서 회의를 주관하거나 중요한 토의 참석자로 활동할 것이라는 모습을 그려보는 것이다. 그리고 회의 주관자 및 주요 참석자들이 회의 시에 발표하는 모습, 자세 등을 잘 살펴보고 배우기 바란다.

브리핑하는 방법, 각종 질문을 받고 답변하는 요령, 본인의 생각과 다른 발표자를 대하는 방법, 여러 가지 의견들이 분분하여 산만할 때 분위기를 정리하는 모습, 많은 토의를 하고 결론을 도출하기 위해 결심하는 모습, 회의 관련자들을 격려하거나 새로운 추가 지침을 하달하는 모습 등을 잘 지켜보면서 하나하나 배우기 바란다. 각종 모습을 접하다 보면 각자의 장·단점이 눈에 들어온다. 마음에 와닿는 좋은 모습은 잘 익혀서 따라 실천하고, 반대로 보기 좋지 않은 모습은 반면교사로 삼아서 반대로 행동할 것을 다짐하는 시간으로 활용하기 바란다. 이처럼 나의 미래를 상상하고 실천하다 보면 어느 순간 내가 그 자리에 있게 될 것이다.

필자도 항상 그랬던 것으로 기억한다. 초급장교 시절에 각종 회의, 중요 행사, 각종 훈련, 회식 시에 상급자의 멋진 모습을 많이 보면서 나도 그 자리에 가보고 싶다. 그 자리에 앉았을 때 나는 어떻게 부하들을 대하고 리더십을 발휘할 것이다 등을 종종 상상하였다. 그러던 어느 날 내가 바로 그 자리에 앉게 되었다. 육군 인사병과의 병과장이 된 것이다. 여러분들도 늘 마음속으로 미래에 우뚝 선 나를 생각하면서 하나씩 실천해 나가길 바란다.

11 · · 미래의 꿈과 비전을 설정하고 실천하자.

꿈이란 실현하고 싶은 희망이나 이상을 의미하며, 비전(vision)이란 미래상이나 이상, 전망 따위를 의미한다. 쇼프트뱅크 손정의 회장은 비전을 '오르고 싶은 산을 정하는 것'이라고 했다. 비전은 방향, 가치에 다소 가깝다고 볼 수 있다. 결국, 꿈이나 비전은 미래에 이루고 싶은 이상(理想)을 의미한다고 보면 될 것이다. 여기서는 개인이 구체적으로 달성하고자 하는 것을 좀 더 강하게 강조하기 위해서 꿈이라고 언급하고자 한다.

앞 절에서 미래의 나를 생각하면서 실천하라고 한 것과 정신적인 측면에서는 유사하지만 다소 차이가 있다. 앞 절에서는 실제의 조직 생활을 하면서 꿈을 갖고 하나씩 배워가라는 의미이고, 본 절에서는 마음속의 꿈을 갖고 신념화하라는 의미에서 차이가 있다. 신념(信念)은 심리적인 의미로, 어떤 사항이나 명제 등을 적절한 것 또는 진실한 것으로서 승인하고 수용하는 심적 태도이다. 사전적으로 굳게 믿는 마음을 의미한다. 즉, 본인의 꿈이 달성될 수 있다는 것을 스스로 굳게 믿도록 하는 것이다.

필자가 임관하는 후배들에게 항상 하던 말이 있다. '여러분! 영광스럽게 임관하는 오늘 당신의 가슴에는 무슨 꿈을 담았습니까? 만약, 생각하지 않았다면 지금 바로 여러분의 꿈을 가슴에 담으십시오!'라고 하였다. 꿈이 있는 자와 없는 자는 방향성이 다르다. 열정도 다르다. 평소 목표 지점을 정하고 걸어가는 사람과 그냥 노닐기 위해서 잠시 서성거리는 사람과의 발걸음이나 내딛는 힘은 큰 차이가 있을 것이다.

여기서 신념화와 관련하여 세 가지의 팁을 전하고자 한다. 첫째, 구체적으로 꿈을 그리자. 둘째, 매일 꿈을 생각하면서 마음의 기도를 하자. 셋째, 긍정적으로 생각하고 작은 것부터 실천하자.

첫째, 구체적으로 꿈을 그리자.
둘째, 매일 꿈을 생각하면서 마음의 기도를 하자.
셋째, 긍정적으로 생각하고 작은 것부터 실천하자.

먼저, 구체적으로 꿈을 그려야 한다.

막연하게 생각해서는 신념화가 되지 않는다. 예를 들면, 나는 직업군인이 되기 위한 첫 관문으로 장기복무자로 선발되고 싶다는 꿈을 설정했다고 하자. 이 때 장기복무자로 선발되었을 때의 나의 행복한 모습을 그려 보자. 나의 꿈이 이루어지기를 바라던 부모, 형제, 은사님의 기뻐하는 모습을 그려 보자. 함께 축하의 사진을 찍는 행복한 모습을 상상해 보자. 축하해 주는 상급자 및 동료들에게 감사의 인사를 하는 나의 모습과 감사의 인사말을 마음속으로 해보자. 즉, 꿈을 이루었을 때의 다양한 기쁨, 행복, 만족감 등을 구체적으로 그려보고 느껴보라는 것이다. 이러한 것을 구체적으로 그려보다 보면 신념화되면서 꼭 꿈을 달성해야겠다는 욕구와 강한 동기유발이 된다. 강한 정신적·심리적인 의지가 담겨야 열정적으로 나아갈 수 있다.

둘째, 매일 꿈을 생각하면서 마음의 기도를 하자.

간절히 원하면 꿈은 이루어진다고 한다. 반대로 꿈을 이루지 못하는 이유는 간절함이 없거나 현실성이 없는 꿈을 꾸기 때문이라고 한다. 따라서 현실성 있는 꿈을 설정한 이후에는 꿈을 향하여 최선을 다해 노력해야 한다. 간절히 원하는 만큼 노력해야 한다. 그래야 이루어질 수 있다. 이러한 노력을 행동화하도록 자극하기 위해서 매일 마음으로 기도하기를 권하고 싶다. 아침에 일어나면서, 저녁에 잠들기 전에, 나의 꿈을 이루기 위한 마음의 시간을 갖는 것이다. 흔들리지 않고 정진하도록 나를 돌아보고, 평가하고, 반성하고, 격려하는 시간을 갖자. 이렇게 하다 보면 한 걸음 한 걸음 나아가도록 에너지를 불어넣어 주게 된다.

셋째, 중간 목표를 설정하고, 긍정적으로 생각하며 작은 것부터 실천하자.

구체적인 꿈을 그리고, 매일 신념화하면서 실천으로 행동화하는 과정이다. 이를 위해 꿈을 이루기 위한 중간 목표를 설정하여야 한다. 중간 목표가 있어야 방향성을 갖고 노력할 수 있다. 처음의 중간 목표는 쉽게 실천하고 달성 가능한 목표부터 설정하는 것이 바람직하다.

예를 들면, 장기복무가 나의 꿈 중에 하나라면, 장기복무자로 선발되기 위한 인사관리 기준을 숙지하고 기준에 맞는 스펙을 달성하기 위한 작은 목표를 설정하는 것이다. 장기복무 선발기준에 정보화, 한자, 어학 등의 자격증을 반영하는 것이 있다면 우선 쉽게 획득할 수 있는 자격증에 도전하는 것이다. 언제부터? 지금 바로 시작하는 것이다. 이렇게 해서 하나의 목표를 달성하고 나면 자신감이 생길 것이다. 하나씩 작은 목표들의 결과가 모아지면 우수한 스펙을 갖추게 되고 결국 내가 원하는 꿈을 이룰 수 있게 된다.

이 과정에서 꼭 권하고 싶은 두 가지가 있다.

첫째는 가능성이 있다고 긍정적으로 생각하자. 나는 실력이 부족해서, 나는 출신이 어때서, 나의 신분이 어때서 등의 비관적인 생각은 나를 나약하게 할 뿐 나의 꿈을 달성하는 데 전혀 도움이 되지 않는다. 바늘만 한 구멍이라도 있으면 나는 통과할 수 있다. 기회가 없는 것이 아니라 낮을 뿐이다. 낮다는 것은 기회가 있다는 것이다 라고 긍정적인 생각으로 매진하는 것이다.

둘째는 욕심을 과도하게 부리지 말자.

나의 꿈을 위해서만 노력하고 행동하다 보면 주변의 동료들에게 거부감을 줄 수 있다. 이기적이거나 배타적이거나 욕심을 과도하게 부리거나 하는 행동은 절대적으로 해서는 안 된다. 욕심이 과하여 조직의 단결을 저해하면 모든 꿈을 이룰 수 없을 뿐만 아니라 도태되거나 조직을 일찍 떠나야 하는 상황이 올 수도 있다. 조직 생활에서 가장 중요하는 것은 조직원들과 화합하고 협력하는 것이다. 경쟁은 선의적으로 하여야 가치가 있고, 달성할 수 있다는 것을 명심 또 명심하길 바란다.

12 ·· 조직이 추구하는 미래 인재상을 잘 살펴보고 실천하자.

어느 조직이든 조직의 목적 달성을 위하여 필요한 인재를 채용하고, 채용된 인재를 조직에 기여하도록 지속해서 교육하여 육성하는 과정을 거친다. 여기서 조직이 요구하는 인재의 조건은 조직의 비전과 환경의 변화에 따라서 수시로 달라질 수 있다. 군의 경우에도 4차 산업혁명 기술의 대폭 도입에 따른 기술적 환경의 변화, MZ 세대들의 입영에 따른 리더십의 변화, 사회환경의 변화에 따른 조직문화의 변화 등 다양한 변화에 능동적으로 대응하고 있다. 이러한 변화의 과정에 맞는 인재를 육성하여야 목표한 바를 달성하고 임무를 성공적으로 수행할 수 있다. 이러한 인재상을 가시화한 것이 1장에서 언급한 인사관리의 기준이다. 우수 인재를 선별하고 평가하기 위한 기준이기 때문이다. 따라서 조직에 신속하게 적응하기 위해서는 그 조직이 요구하는 인재상, 즉 인사관리 기준을 잘 숙지하고 그 기준에 맞는 나의 자질과 역량을 갖추도록 부단히 노력하여야 한다. 이를 위하여 필자의 노하우를 소개하고자 한다.

사무환경의 변화에 신속히 적응하자.
4차 산업혁명과 관련된 지식을 습득하자.
MZ 세대의 특성을 이해하자.

첫째, 사무환경의 변화에 신속히 적응하여야 한다.

필자가 임관했던 1987년도에는 타자기와 등사기[38]를 사용하였다. 이 후 90년도에 들어서면서 개인 PC가 보급되었다. 보급 초기에는 기초적인 문서 편집 위주로 사용하다가 현대에 와서는 엑셀, 파워포인트 등 다양한 응용프로그램을 사용하고

38) 간단한 인쇄기의 하나로, 같은 글이나 그림을 많이 찍어 낼 때에 등사 원지를 줄판 위에 놓고 필요한 글이나 그림을 철필로 긁거나 그린 다음 이것을 틀에 끼워 그 위를 등사 잉크를 바른 롤러로 밀어서 찍어내는 기계이다.

있다. 앞으로는 현재 시험 적용 중인 mobile 업무수행체계가 보편화될 것이고, 이러한 변화는 앞으로도 지속 발전될 것이다. 따라서 참모 요원으로서 변화하는 환경에 능동적으로 대응하기 위해서는 선제적으로 발전적인 사무기기의 운용, 응용프로그램의 사용 능력을 구비하여야 한다. 미래의 변화를 예측하여 나의 능력을 먼저 구비함으로써 준비된 적임자로서 평가받길 바란다.

둘째는 4차 산업혁명과 관련된 지식을 습득하여야 한다.

이와 관련하여 필자가 주문하고 싶은 것은 드론 및 로봇 운용, AI와 관련된 자격증 획득이다. 앞에서 언급한 것처럼 병력 감축의 불가피한 상황에서 또는 인명을 중시하는 미래 전투에서는 더욱 무인, 유·무인복합체계를 모든 조직에서 활용할 것이다. 각종 산업 현장은 물론이고 특히 군 조직에서는 이러한 첨단 기술을 모르고는 나의 임무를 완수할 수 없을 뿐 아니라 리더십을 발휘할 수도 없을 것이다. 지금 바로 미래를 보고 관련 자격증을 적극적으로 취득하기를 권한다.

셋째는 MZ 세대의 특성을 잘 이해하여야 한다.

미래의 리더로 성장하기 위해서는 MZ 세대의 특성을 잘 이해하고 리더십을 발휘하기 위한 능력을 초급간부 때부터 길러야 한다. 리더십을 발휘하기 위한 핵심 요소들은 품성, 리더다움, 역량개발, 전문성, 이끌기, 성과 달성 등 다양하게 구성되어 있다. 이러한 구체적인 요소들을 어떻게 구비할 것인가는 리더십 관련 자료나 전문 교육기관에서 교육을 받으면 된다. 여기서 필자가 꼭 권하고 싶은 것은 상담과 관련된 자격증 및 지식을 쌓길 권한다.

상담이란 문제를 해결하거나 궁금증을 풀기 위하여 서로 의논하는 것을 의미한다. 즉, 도움을 필요로 하는 사람에게 전문적 지식과 기능을 가지고 내담자 자신과 환경에 대한 이해를 증진시키며, 합리적이고 현실적이며 효율적인 행동 양식을 증진시키거나 의사결정을 내릴 수 있도록 원조하는 활동이다. 참모 요원으로 임무를 수행하다 보면 개인의 신상과 관련하여 많은 인원들이 상담을 요구하는 경우, 대민 업무를 수행하는 과정에서 민원인을 안내해야 하는 경우, 부하 및 동료들의 어려움을 해결해 주기 위한 다양한 상황에 직면하게 된다. 이러한 경우 역할을 올바로 수행하기 위해서는 관련 능력을 길러야 한다. 그것이 곧 리더십을 함양하는 것이고 조직을 안정적으로 관리할 수 있는 능력이 된다. 특히, MZ 세대들과의 관계에서는 더욱 상담 지식이 있어야 합리적으로 병력을 관리하고 통솔할 수 있다. 독단적이거나 자신의 과거 경험만 주장하는 꼰대로 평가되지 않기 위해서는 더욱 필요하다.

상담 지식과 더불어 MZ 세대들과 소통하기 위한 한 가지 팁을 더하고자 한다. 모든 조직에는 신입사원들이 매년 입사하게 된다. 군 조직 역시 신임 간부들이 계속해서 임용하고, 매주 병사들이 입대를 한다. 이들과 같은 관점에서 소통하면서 리더십을 발휘하기 위해서는 젊은 층의 특성과 최신 트렌드를 잘 읽어야 한다. 젊은 인원들이 좋아하는 아이돌 이름과 노래, 신조어, 은어 등을 아는 것도 소통을 위해 필요하다고 본다.

초급간부 때부터 이러한 능력을 갖추면서 모든 인원을 대하고 부하들과 소통하면서 성공적인 생활을 하다보면 몸속에 내면화 된다. 차후에 준비된, 검증된 리더로 평가 받아서 더 큰 조직의 리더로 성장하게 되는 것이다.

13 • • 미래를 위해 경제에 대한 개념을 갖자.

경제에 대한 개념은 거시적인 관점과 개인의 가정 경제에 대한 것으로 구분할 수 있다.

먼저, 거시적인 경제의 개념을 갖자.

거시적인 관점에서의 경제 개념은 모든 사회의 각 분야에서 필요하고, 특히 안보 분야에서는 더욱 개념이 있어야 한다. 안보는 정치, 경제, 사회, 문화, 국방, 과학기술, 환경 등 복합적인 요인을 종합적으로 고려하여 판단하여야 한다. 특히, 최근의 안보 상황은 경제와 매우 밀접한 관련성이 있다. 경제 제재, 자원 통제, 물류 수송을 위한 해양 및 육상 봉쇄 등 수많은 요소들로 인하여 국가 간에 다자 협력체계를 구축하거나 국지적인 분쟁, 패권 경쟁을 하고 있다. 이러한 안보 정세를 판단하기 위해서 세계적인 경제적 관점에 개념을 가져야 올바르게 국방 현안을 분석하고 대책을 강구할 수 있다. 이러한 임무들은 상위 직급 및 리더로 성장한 이후에 주로 적용하겠지만, 초급간부 시절부터 세계 경제를 바라보는 역량을 구비하는 것이 미래를 위한 준비이다. 이러한 능력을 구비하여야 상위 직급으로 승진하였을 때 중책에 보직될 수 있는 기회를 가질 수 있다. 즉, 준비된 자가 미래의 중책에 보직될 수 있는 기회를 가지게 되는 것이다.

이를 위한 준비를 위해서 추천하고 싶은 것은 관련 학위과정을 이수하는 것이다. 앞 장에서 소개한 것과 같이 위탁 교육생을 지원하여 국내 또는 국외의 민간대학에서 관련 학위를 이수하거나 국방대학교의 주간 또는 야간 교육과정을 신청하여 학위를 취득하는 방법이 있다. 이러한 교육과정은 중위, 대위, 소령 등 초급장교 시절에 많은 기회를 부여하고 있으니 꼭 도전해 볼 것을 권한다.

아울러, 개인의 가정 경제에도 관심을 가져야 한다.

가정 경제가 안정되어야 삶의 질을 향상시키고 미래에 부족하지 않은 삶을 보장받게 된다. 저축, 주택의 구입, 건전한 재테크 등 장기적인 목표를 설정하여 조금씩 모아가는 노력을 하길 권한다. 그러기 위해서 주어진 급여를 효율적이고 건전하게 사용하는 습관을 초급간부 때부터 실천하여야 한다.

건전한 가정경제 생활을 위해서는 각급 조직에서 초빙교육을 시행할 때 반드시 수강하길 바란다. 전문가의 건전한 도움을 받아 기본 상식을 숙지한 상태에서 바르게 설계하는 것이 많은 도움이 된다.

필자가 초급장교 시절에는 경제적인 생각을 하면 마치 기본 임무를 도외시하고 한눈을 판다는 핀잔을 듣는 분위기였다. 그러나, 이제는 시대가 변하였다. 개인 경제도 바르게 알고 설계하는 능력과 시야를 가져야 한다. 각 조직에서 건전한 경제생활을 위하여 지속해서 소양교육을 실시하는 것도 이러한 이유이다. 가정 경제가 안정되어야 가족을 돌볼 수 있고, 나의 미래가 안정적일 수 있다. 미래가 안정적이어야 더욱 본연의 임무에 집중할 수 있다. 건전한 경제생활을 하다 보면 당연히 나의 사생활도 건전하고 바른 생활을 하게 된다. 일석이조의 효과이다.

14 •• 인적 네트워크를 잘 구축하자.

소속된 조직 내에서는 물론 각계각층의 인재들과 인적 네트워크를 구축하자. 모든 조직을 움직이는 것은 사람이다. 사람에 의해서 각종 정보와 개념, 정서, 노하우, 최신 트렌드, 사회적 이슈 등이 소통되고 서로 교환된다. 인적 네트워크를 통하여 이러한 소통을 자연스럽게 함으로써 사회의 변화에 뒤처지지 않고 균형 감각을 유지할 수 있다.

또한, 사회 조직은 공조직에 비하여 빠른 속도로 발전하고 변화되어 가고 있다. 특히, 기술 분야는 하루하루가 빛의 속도로 발전한다고 해도 과언이 아닐 정도이다. 사회의 발전하는 기술을 나의 조직에, 특히 군에 도입하여야 첨단 무기를 개발하고 국방력을 강화시킬 수 있을 것이다. 이러한 지식을 습득하기 위해서는 지속해서 사회와 네트워크를 유지하여야 한다.

아울러 인간은 사회적 동물이라고 했다. 다양한 사람들과 인간관계를 유지하면서 조직 생활에 필요한 노하우도 배우고 나의 마음을 편안하게 표현하면서 정서적인 안정도 찾을 수 있다. 이처럼 인적 네트워크를 통하여 얻을 수 있는 다양한 장점들이 있다. 이러한 측면에서 인적 네트워크 구성과 관련한 몇 가지를 소개하고자 한다.

첫째, 나의 멘토를 만들자.
둘째, 학창시절 교우관계를 지속 유지하자.
셋째, 직무와 관련한 전문가와 네트워크를 구축하자.

첫째, 나의 멘토를 만들자.

멘토란 경험과 지식을 바탕으로 다른 사람을 지도하고 조언해 주는 사람을 말한다. 늘 가르쳐 주고 궁금할 때 물어볼 수 있는 편안한 멘토를 꼭 정할 것을 권한다. 진로를 선택할 때, 힘들 때, 어려운 일에 봉착했을 때, 기타 미래의 방향을 설정할 때 등 조직의 임무나 개인적인 사생활과 관련하여 결심과 판단이 쉽지 않을 때가 종종 있을 것이다. 이러한 경우를 대비하여 평소 경험과 지식이 풍부하면서 편안하게 조언을 받을 수 있는 선생님, 교관, 학창시절 선배, 군의 선배 중에서 멘토를 정하는 것이다. 나 혼자서 결정하고 판단하는 것보다는 훨씬 현명한 결론을 얻을 수 있다. 시행착오를 줄이고 보다 나은 미래를 설계해 나갈 수 있다.

이처럼 직접적인 조언을 받을 수 있는 멘토와 함께 간접적인 멘토도 정할 것을 권한다. 직접 만날 수는 없지만 꼭 닮고 싶은 사람을 정하는 것도 좋다. 위인전에서 만난 인물, 전사에서 접한 훌륭한 인물, 같은 조직 내에서 신망을 받는 인물 등에서 선정하여 그들의 가치관, 사상, 역량, 행동하는 모습을 배우고 실천하면서 나를 발전시키는 것이다.

둘째, 학창 시절의 친구들과 교우 관계를 지속해서 유지하자.

친구들은 다양한 분야에서 사회 활동을 한다. 그들과 네트워크를 구축하여 소통하면 사회의 다양한 분야를 간접적으로 경험하고 트렌드를 배울 수 있다. 또한, 친구들과의 소통을 통하여 정서적인 안정을 유지하는 데도 큰 도움이 될 것이다. 힘들고 때로는 외롭다고 느낄 때 용기를 주고 함께 고민해 주는 친구, 기쁘고 행복한 일이 있을 때 함께 함으로써 기쁨을 두 배로 올려주는 친구, 그 사람이 바로 소중한 친구이다. 바쁜 조직 생활을 하다 보면 친구들과 자주 소통하기가 쉽지 않다. 특히, 군 조직의 경우에는 격오지에서 생활하거나 작전지역 내에서 생활해야 하는 공간적인 제한사항으로 더욱 쉽지 않다. 그러나 요즘은 SNS, 휴대폰 등을 이용하면 너무도 편안하니 공간적인 문제를 극복할 수 있다. 마음의 시간을 갖는다면 얼마든지 소통할 수 있다. 지속적인 소통을 하지 않으면 훗날 외롭게 된다. 소중한 친구가 하나둘씩 곁을 떠나고, 추억으로만 남게 되는 경우도 있다.

필자의 경우도 바쁘게 군 생활을 하다 보니 주변을 돌아볼 시간이 없었다. 학창시절 많은 소중한 친구들이 있었는데 자주 소통을 하지 못했다. 다행스럽게도 소중한 초등학교, 중학교, 고등학교, 대학교 친구들이 나를 잊지 않고 찾아주고 마음을 열어 준 덕분에 지금은 많은 친구들과 다시 소통을 하면서 인생을 이야기 하고 있다. 언제 만나도 다정하고 부담 없고 따뜻한 사람이 친구이다. 지금도 친구를 만날 생각을 하면 설레고 만나고 나면 행복하다. 은퇴 이후에는 친구들이 더욱 소중할 것이다.

셋째, 나의 직무수행과 관련한 전문가들과 네트워크를 구축하자.

사회의 변화하는 지식, 기술, 아이템을 소속된 조직에 활용하기 위해서 꼭 필요한 것 중의 하나가 전문가들과 소통하는 것이다. 조직 내의 정보는 한계가 있다. 좀 더 중견간부가 된 후 중요한 계획을 수립하거나 연구보고서를 작성할 때 사회의 전문가들로부터 자문을 받아서 반영하면 더욱 현실적이고 발전적인 대안을 창출할 수 있다. 참고 자료를 보다 쉽게 습득하거나 양질의 자료를 획득할 수 있는 통로가 될 수 있다. 초급간부 시절에는 이러한 분야는 다소 덜 중요할 수도 있다. 그러나 중견간부가 되어 정책부서나 전문직위에 보직될 경우에는 매우 중요한 요소 중의 하나이다. 미래의 중견간부가 될 때를 고려하여 지금부터 네트워크를 구축해 나가자. 미래에 큰 자산이 될 것이다.

이러한 네트워크를 구성하는 과정에서 특히 경계해야 할 것들이 있다. 주어진 임무완수를 소홀히 하거나, 규정을 위반하고 작전지역을 이탈하거나, 조직 내의 정보를 규정을 위반하고 반출하거나, 군인의 품위를 손상하는 행위를 하여서는 절대 안 된다. 간혹 이러한 기본 수칙을 준수하지 않아서 처벌을 받거나 오해를 받고 어려움을 겪는 초급간부들이 있다.

15 ·· 가정의 소중함을 알고 가족의 행복을 위해서 노력하자.

바쁜 공무에 집중하다 보면 가족들과 소중한 시간을 보내지 못하는 경우가 종종 있다. 특히, 군 조직에 근무하는 직업군인 및 군무원들의 경우에는 상시 대기해야 하는 임무와 근무지를 이탈하면 안 되는 수칙으로 인하여 부모 및 친지들을 자주 찾아보기가 쉽지 않다. 모든 국민이 고향을 찾는 명절에도 군인 및 군무원들은 더욱 더 긴급 대기 상태를 유지해야 하므로 가족들과 함께 행복한 시간을 갖기가 어렵다. 또한, 잦은 거주지 이전과 격오지 근무로 인하여 자녀들이 본격적으로 학업을 시작하면 가족들과 별거 생활을 하는 경우가 발생한다.

이로 인하여 소중한 나의 가족, 부모님과 자주 만나지 못하는 경우가 많다. 이러한 초급간부 생활을 하다가 어느 날 갑자기 부모님을 여의는 경우에는 마음이 더욱 아프다. 생전에 자주 뵙지 못하고 효도도 충분히 하지 못했는데 부모님을 일찍 여의고 나면, 많은 후회와 불효의 마음이 오랫동안 마음을 아프게 한다. 아이들이 한참 인격을 형성하고 사랑을 받을 나이에 아빠, 엄마와 불가피하게 별거 생활을 하는 경우도 훗날 성장한 후에 당시를 아쉬워하는 경우도 많다.

필자도 대학교 때 어머니를 여의고, 중령 진급 직전에 아버님을 멀리 보내드려야 했다. 어머니께는 따뜻한 음식 한번 대접해 드리지 못하고 어린 나이에 보내드린 한이 평생을 마음 아프게 했다. 지금도 부모님을 모시고 음식점에서 대화를 나누는 모습이나 함께 여행하는 모습을 보면 매우 부럽고 어머니 얼굴이 떠오르면서 눈시울이 젖는다.

이틀 후에 중령 계급장을 달고 인사드리러 가겠다고 아버님과 통화한 후 하루 전날 아버님이 심근경색으로 갑자기 곁을 떠나셨다. 열심히 군 생활해서 영광스런 중령 진급의 모습을 보여드리고 싶었지만 야속하게도 하루를 기다려 주시지 않으셨다. 지금도 그때를 생각하면 마음이 매우 아프다. 풍수지탄(風樹之歎)이란 말이 있다. 부모에게 효도를 다하려고 생각할 때에는 이미 돌아가셔서 그 뜻을 이룰 수 없음을 이르는 말이다. 나중에 시간적 여유가 있을 때, 좀 더 물질적으로 여유가 있을 때 효도를 해야지 하면 안 된다. 필자 또한 그러한 마음으로 지내다 모두 생각하지 못한 시간에 보내드리고 지금은 마음만 아파하고 있다. 부모님들은 많은 것을 원하지 않는다. 자식들이 건강하게 자신의 일을 보람있게 하면서, 종종 안부 전화라도 하면 행복해하신다. 오늘부터라도 종종 시간을 내서 부모님과 통화하거나 찾아뵙는 노력을 꼭 하길 당부한다.

자녀들과 별거하는 경우에도 마찬가지이다. 자녀들의 입장을 마음 넓게 이해해 주고, 애로사항을 들어주고 고민거리를 늘 함께 해결할 수 있도록 소통을 잘 하길 권한다. 오랜 별거 생활을 하면서 소통이 단절되는 경우가 없기를 바란다. 필자는 35년간 복무 후 전역할 때까지 30회의 이사를 하였다. 하나뿐인 아들은 초등학교 5회, 중학교 2회의 전학을 시키면서 함께 옮겨 다녔다. 그러다가 잦은 전학으로 아이가 힘들어 하고 적응하는 데 어려움이 많을 것 같아서 불가피하게 중학교 때부터는 별거를 하였다. 긴 별거 생활로 많은 대화를 못 했고, 함께 놀아 주지도 못했고, 편안하게 본인의 고민거리를 털어놓는 분위기를 만들어 주지도 못했다. 오랜만에 만나면 늘 잔소리와 함께 나의 요구사항만을 주문했던 것으로 기억한다. 지금은 장성하였지만 어린 시절 아이와 충분한 시간을 함께 못한 아쉬움이 지금도 마음을 아프게 한다.

아울러, 동고동락하는 배우자와 소통하고 존중하며 배려하는 삶을 함께 하길 바란다. 직업군인들은 배우자와도 불가피하게 별거하는 인원들이 많다. 자녀들과 마찬가지로 수시로 소통하고 이해하고 배려하는 노력을 아끼지 말아야 한다.

필자의 경우는 아이가 중학교, 고등학교 시절 약 5년 동안 아내와 별거를 하였으나, 나머지 기간은 늘 함께하였다. 별거하는 5년 여 기간 중에도 특별한 상황이 없으면 주말에는 늘 함께 시간을 보냈다. 군인 신분으로 출타가 자유롭지 못하여 늘 아내가 주말마다 먼 길을 다녀가야 하는 불편함이 있었지만 지속해서 소통하고 서로를 배려하기 위해서 노력하였다.

평소 함께 살 때에는 물론이고 별거 기간 중에도 아내는 항상 필자를 위해 헌신하였다. 필자가 1주일 동안 생활하도록 식사 준비는 물론 전투복 및 근무복을 칼 같이 반듯하게 다림질 해주었다. 지금은 전투복이 바뀌어서 세탁을 하면 바로 입을 수 있었지만 과거에는 다림질을 하여야만 했다. 수년 동안 반복한 아내의 다림질 수준은 고급 세탁소 그 이상이었다. 아내도 한 주간 아이를 돌보느라 피곤할 텐데도 필자를 방문하여 조금도 쉬지 않고 뒷바라지를 정성스럽게 해주었다.

35년의 군 복무를 돌이켜보면 아내를 한 번도 마음 편안하게 해주지 못한 것 같다. 전·후방을 옮겨 다니는 30회의 이사는 물론, 그중에서도 초급장교 시절 갑작스럽게 전방부대로 이동하게 되어 민가 단칸방에서 월세 살던 기억, 전방에서 후방으로 이동하여 값싼 월세를 찾을 수 없어서 아이를 업고 시골 터미널에서 엉엉 울던 아내의 모습은 지금도 잊을 수가 없다. 늘 전투화를 반짝 반짝 빛나도록 닦아서 출근을 도와준 아내, 장교의 아내로서 더욱 조신하게 행동해야 한다는 필자의 주문에 따라 항상 불편함을 감수한 아내에게 필자는 너무 소홀했고, 이러한 소중하고 고마운 아내를 위해서 해준 것은 너무도 미미했다. 바쁘고 통제된 군 생활이지만 좀 더 짬을 내고, 추억을 만들어서 즐겁고 행복하게 해줄 수도 있었을 텐데 고지식한 행동으로 군 생활을 마무리 한 것 같다. 돌이켜보면 볼수록 미안하고 또 미안하다. 필자처럼 미래에 소중한 배우자에게 미안한 마음이 들지 않도록 독자 여러분은 배우자와 많은 추억을 만들고 매순간 행복한 시간을 만들어 가길 바란다. 늘 존중하고 배려하여 미래에 후회하지 않길 바란다.

따라서, 독자 여러분들은 평소 부모님, 배우자, 자녀, 형제자매, 친지들과 자주 소통하면서 가족의 소중함을 이어가길 바란다. 미래에 후회하지 않는 삶을 살기 위해서 지금 이 순간 소중한 시간을 만드는 것도 미래를 위한 중요한 준비 중의 하나라고 생각한다.